디코딩 라틴아메리카

—20개의 코드

디코딩 라틴아메리카-20개의 코드

초판 1쇄 펴낸날 | 2018년 6월 13일

지은이 | 서울대 라틴아메리카연구소
　　　　김은중 · 장재준 · 우석균 · 김기현 · 김원중 · 림수진 · 박구병 · 박수경 · 박원복 ·
　　　　박정원 · 이성훈 · 이은아 · 임태균 · 조영현
펴낸이 | 류수노
펴낸곳 | (사)한국방송통신대학교출판문화원
　　　　03088 서울시 종로구 이화장길 54
　　　　전화 02-3668-4754
　　　　팩스 02-741-4570
　　　　홈페이지 http://press.knou.ac.kr
　　　　출판등록 1982년 6월 7일 제1-491호

출판위원장 | 장종수
편집 | 이하나 · 주지현
본문 디자인 | 티디디자인
표지 디자인 | 김민정 / 표지 사진 | 서민교

ISBN 978-89-20-03050-5　03950

값 23,000원

▪ 이 저서는 2008년 정부(교육부)의 지원으로 한국연구재단의 지원을 받아 서울대 라틴아메리카연구소에서 수행한
　연구 결과(NRF-2008-362-B00015)를 한국방송통신대학교 프라임칼리지에서 강의하고 다시 정리한 저작물임

▪ 잘못 만들어진 책은 바꾸어드립니다.

이 도서의 국립중앙도서관 출판예정도서목록(CIP)은 서지정보유통지원시스템 홈페이지(http://seoji.nl.go.kr)와
국가자료공동목록시스템(http://www.nl.go.kr/kolisnet)에서 이용하실 수 있습니다. (CIP제어번호 : CIP2018017499)

디코딩 라틴아메리카

−20개의 코드

서울대 라틴아메리카연구소

김은중 · 장재준 · 우석균 · 김기현 · 김원중 · 림수진 · 박구병
박수경 · 박원복 · 박정원 · 이성훈 · 이은아 · 임태균 · 조영현 지음

지식의날개

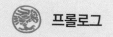 **프롤로그**

　오늘날 라틴아메리카로 불리는 대륙은 유럽의 타자他者로 세계사에 등장했다. 신대륙은 죽을 때까지 인도라고 확신했던 콜럼버스에 의해 서인도indias occidentales로 불렸고, 아메리고 베스푸치Amerigo Vespucci가 브라질 남부를 항해했던 1502년 이후에 아메리카america라는 또 다른 이름을 얻게 되었다. 아메리카라는 이름은 16세기 기독교를 앞세운 유럽 식민주의의 발명품이었고, 가톨릭 신학의 원리를 바탕으로 인간을 범주화하는 인종주의의 산물이었다. 아나우악anahuac(아스테카 영토)이나 타완틴수유tawantinsuyu(잉카 영토), 그리고 오늘날의 파나마 지역 원주민 영토였던 아브야-얄라abya-yala라는 이름은 역사 기록에서 지워지고 망각되었다.

　스페인으로부터 독립한 19세기 중반 이후 크리오요criollo(스페인 혈통이지만 아메리카에서 출생한 사람들) 엘리트들은 서인도나 아메리카라는 이름 대신 라틴아메리카라는 이름을 사용했다. 라틴아메리카는, 한편으로는 아메리카 남쪽에 앵글로아메리카와 구별되는 기독교-라틴

문명을 복원하고, 다른 한편으로는 원주민과 흑인이 존재하지 않는다는 것을 표명하기 위해 선택된 이름이었다. 서인도와 아메리카라는 지명이 유럽의 식민주의가 강제한 창씨개명創氏改名의 결과물이라면, 라틴아메리카라는 이름은 식민시기에도, 그리고 정치적 독립 이후 과두지배 계급을 형성한 크리오요 엘리트들이 주도한 내적 식민주의의 결과물인 셈이다. 요컨대 라틴아메리카라는 이름은 겉으로는 모든 사람을 포함하는 역사적이고 문화적인 정체성의 표현이지만, 실상은 많은 사람을 배제하고 그들에게 침묵을 강요하는 내적 식민주의를 감추고 있다.

『디코딩 라틴아메리카─20개의 코드』는 라틴아메리카의 역사적·사회적·문화적 현실을 다르게 바라보려는 시도이다. 현실은 우리에게 드러남[現]과 숨음[實]의 이중적인 방식으로 주어진다. 따라서 현실을 온전히 인식하기 위해서는 드러난 모습을 통해 숨어 있는 모습을 볼 수 있는 중층적이고 복합적인 사유가 요구된다. 1994년 멕시코─미국─

캐나다 자유무역협정에 반대해 무장봉기를 일으킨 멕시코 치아파스 Chiapas주州의 사파티스타zapatista 원주민들은 얼굴을 감추기 위해 복면을 썼다. 그러나 복면은 원주민의 얼굴을 감춘 것이 아니라 500년 동안 억압받고 착취당해온 원주민의 현실을 드러냈다. 그리고 원주민의 현실은 은폐된 멕시코의 얼굴이었고, 발전과 진보를 인류가 도달해야 할 목표로 내세웠던 근대성이 감춰놓은 식민성의 얼굴이었다. 이 책 『디코딩 라틴아메리카 – 20개의 코드』에서는 20개의 코드를 통시적이고 공시적으로 풀어내어 라틴아메리카를 넓게 보고 깊게 읽으려고 노력했다. 코드화된 현실을 해독하는 작업은 또다시 현실을 재코드화한다. 코드화–디코드화–재코드화의 과정은 단순 반복 작업이 아니라, 현실에 대한 이해를 확장하고 풍요롭게 하는 창조적 작업이다.

　『디코딩 라틴아메리카 – 20개의 코드』는 교육부와 한국방송통신대학교(프라임칼리지)가 공동으로 수행한 '4050세대를 위한 제2인생 설계과정' 개발·운영사업의 일환으로 제작된 '횡으로 엮는 라틴아메리카 역사와 사회', '종으로 풀어보는 라틴아메리카 사회와 문화' 등 2종의 콘텐츠에 기반하여 집필되었다. 해당 교육과정은 타자의 역사와 문화, 정치와 사회에 대한 이해를 통해 '나'와 '너'의 경계를 가로질러 '우리'로 합일되는 교감의 연결고리를 찾는 것에 1차 목표를 두고 있으며, 더 나아가 타자에 대한 관용과 다양성이 존중되는 글로벌 공동체를 구축하는 데 2차 목표가 있다. 여전히 우리에게 멀고 낯선 라틴아메리카를 넓게 보고 깊게 읽는 작업은 이러한 목표와 상통한다. 이 책의 출간이 라틴아메리카의 현실을 입체적으로 이해하는 계기가 되고 프라임칼리지의 목표 달성에 도움이 되길 바란다.

김은중 · 장재준 · 우석균
2018년 6월 라틴아메리카연구소

차례

Part
1

라틴아메리카 넓게 보기
고대문명에서 미국의 라티노까지:
횡으로 엮는 라틴아메리카의 역사와 사회

라틴아메리카 깊게 읽기
콜럼버스의 '신대륙 발견'에서 안데스 '행복론'까지 :
종으로 푸는 라틴아메리카의 사회와 문화

Part 1

라틴아메리카 넓게 보기

고대문명에서 미국의 라티노까지:
횡으로 엮는 라틴아메리카의
역사와 사회

수많은 사회가 엮어내는 하나의 세계

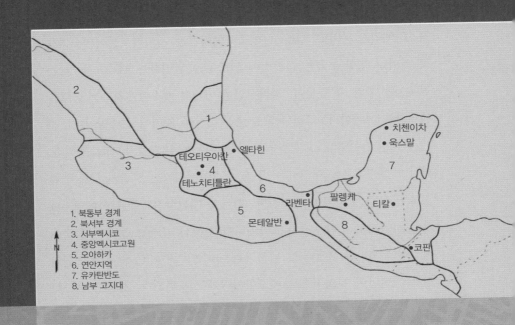

1. 북동부 경계
2. 북서부 경계
3. 서부멕시코
4. 중앙멕시코고원
5. 오아하카
6. 연안지역
7. 유카탄반도
8. 남부 고지대

메소아메리카 문화의 기원

메소아메리카 용어의 의미　메소아메리카는 지리적·문화적·역사
적 의미의 복합체이다. 그리스어로 중부를 의미하는 '메소meso'라는
접두어에서 알 수 있듯이, 지리적인 의미에서 메소아메리카는 중부아
메리카를 의미한다. 그러나 오늘날 지리학적 의미에서 중앙아메리카
는 과테말라, 벨리즈, 엘살바도르, 온두라스, 니카라과, 코스타리카,
파나마 등 7개국을 지칭하는 반면, 메소아메리카는 일련의 문화적 특
징을 공유하는 지역을 의미한다. 따라서 지리학적으로 북아메리카에
속하는 멕시코 중남부가 메소아메리카의 핵심 지역에 속하며, 중앙아
메리카에 속하는 온두라스, 니카라과, 코스타리카의 경우 태평양 연안
일부 지역만이 문화적으로 메소아메리카로 분류된다. 사실상 메소아
메리카의 핵심부는 멕시코 남부와 과테말라에 걸쳐 있으므로, 메소아
메리카 문화를 대표하는 유적지를 방문하기 위해서는 멕시코와 과테
말라로 향해야 한다.

이처럼 지리학에서 사용하는 '중부아메리카'와 '메소아메리카'의 공간적 경계가 일치하지 않는 이유는 메소아메리카라는 용어가 이 지역의 역사적 · 문화적 유산을 다루는 고고학 및 인류학의 용어이기 때문이다. 메소아메리카는 단지 지리적 의미가 아니라 그 지역에서 발달해

그림 1-1 멕시코 및 중앙아메리카의 국가 경계와 메소아메리카 문화권의 경계

온 여러 토착 문화를 종합적으로 다루기 위해 널리 사용되는 용어이다. 여기서 '토착 문화'란 스페인 문화와의 접촉을 염두에 두고 사용하는 용어인데, 1492년 콜럼버스가 아메리카에 도착한 후 이방인인 스페인 문화가 메소아메리카 문화를 크게 바꾸어놓은 탓이다. 다시 말해 스페인과의 접촉은 메소아메리카의 문화 형성에 큰 획을 그은 사건이었고, 스페인 접촉 이후 메소아메리카 문화를 종종 그 이전과 뚜렷히 구분되는 새로운 문화로 다루기도 한다.

그러나 메소아메리카 문화는 스페인과의 접촉이라는 새로운 환경에 적응하고, 그들의 문화를 수용하며 꿋꿋이 자리를 지켜나갔다. 오늘날 원주민 문화라고 불리는 생활양식은 스페인 접촉 이전 메소아메리카의 유산을 이어받는 동시에 그 후 500년에 걸쳐 오늘날까지 문화적 변용을 수용한 결과물이다. 따라서 메소아메리카는 크게 두 가지 의미로 사용된다. 첫 번째는 좁은 의미로 스페인 접촉 이전의 사회와 문화를 뜻하고, 두 번째는 넓은 의미로 스페인 접촉 이후 새로운 환경 속에서 계승된 토착 문화를 뜻한다.

다시 말해 지리적 · 문화적 · 역사적 의미를 중첩적으로 적용해본다면, 메소아메리카란 특정한 공간적 경계 내에서 삶을 일구던 사람들이 역사적 부침 속에서 부단히 적응하고 자신들의 문화를 변용하며 형성해온 역사적 전통이다. 스페인과의 접촉은 그들이 겪어온 역사적 부침 속에서 가장 큰 자국을 남긴 경험이었을 것이다.

이 장에서는 첫 번째 의미, 즉 스페인과의 접촉이 흔적을 남기기 이전 메소아메리카의 문화와 사회에 대해 다룰 것이다. 그러나 이는 500년 전의 화석화된 과거를 다룬다는 의미가 아니다. 메소아메리카 문화는 오늘날 원주민 문화로 계승되고 있기 때문이다.

인류의 도착과 옥수수 문화의 시작　메소아메리카에 인류가 처음 발을 내디딘 것은 1만 년 전 마지막 빙하기로 알려져 있다. 좁고 수심이 얕은 베링 해협은 빙하기 동안 얼어붙어 육지가 되었고, 이곳을 통과한 인류는 아시아 대륙에서 아메리카 대륙으로 이주했다. 이 가설에 따르면 인류는 북쪽에서 남쪽으로 이동했고, 점차 수렵 채집 생활에서 정착생활로 발전하며 사회를 이루었다. 메소아메리카 지역에서 인류는 기원전 5000년에서 기원전 3000년경 최초로 식물을 재배했다.

　가장 먼저 재배된 작물이 호박, 옥수수, 콩이다. 특히 옥수수는 메소아메리카 문화를 대표하는 작물로, 마야 키체Maya-quiché인의 우주관을 들여다볼 수 있는 『포폴부*Popol Vuh*』에는 옥수수로 지식과 지혜

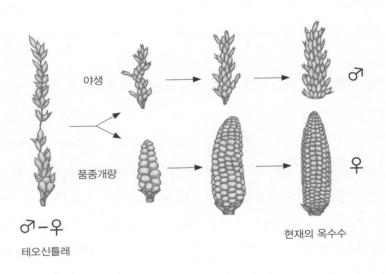

야생

품종개량

♂－우
테오신틀레

♂

우

현재의 옥수수

그림 1-2 테오신틀레의 변천

를 가진 인간을 만들었다고 씌어 있다. 물론 옥수수가 처음부터 인간의 삶과 밀접했던 것은 아니다. 테오신틀레teocintle라고 불리는 야생 옥수수는 벼와 흡사한 모양이었는데, 오랜 시간에 걸친 메소아메리카인의 품종 개량으로 알이 굵은 오늘날의 옥수수로 탈바꿈한 것이다.

　메소아메리카에는 단백질을 공급해줄 사육동물이 칠면조와 개로 제한적이었다. 소나 돼지가 없는 상황에서 필요한 단백질을 섭취하기 위해 옥수수 재배를 시작했으며, 오늘날까지 메소아메리카의 주요 식재료는 옥수수로 만든 토르티야tortilla와 프리홀frijol이라고 부르는 삶은 콩이다. 흥미로운 점은, 알칼리성 용액을 사용하여 토르티야를 만드는 방법이 최근 2,000년간 유지된 것이다. 옥수수에는 인체가 단백질을 합성하는 데 필요한 아미노산이 결핍되어 있는데, 이를 보충하기 위해 콩을 함께 먹거나 토르티야를 만들 때 알칼리성 용액을 사용한다. 2,000년의 역사를 간직한 메소아메리카의 식단은 동물성 단백질 없이 균형 있는 영양섭취가 가능하다는 점에서 높이 평가된다.

메소아메리카 문화의 형성: 올메카　　작물을 재배하기 시작하고 수천년이 더 지난 후에야 비로소 메소아메리카인은 초기 정착을 시작하고, 메소아메리카의 독자적인 문화라고 할 만한 것이 출현한다. 고고학에서 형성기el período formativo라고 부르는 이 시기는 기원전 1800년부터 기원후 200년까지로, 그 이후 메소아메리카 문화를 특징지을 만한 요소들이 등장하면서 처음으로 메소아메리카 문화권에 속하는 고유명이 등장한다. 올메카Olmeca라고 불리는 메소아메리카 초기 문화로, 기원전 1200년경 오늘날 멕시코의 대서양 연안인 베라크루스

Veracruz 지역에 출현하여 광범위한 지역에 영향력을 미쳐 메소아메리카의 모태 문화라고도 불린다. 거대한 흙더미처럼 보이는 라벤타La Venta의 피라미드는 이후 메소아메리카 전역에 세워질 거대 건축물의 초기 형태로, 메소아메리카 문화의 대표적인 상징물이 될 피라미드를 예견하고 있다. 그러나 아직은 뚜렷한 특징이 보이지 않는 피라미드를 대신해 거대 두상이 올메카 문화의 대표적 상징으로 여겨진다. 현재까지 총 17개의 거대 두상이 발견되었는데, 2~3미터 높이에 수십 톤의 무게인 그야말로 거대한 이 두상은 넓적한 코와 두터운 입술 때문에 아프리카와 메소아메리카의 연관성을 주장하는 가설에 휩싸이기도 했으나 그것을 뒷받침할 뚜렷한 근거는 없다. 초기 형태이긴 하지만, 대

그림 1-3 산로렌소에서 출토된 세로 165×가로 116×폭 0.87미터의 거대 두상

규모 건축물인 피라미드의 건설과 거대 두상의 제작을 통해 올메카 사회가 계층분화를 포함하는 정치사회적 복잡성을 지니고 있었음을 추측할 수 있다.

메소아메리카 문화의 발달

기원전 400년경 올메카가 쇠락한 후 메소아메리카 문화는 문화의 번영기라고 할 만한 고전기el período clásico를 맞이한다. 이 시기부터 메소아메리카 문화는 크게 세 지역을 중심으로 발전한다. 중앙멕시코고원, 오아하카 계곡, 유카탄반도 및 남부 고지대이다. 오늘날 멕시코의 수도가 위치한 중앙멕시코고원은 기원후 200년 고전기가 시작되던 때부터 이미 메소아메리카 지역에서 핵심적 위치를 차지했다. 올메카가 처음으로 메소아메리카에 문화적 정체성의 윤곽을 흐릿하게나마 그려두었다면, 그 흐릿한 실루엣에 채색을 하여 그 정체성을 한결 더 선명하게 만든 것은 중앙멕시코고원에 출현한 테오티우아칸Teotihuacán이다.

중앙멕시코고원의 테오티우아칸　　테오티우아칸은 멕시코시티에서 버스를 타고 약 한 시간이면 도착한다. 유적지에 들어서면 '죽은 자의 길la Calzada de los muertos'이라고 불리는 중앙로를 따라 걷게 된다. 길 양쪽으로 지배층의 집터와 피라미드 기단이 늘어서 있다. 그 길을 따라 걷는 시간은 그 길이 다다르는 곳 정면과 오른쪽에 우뚝 선 두 피라미드의 거대함에 점차 압도당하는 과정이기도 하다. 그러나 '죽은 자의 길'이라는 이름은 20세기 초 고고학자들의 고정관념에서 비롯된 것이다. 이집트의 피라미드를 떠올린 고고학자들은 테오티우아칸의 피라미드 역시 왕의 무덤이라고 생각했고, 피라미드를 향해 쭉 뻗은 길에 '죽은 자의 길'이라는 이름을 붙였다. 그러나 메소아메리카의 피라미드 대부분은 무덤이 아닌 신전의 기능을 한다. 테오티우아칸처럼 신전이 지배층의 주거지와 인접해 있기도 하고, 주거지 인근의 야트막한 산에 위치하기도 한다.

'태양의 피라미드'와 '달의 피라미드'라고 불리는 두 개의 거대한 건축물을 보유한 테오티우아칸은 기원전 100년경 이곳에 자리를 잡았고, 전성기였던 기원후 350~500년에는 15만 명이 거주하는 세계 최대의 거대 도시로 성장한 것으로 보인다. 현재 테오티우아칸에 대해 알려진 사실 대부분은 그 도시가 세워지고 나서 천 년 후인 13세기에 메소아메리카를 휘어잡은 아스테카인의 해석에 따른 것이다. 아스테

그림 1-4 테오티우아칸 태양의 피라미드(왼쪽)와 달의 피라미드(오른쪽)

카인은 테오티우아칸을 신성한 장소로 여겨 자기들의 언어인 나우아틀어로 '신들의 도시'라는 뜻인 테오티우아칸으로 불렸으며, 아스테카 건국의 모티프가 되는 신화에는 테오티우아칸이 신들의 회합 장소로 등장한다. 테오티우아칸을 경외시하는 문화는 오늘날까지도 이어져 3월 춘분이 되면 많은 멕시코인이 이곳을 찾는다.

중앙로를 따라 정방형으로 배치된 도시에 15만 명이 거주했다는 점은 테오티우아칸이 중앙권력에 의해 통치되고 있었음을 보여준다. 이러한 중앙권력의 성장과 함께 테오티우아칸은 상당히 넓은 지역에 정치적·경제적·문화적 영향력을 행사했다. 기원후 378년 테오티우아칸 관료들은 마야 티칼Tikal을 방문하여 그곳의 새로운 왕조 건립에 개입한 것으로 추정되며, 기원후 426년 마야 코판Copán 왕조도 테오티우아칸과 관련된 인물이 세운 것으로 보인다. 이러한 정치적 영향력 이외에도 테오티우아칸 상인의 무역 활동은 메소아메리카 여러 지역의 문화적 교류를 가능하게 했다. 테오티우아칸의 문화를 보여주는 공예품이 과테말라와 온두라스 지역에서 발견된 것이 그 증거이다. 이러한 물품의 교류와 함께 테오티우아칸의 관념적·도상학적 상징도 메소아메리카 전역으로 퍼져나가면서 메소아메리카를 하나의 문화권으로 묶어내는 데 기여했다. 중앙멕시코고원부터 온두라스에 이르는 지역까지 다양한 버전으로 반복적으로 등장하는 '깃털 달린 뱀', 케찰코아틀Quetzalcóatl의 모티프는 테오티우아칸 문화에서 비롯된 것이다.

테오티우아칸은 기원후 7세기 즈음 화재로 파괴되었다. 화재가 종교적 건축물과 행정업무를 담당하는 건물에 주로 발생한 것으로 보아

전쟁보다는 내부 봉기에 의한 것으로 짐작된다. 주요 건물의 소실과 함께 이 거대 도시는 점차 몰락하지만, 그곳의 주민들은 자신들의 터전에 남아 새로운 사회를 일구거나 다른 문화에 흡수되었다.

유카탄반도의 마야와 오아하카 계곡의 몬테알반 중앙멕시코고원에서 테오티우아칸이 대규모 사회를 이루어가는 동안 유카탄반도와 남부 고지대에서도 점차 인구가 증가하고, 대규모 건축물을 동반하는 밀집된 주거지가 등장했다. 메소아메리카 문화 가운데 오늘날 우리에게 가장 잘 알려져 있으며, 여러 낭만적 해석의 대상이 되기도 하는 마야 문화이다. 마야 문화는 기원후 200년부터 오늘날 멕시코의 유카탄반도와 과테말라를 중심으로 본격적으로 발달했다. 그러나 마야는 테오티우아칸처럼 하나의 의례 중심지를 두고 형성된 사회라기보다 마야어를 사용하며 상대적으로 동질적인 문화를 공유하던 여러 도시국가를 포괄적으로 지칭한다. '마야'라는 명칭은 기원후 1200년부터 1441년까지 유카탄반도 북부의 중심지였던 마야판Mayapán이라는 도시의 이름에서 유래한 것으로 추정되는데, 한 도시와 그곳의 주민들을 지칭하기 위해 사용되었던 용어가 후에 이 지역 전체를 지칭하기에 이르렀다. 따라서 넓은 의미에서 마야의 문화적 동질성과 별개로 시대에 따라 흥망성쇠를 거듭한 다양한 도시국가의 역사는 개별적으로 다루어져야 한다. 마야 문화의 동질성과 개별성의 문제는 언어에서 단적으로 나타나는데, 우리가 마야어라고 부르는 것은 어족 개념으로, 마야어족에는 약 30개의 개별 언어가 있다. 다시 말해 마야 지역의 동질성이란 동일한 언어 사용자에게 가정할 수 있는 문화적 동질성보다 훨씬 더

근원적이고 추상적인 수준이다.

마야에 대한 현대인들의 낭만적인 해석은 마야 문화가 남긴 천문학적 지식과 그에 기반한 역법체계, 수준 높은 건축술 및 조각기술에서 비롯된다. '낭만적인 해석'이란 마야 팔렝케Palenque에서 발견된 파칼Pakal왕 무덤 석판에 조각된 도상을 우주비행사라고 해석하는 고고학자부터 마야 역법에 따르면 2012년 지구가 멸망한다는 대중적 관심까지 두루 포괄하는 표현이다. 이처럼 마야 문화는 우리에게 상상할 수 있는 여지를 많이 제공해주었는데, 그들이 남긴 각종 도상과 그림문자가 메소아메리카 그 어느 지역보다 풍성하고 구체적인 단서를 제시해주기 때문이다. 20진법을 바탕으로 표기되는 마야의 날짜 셈법과 마야 문자가 해독된 덕분에 지금은 티칼, 팔렝케, 코판 등의 마야 도시에 대해서는 구체적인 연도와 함께 왕조사를 재구성할 수 있을 정도이다.

그림 1-5 마야 팔렝케 유적지(왼쪽)와 건물 외벽에 새겨진 그림문자(오른쪽)

테오티우아칸과 마야라는 양대 문화권이 메소아메리카의 북부와 남부를 차지하며 세력을 확장하는 동안 중서부의 오아하카 계곡에서는 몬테알반Monte Albán을 중심으로 사포테카Zapoteca 문화가 형성되었다. 사포테카 문화는 기원전 1400년경부터 발달하기 시작하여, 기원전 500년경 정착지를 형성한다. 몬테알반은 오아하카 계곡의 여러 족장사회가 연합하여 건설한 행정 중심지로, 동시대에 발달했던 테오티우아칸과 우호적인 관계를 유지하며 상호 영향을 주고받은 것으로 추정된다. 그러나 몬테알반은 기원후 800년경 쇠퇴하여 도시로서의 기능을 상실했다. 몬테알반에는 테오티우아칸과 달리 거대 피라미드가 남아 있지 않지만, 천 년 세월을 안고 있는 옛 도시의 모습을 담고 있다.

스페인 접촉 시기의 메소아메리카

중앙멕시코고원의 아스테카　　테오티우아칸이 몰락한 후 그 빈자리를 채우며 소치칼코Xochicalco, 카카스틀라Cacaxtla, 촐룰라Cholula 등이 중앙멕시코고원에서 번영했다. 이 도시들은 오늘날 멕시코시티 인근의 명소들이기도 하다. 그 가운데 주목해볼 만한 곳은 10세기에 부상한 툴라Tula인데, 톨테카Tolteca 문화의 중심지인 툴라의 중요성은 그곳의 주민들이 남긴 거대한 광장과 독특한 구조물뿐만 아니라, 그 뒤를 이어 중앙멕시코고원을 지배하게 된 아스테카인이 톨테카 문화의 계승자임을 자처한 데서 기인한다. 앞서 언급한 올메카와 테오티우아칸과 마찬가지로 톨테카 역시 아스테카인이 중요하게 인식한 메소아메리카의 과거이다. 오늘날 우리에게는 그저 '아주 오래된' 비슷비슷해 보이는 유적들이지만, 그 유적들 사이에는 짧게는 수백 년, 길게는 천 년의 시간 차가 존재한다. 그 시간 차 안에서 메소아메리카인들은 오늘날의 우리와 마찬가지로 그 땅의 과거에 역사성을 부여했다. 메소아메리카 지역에 그러한 역사성을 부여하는 데 크게 기여한 주요 화자가 바로 기원후 1200년경 중앙멕시코고원에 자리를 잡은 아스테카인이다. 그들이 주요 화자로 남게 된 것 역시 아스테카인과 활발히 접촉한 스페인인이 남긴 기록 덕분이라는 점을 염두에 둔다면, 우리에게 전달되는 선택적 역사에 대해 생각해봄직하다.

아스테카는 스페인 정복 당시 중앙멕시코고원을 지배하고 있었다. 아스테카인들은 사후적으로 툴라에서 자신들의 역사적 기원을 찾았으나, 사실상 그들은 동질적인 집단이 아니었다. 일종의 도시국가 연합체였던 아스테카는 도시국가들 간의 혼인동맹, 교역, 외교, 전쟁 등 다양한 관계를 통해 성장해나갔다. 스페인과 접촉했던 16세기 초반 중앙멕시코고원에는 50여 개의 도시국가가 존재했으며, 분지 외부에는 450여 개의 도시국가가 있었던 것으로 추정된다. 아스테카의 역사는 이러한 도시국가들 간의 정치적 관계 형성에 따라 발전해왔다고 볼 수 있는데 1325년, 1428년, 1503년은 그러한 관계 형성의 분기점이 되는 해였다.

먼저 1325년은 아스테카의 주축으로 성장하게 될 메히카mexica인이 현재의 멕시코시티 위치에 테노치티틀란Tenochtitlan이라는 도시국가를 건설한 해이다. 메히카인이 세운 테노치티틀란은 곧 아스테카의 중심지로 부상하고, 스페인 정복 후에는 누에바에스파냐 부왕령의 수도이자 스페인령 아메리카의 중심지가 되었다가, 현대 멕시코의 수도가 된다. 수심이 매우 얕아 늪지대와 마찬가지인 텍스코코Texcoco 호수의 한 섬은 그렇게 중앙멕시코고원의 중심지가 되었고, 식민시대 이후 점차 얕은 호수를 메우면서 팽창한 도시는 현재 2,300만 명이 거주하는 멕시코시티로 성장했다.

메히카인은 1200년경 북쪽에서 이주를 시작해 중앙멕시코고원에

그림 1-6 현재 멕시코시티가 자리 잡은 텍스코코 호수와 그 주변의 도시 국가들

도착한 이방인이었다. 신화에 따르면 아스틀란Aztlán이라는 곳에서 남쪽으로 향하던 중, 전쟁의 신 우이칠로포츠틀리Huitzilopochtli의 계시를 받고 테노치티틀란에 자리를 잡게 된다. '독수리가 선인장에 앉아 뱀을 잡아먹고 있는 곳에 머물라'는 신의 계시였다. 신의 계시 덕분이었는지 중앙멕시코고원에 자리 잡은 테노치티틀란은 교역에 유리한 입지를 확보하여 늪지에 조성된 수로를 통해 시장을 형성하고, 습지대를 이용한 치남파라는 경작법을 통해 대규모 인구를 부양할 식량을 어려움 없이 공급할 수 있었다. 이러한 조건은 메히카인이 이후 아스테카 제국의 선두주자로 발돋움하는 데 중요하게 작용한다.

그러나 이방인의 처지로 새로운 터에 자리를 잡는 것은 쉬운 일이 아니었다. 정착 초기 메히카인은 본래 그 지역을 다스리던 아스카포찰코Azcapotzalco라는 도시국가의 속국 신세였다. 그러나 약 100년 후 메히카인들은 텍스코코Texcoco와 틀라코판Tlacopan이라는 두 개의 인근 도시국가와 삼자동맹을 결성해 이 지역의 지배자로 떠오른다. 그때가 1428년으로 테노치티틀란의 성장에 결정적인 해였다.

이방인의 속국 신세에서 세 주요 세력 가운데 하나로 부상한 메히카는 70여 년 동안 공격적인 확장 정책을 통해 인근 지역을 복속시키는 한편, 삼자동맹 내에서 1인자의 위치로 발돋움하는 데 성공한다.

1503년은 도시국가에서 벗어나 아스테카 제국으로 성장했음을 단적으로 보여준 해였다. 그해 테노치티틀란의 목테수마(목테수마 2세 Moctezuma II)는 다른 도시국가 통치자들의 동의 없이 우에우에틀라토아니huehuetlatoani라고 불리는 동맹의 최고 통치자 자리에 오른다. 이로써 도시국가들 간 연맹의 형태였던 아스테카는 메히카인이 주도하는 제국의 모습으로 거듭난다. 그리하여 스페인 정복자 에르난 코르테스Hernán Cortés가 1519년 테노치티틀란에 모습을 나타냈을 때, 목테수마는 중앙멕시코고원을 제패하고 수많은 도시국가로부터 공물을 받고 있던 위풍당당한 권력자였다.

아스테카가 이방인의 나라에서 출발해 이처럼 300년 만에 제국으로 거듭날 수 있었던 것은, 그들 자신의 종교적 우주관을 정치적 전략으로 활용할 줄 알았던 지배층의 통치술이 효과를 발휘한 결과였다. 아스테카를 정복하고 메소아메리카 문화를 급변시켰던 스페인에 의해 도덕적인 관점에서 재단되곤 했던 인신공양은 종교적 관념과 밀착된 통치술의 한 가지 방편이었다. 아스테카의 종교적 우주관에 따르면, 현세는 '다섯 번째 태양'의 시대로 이미 네 번의 시대가 지난 후에 도래한 것이다. 네 번의 시대가 순서대로 저물고, 새롭게 태양을 떠올려 다섯 번째 시대를 맞이하기 위해서 신들의 희생이 필요했다. 그리하여 신들의 희

그림 1-7 1540년 멘도사 부왕의 명령으로 제작된 코덱스(고문서)에 나타난 테노치티틀란 건립

생 덕분에 새로운 시대를 맞이한 인간은 현세의 태양을 유지하기 위해 신의 뒤를 이어 희생해야 한다는 것이 이들의 우주관이었다. 이러한 종교적 관념이 아스테카의 공격적 팽창 정책과 그 정책을 뒷받침하기 위해 필요한 군사력을 강화시키는 데 기여했다는 해석이 폭넓게 받아들여지고 있다. 아스테카는 신에게 바칠 희생제물을 획득한다는 종교적 소명과 도시국가에서 제국으로의 군사적 팽창이라는 정치적 의지를 결합시키는 데 성공했다.

그림 1-8 다섯 번째 태양의 시대를 나타내는 아스테카 태양의 돌

유카탄반도와 오아하카 계곡   중앙멕시코고원에서 아스테카가 메소아메리카 역사상 가장 강력한 통치 단위로 성장해가는 동안 유카탄반도와 오아하카 계곡에서도 일부 도시국가가 점차 세력을 확장해 나갔다. 그러나 그들은 아스테카와 견줄 만한 정도의 강력한 지배관계를 형성하지는 못했다. 오아하카 계곡에서는 몬테알반을 중심으로 성장한 사포테카를 대신하여 믹스테카Mixteca의 영향력이 더 커진 것으로 보이는데, 믹스테카가 사포테카의 영토를 정복했다기보다는 양 집단 지배층 간의 혼인동맹이 가져온 세력 확장이었다. 이러한 혼인동맹을 통해 믹스테카는 문화적 영역에서 영향력을 확장했다. 믹스테카는 군소 도시국가들의 집합이었고, 아스테카처럼 하나의 도시국가를 중심으로 정치적·경제적 권력이 집중되지 않았다. 다만, 믹스테카의 공예 제작기술이 오아하카 계곡 전반으로 확대됨으로써 문화적 영향력을 갖게 되었다. 그러다 15세기 후반 아스테카의 영토 확장으로 인하여 오아하카 계곡의 중심지 다수가 정복당하자, 믹스테카 공예가들은 테노치티틀란으로 옮겨가 아스테카 지배층을 위한 공예품을 제작했다. 아스테카가 정치적·군사적으로 메소아메리카를 단일화시켰다면, 정치적·군사적으로 정복당한 믹스테카는 메소아메리카 지역에 공통적인 문화적 자취를 남겼다.

한편 유카탄반도의 마야 문화권에서는 15세기 중엽 마야판의 몰락 이후 뚜렷한 중심지라 할 만한 도시국가가 등장하지 않은 채 15~19개 정도의 통치구역으로 나뉘었다. 쿠츠카발kuchkabal이라고 불리는 이 구역들은 서로 견제하고 경쟁하는 독립된 정치 단위로, 메소아메리카 다른 지역과 비교하여 상대적으로 느슨하게 서로 연결되었다. 앞서 살

그림 1-9 11~12세기 틸랑통고 왕조사를 다루는 믹스테카 코덱스(14세기 제작)

펴본 것처럼 아스테카는 테노치티틀란이라는 중심권력을 매개로 단단히 결합되었고, 오아하카 계곡의 도시국가들은 혼인을 통해 결합되었다. 그와 비교하여 유카탄반도는 가장 소규모 정치 단위로 분할되어 있었으나, 중앙멕시코고원과 오아하카 계곡과 마찬가지로 활발한 교역을 통한 지역망을 형성하고 있었다는 점에서는 크게 다르지 않았다.

권장 서지

로버트 M. 카멕, 제닌 L. 가스코, 게리 H. 고센 엮음(2014), 『메소아메리카의 유산: 아메리카 토착 문명의 역사와 문화』(강정원 옮김), 그린비.

마리아 롱게나(2004), 『마야 문명: 마야, 아스테카의 역사와 문화』(강대은 옮김), 생각의나무.

티머시 로턴(2002), 『마야: 삶, 신화 그리고 예술』(최화선 옮김), 들녘.

세르주 그뤼진스키(1995), 『아스텍 제국: 그 영광과 몰락』(윤학로 옮김), 시공사.

클로드 보데(1995), 『마야: 잃어버린 도시들』(김미선 옮김), 시공사.

잉카의 미라와 마추피추의 침묵

잉카의 초고속 성장

　　　　　　　1492년 콜럼버스의 '신대륙 발견' 이후 아메리카에서 스페인인들이 이룩한 가장 결정적인 성취는 아스테카 정복(1519~1521)과 잉카 정복(1532~1533)이다. 이 두 문명은 각각 메소아메리카와 안데스의 패자霸者였다. 특히, 잉카는 제국이라고 부를 만한 문명이었다. 아스테카가 세 부족 연합국가의 성격을 띠고 있었던 반면, 잉카는 단일국가 체제를 구축했기 때문이다. 잉카인들이 언제 수도 쿠스코에 터전을 잡고 살았는지, 또 언제 국가를 건설했는지 정설이라고 할 만한 학설은 아직 없다. 그러나 최소한 1200년경에는 부족국가를 건설한 것으로 추정된다. 당시 안데스와 안데스 서쪽의 해안지대는 중국 고대의 춘추전국시대에 비유될 만한 상황이었다. 그 이전의 강력한 패권국가들이 멸망하고 오랜 세월 동안 부족 단위의 국가들이 할거하고 있었다. 잉카 역시 처음에는 그중 하나였을 뿐이다.

　잉카가 제국으로 성장한 것은 1438년에 즉위한 9대 군주에서 11대 군주에 이르는 채 90년이 안 되는 지극히 짧은 기간 동안이었다. [그림

2-1] 지도에서 보라색으로 되어 있는 부분이 9대 군주가 넓힌 영토이고, 주홍색과 옅은 주홍색이 10대 군주가 왕자 시절부터 넓힌 영토이다. 그리고 11대 군주 때 넓힌 영토는 연두색 부분이다. 그리하여 전성기의 잉카는 오늘날의 페루, 볼리비아, 에콰도르, 칠레, 아르헨티나, 콜롬비아에 걸쳐 한반도의 9배에 달하는 광대한 영토를 지배하기에 이르렀다.

잉카 문명은 철기와 우리가 생각하는 일반적인 의미의 문자가 없었다는 점 때문에 흔히 낙후된 문명으로 여겨지지만, 대단히 치밀한 정치·경제·사회·군사 체제를 구축하고 있었다. 석조 건축술도 잉카인들이 무시하지 못할 문명 수준에 이르렀음을 보여주는 사례로 흔히 언급된다. 예를 들면 쿠스코의 어느 담벼락에 불규칙한 형태의 12각형 돌이 있는데, 이를 대단히 정교하게 다른 돌들과 짜맞춰 놓

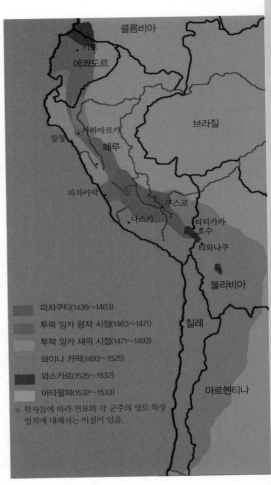

그림 2-1 잉카 영토의 팽창 추이

아 그 틈 사이에 바늘 하나 들어가지 않을 정도이다. 쿠스코 시가지 바로 위에 있는 삭사이와만Sacsayhuamán 유적지는 더욱 놀라운 광경을 연출한다. 작은 돌에서부터 무려 9미터에 달하는 돌까지 갖가지 형태의 석재로 이루어진 3단 석벽이 드넓은 벌판에 펼쳐져 있다. 아랫단의 길이가 무려 360미터에 이르는 만큼 그야말로 무수한 돌이 건축에 사용되었는데도 그 많은 돌 모두가 틈 사이로 바늘 하나 들어가지 않을 정도로 정교하게 결합되어 있다. 놀라운 것은 잉카에는 철기는 물론 바퀴, 도르래나 무거운 짐을 나를 수 있는 대형 가축이 없었다는 점이다. 그럼에도 불구하고 돌을 자유자재로 다루어, 기록에 따르면 200톤에 달하는 무게의 돌까지 건축에 사용했다고 한다. 불규칙한 형태의 돌들을 사용한 이유는 지진에 대비하기 위해서였다. 그래서 스페인 정복자들은 잉카인들이 만든 석벽의 토대를 그대로 남겨놓은 채 그 위에 건물을 짓는 경우가 많았다.

앞서 언급한 것처럼 잉카의 성장은 짧은 기간에 이루어진 초고속 성장이었고, 그 시발점은 '파차쿠티Pachacuti' 혹은 '파차쿠텍Pachacútec' 이라고 불리는 9대 군주이다. 잉카의 구전 역사와 스페인 정복자들이 남긴 기록이 사실이라면, 그는 1438년에서 1471년 사이에 잉카를 다스리면서 영토 확장, 태양숭배를 근간으로 한 종교개혁, 쿠스코 도시 설계, 농업기술 혁신, 각종 제도 정비 등을 해낸 불세출의 정복군주이자 문화영웅이었다. 우리나라 역사로 치면, 가히 광개토대왕과 세종대왕을 합쳐놓은 듯한 인물이었던 것이다. '파차쿠티'는 공식 칭호가 아닌 별칭으로, 원래는 '지진'을 뜻하는 단어이지만, 안데스인들은 개벽, 그러니까 새로운 시대가 열리려면 그 이전에 필연적으로 혼란의 시대

혹은 대재앙의 시대를 거쳐야만 된다고 생각했기에 붙여진 이름이었다. 9대 군주에게 '파차쿠티'라는 별칭이 붙었다는 점은 그가 잉카 역사에서 얼마나 독보적인 위업을 이루었는지 짐작하게 해준다.

지속 가능한 정복 체제

잉카가 워낙 초고속 성장을 했기 때문에 많은 이가 그 원동력에 대해서 연구했고, 나름대로의 가설을 제시했다. 가령 스페인 정복자와 잉카 공주 사이에서 태어난 메스티소mestizo 였던 잉카 가르실라소 데 라 베가Inca Garcilaso de la Vega는 『잉카왕실사Commentarios reales de los incas』1부(1609)에서 잉카 왕조가 대대로 덕망 있는 군주들을 배출해서 나라가 융성했다고 강력하게 주장했다. 잉카 사회가 원시공산주의 체제 혹은 일종의 복지국가였기 때문에 초고속 성장이 가능했다는 또 다른 가설도 존재한다. 이 가설의 신봉자들은 잉카 시대가 공동생산, 공동분배 체제였다는 점을 주목했다. 잉카 사회에서 재산, 특히 토지의 개인소유는 인정되지 않았다. 그리고 추수를 하면 수확의 3분의 1이 경작한 사람의 몫이었고, 나머지 3분의 2는 군주와 태양신에게 반씩 나누어 바쳤다. 그중 태양신에게 가는 3분의 1의 공물은 주로 형편이 어려운 사람들을 위해 사용되어, 예를 들면 장애자·노약자·고아·과부 등에게 돌아갔다. 이런 점들 때문에 잉카가 원시공산주의 체제 혹은 복지국가였다는 가설이 생겨난 것이다.

그러나 이러한 가설들과 달리 잉카는 강력한 군사력을 바탕으로 한 정복국가였을 뿐이고, 군주들도 전근대적인 시대의 군주들이 대개 그렇듯이 절대권력을 지향했다. 그래서 앞서 언급한 두 가지 가설은 잉카의 역사를 왜곡하는 것이다. 그렇다면 잉카의 초고속 성장의 비결은

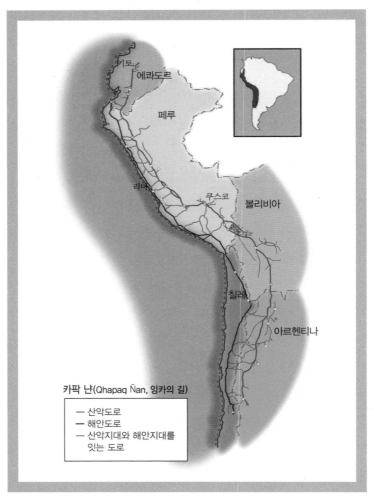

그림 2-2 잉카의 길

과연 무엇이었을까? 무엇보다도 지속 가능한 정복 체제 구축에 성공했다는 점을 들 수 있다. 가령 수많은 정복전쟁을 수행하는 와중에도 농업 생산력과 병력 유지에 각별히 신경 썼다. 고아들에게 '복지' 혜택을 준 이유도 그들이 미래의 생산인력이자 병력이었기 때문이다.

잉카 시대에는 백성과 물자 동원 체제도 아주 잘 정비되어 있었다. 토지, 인구, 물자, 지역에 특화된 생산품 등에 대한 면밀한 조사를 수시로 실시해 인력과 물자를 손쉽게 동원할 수 있는 치밀한 계획을 마련했다. 이 치밀한 계획의 대표적인 사례가 바로 총연장 5만 킬로미터를 훌쩍 상회하는 잉카의 길이다. [그림 2-2] 지도에 보이는 선들이 잉카의 길인데, 크게 보면 안데스 산악도로와 해안도로가 하나씩 있었음을 알 수 있다. 그리고 산악과 해안을 잇는 도로가 여러 군데 나 있다. 잉카인들은 이 길을 이용해 병력과 물자를 신속하게 이동시킬 수 있었다. 차스키chasqui 제도는 잉카가 이 길을 얼마나 체계적이고 효율적으로 관리했는지를 보여주는 좋은 사례이다. 차스키는 '소식을 전달하는 사람'을 말한다. 이들은 그 기나긴 잉카의 길을 따라 1.7~2킬로미터마다 배치되어 있었고, 군주의 명령이 떨어지면 마치 릴레이 경주를 하듯 맡은 구간을 차례차례 내달려 그 명령을 신속하게 전달했다. 가령 잉카의 수도 쿠스코에서 군주가 명령을 내리면, 2,000킬로미터 떨어진 현 에콰도르의 수도 키토까지 일주일이면 전달되었다고 한다. 혹자는 5일이면 족했다고 말하기도 한다. 순전히 도보로 하루에 약 300~400킬로미터 떨어진 곳까지 소식을 전달했다는 것인데, 이는 말이나 전차를 이용했던 로마 제국보다 더 빠른 속도였다.

그림 2-3 11대 군주 와이나 카팍의 미라 행렬

미라에 숨겨진 잉카 번영의 비밀

그렇다면 잉카인들이 지속 가능한 정복 체제 구축에 골몰한 이유는 무엇이었을까? 그에 대한 해답은 잉카의 미라를 통해서 엿볼 수 있다. 잉카인들은 이집트인들과 마찬가지로 군주의 미라를 만들었다. 사후의 영원한 삶을 위해서는 육신이 보존되어야 한다고 믿었기 때문이다. 잉카 군주의 미라는 생전의 모든 권리를 누렸다. 심지어 궁궐도 그대로 소유해서, 새로 즉위한 군주는 자신의 궁을 따로 건설해야 했다. 군주의 미라는 [그림 2-3]처럼 1년에 한 번씩 외부 행차를 하기도 했다. 미라의 권리는 잉카 특유의 파나카panaca 제도와 깊은 관련이 있다. '파나카'란 군주 배출 자격이 있는 집단, 우리 식으로 이해하자면 일종의 종친 집단이다. 잉카 시대에는 최소한 10여 개의 파나카가 있었다. 잉카 군주는 죽고 나면 새로운 파나카의 장이 되고, 차기 군주는 여러 파나카에 속한 후보 중에서 선출된다. 큰아들이 자동적으로 왕위계승을 하는 것이 아니었다. 군주로 선출된 이는 자신이 소속되어 있던 파나카에서 독립한다. 향후 자신이 죽었을 때 새로운 파나카의 장이 되어야 하기 때문이다. 그러니까 이론적으로 새 군주는 통치권만 받을 뿐 자신의 원 파나카나 선대 군주의 파나카에서 어떠한 재정도, 인력 지원도 받지 못한다. 즉위와 함께 혈혈단신 무일푼 신세가 되는 것이다.

그런데 안데스에서 재산이 없다는 점은 군주권 행사에 심각한 걸림돌이었다. 자연조건이 대단히 척박해 인간이 생존하기 힘들었던 안데스에서는 잉카 시대 이전부터 호혜, 즉 상부상조의 전통이 중요했고, 아무리 군주라도 답례로 베풀 것이 없으면 신하와 백성의 협조를 이끌

어내기 어려웠다. 따라서 새로 즉위한 군주가 제대로 왕권을 행사하려
면 수시로 약탈전쟁을 일으켜 재물을 축적하는 길밖에 없었다. 바로
그 때문에 잉카 군주들은 지속 가능한 정복 체제의 구축에 심혈을 기
울일 수밖에 없었다.

손쉬운 잉카 정복?

　　　　　　　　　잉카 정복을 주도하여 성공한 이는 프란시스코
피사로Francisco Pizarro였다. 그는 1532년 5월에 180명 정도로 구성
된 원정대를 이끌고 오늘날의 페루 북부 해안에 상륙했다. 그나마 그
해 11월 페루 북부의 카하마르카Cajamarca에서 잉카 군주 아타왈파
Atahualpa와 조우했을 때는 160명 정도의 부대에 불과했고, 상당수는
군인이 아니라 일확천금의 꿈을 안고 원정에 합류한 일반인이었다. 그
럼에도 기습전 한 번으로 아타왈파 생포에 성공했고, 그를 볼모로 삼
아 잉카 제국을 신속하게 접수했다. 이듬해 2월에서 6월 사이에 쿠스
코에 정찰대를 파견한 피사로는, 7월에 아타왈파를 처형한 뒤 꼭두각
시 군주를 새로 옹립하고, 11월에는 쿠스코에 입성한다. 소수의 정복
자가 그토록 광대한 제국을 단시일 내에 접수했으니 성공 비결에 대한
분석이 없었을 리 없다. 그리고 대체로 잉카인들과 스페인인들 사이의
문명 수준의 차이, 특히 무기 수준의 현격한 차이가 '손쉬운' 정복의 비
결이었다고 입을 모은다. 가령 퓰리처상을 수상하고 우리나라에서도
스테디셀러가 된 재레드 다이아몬드Jared Diamond의 『총, 균, 쇠
Guns, Germs, and Steel』가 그런 관점을 고수한다.

　그러나 실제로는 결코 정복이 쉽지도 않았고, 무기 수준의 차이도 스페인인들이 극소수였던 초기에는 결정적인 요인이 되지 못했다. 무엇보다도 잉카 복원운동에 나선 후기 왕조가 1536년에서 1572년 사이에 존재한 사실은 정복이 쉽지 않았다는 뚜렷한 반증이다. 이 왕조는 초기인 1536년 5월에 스페인 정복 초기에 점령당한 쿠스코 탈환 작전에 나서 그곳에 정착한 스페인인들을 몰살 직전까지 몰아붙였고, 이어 스페인인들이 해안지대에 새로 세운 수도 리마에 원정대를 파견하기도 했다. 이 두 전투에서 결국 잉카인들이 패했지만, 그 이면에는 흥미로운 점이 있다. 리마 공방전이 벌어진 산크리스토발 언덕 고고학 발굴조사 결과를 보면 스페인인들의 총이나 칼에 죽은 원주민들은 별로

EL CACIQUE DIXO QUE EL LES DARIA
TANTO ORO COMO CABRIA EN UN

그림 2-4 스페인인들에게 자신의 몸값으로 방을 금과 은으로 채워주겠다고 제안하는 아타왈파

없었다. 대부분의 전사자가 오히려 원주민들의 육박전 무기였던 곤봉이나 망치 비슷한 무기에 맞아 숨졌다. 이는 잉카 군을 상대로 정복자 편에서 싸운 원주민들이 상당수 존재했다는 뜻이다. 그리고 이들은 대체로 잉카에 정복당한 지 얼마 안 되어 원한을 품고 있던 사람들이었다. 이들 입장에서 정복자는 잉카인이었고, 스페인인들에 대해서는 아직 그 의도 파악이 되지 않아서 해방자일지도 모른다는 막연한 기대감을 가지고 있었다. 결국 무기 수준의 차이보다는 현지 원주민의 조력을 이끌어낸 스페인인들의 전술이 더 결정적인 승리 요인이었다.

'보이지 않는 침략군'도 스페인인들의 성공에 결정적인 기여를 했다. 1519년 아스테카 정복전쟁이 시작된 직후 구대륙의 전염병이 돌았고, 그 전염병은 오늘날의 멕시코에서 빠른 속도로 남하해서 페루까지 내려왔다. 그래서 잉카 역사에서 가장 강력한 왕권을 행사한 11대 군주 와이나 카팍Huayna Cápac이 아직 후계자를 정해놓지도 못한 상태에서, 심지어 스페인인들이 침범하지도 않은 상태에서 전염병에 걸려 사망했다(후계자는 있었으나 그 역시 비슷한 시기에 전염병으로 죽었다는 설도 있다). 와이나 카팍의 뜻하지 않은 죽음 이후 잉카에서는 왕위계승 전쟁이 발발했다. 쿠스코에서 즉위한 와스카르Huáscar와 오늘날 에콰도르의 수도인 키토에서 즉위한 아타왈파 사이에 벌어진 전쟁이었다. 어찌 보면 이 내전은 잉카의 초고속 성장의 그림자였다. 제국의 영토가 확장될수록 잉카는 점점 더 통치에 애를 먹고 있었다. 정복을 마치고 쿠스코로 회군하면 반란이 일어나는 일이 잦아졌기 때문이다. 그래서 와이나 카팍은 장기간 수도를 비우고 오늘날의 에콰도르에 오랫동안 머물면서 반란에 대처하고 있었고, 그러던 중 외지에서 사망하는 일이 발생했던 것이다. 그 이후 왕위계승 문제를 둘러싸고 갈등이 발생했다. 쿠스코의 종친이나 권신들은 팔이 안으로 굽어 쿠스코 출신 왕자 와스카르에 우호적이었던 반면, 아버지를 따라 전선을 누비던 아타왈파는 자신의 업적과 노고를 내세워 왕위계승권을 요구하면서 내전이 벌어진 것이었다.

아무튼 스페인인들이 침입한 시점은 아타왈파가 왕위계승 전쟁에서 승리한 직후였고, 그를 생포하는 데 성공하면서 그 이후의 정복사업은 일사천리로 진행되었다. 아타왈파 휘하의 장수들은 군주의 안위 때문에 군사작전을 펼치기는커녕 그의 몸값으로 금과 은을 확보하고 수송하는 데 전념해야 했다. 심지어 쿠스코의 잉카인들은 그 오랜 제국의 수도에 스페인인들을 무혈입성시켜주었다. 이는 아타왈파 군이 왕위계승 전쟁 동안 와스카르의 지지 기반인 쿠스코를 점령한 뒤 일대 학살극을 벌였기 때문이다. 와스카르의 일족은 물론 그의 신하와 백성까지 모두 아타왈파 군의 잔인함에 대한 기억이 너무 생생해서 차라리 스페인인들에게 협조했던 것이다.

그래도 잉카 정복의 가장 결정적인 요인은 아타왈파의 방심과 스페인인들의 경험이 아닐까 싶다. 당시 아타왈파는 휘하 장군들이 포로로 붙잡은 와스카르를 처형하기 위해 3~4만 명의 대군을 이끌고 쿠스코로 이동 중이었다(8만 명이었다는 기록도 있다). 그때 스페인인들이 회담을 청했고, 왕위계승 전쟁에서의 승리에 도취해 있던 아타왈파는 소수의 정복자가 감히 자신을 공격해오리라고는 꿈에도 생각하지 못했다. 그래서 아타왈파는 별다른 대비 없이 일부 부대만 거느리고 약속 장소로 갔다가 스페인인들의 매복, 기습에 속절없이 당했다. 그런데 이 작전은 피사로의 머리에서 나온 것이 아니라 아스테카 정복 경험의 산물이었다. 아스테카를 정복한 에르난 코르테스가 정복군의 수적 열세를 극복하고자 아스테카 군주 목테수마를 전격 생포하는 작전을 썼는데, 잉카 정복을 앞둔 피사로와 만난 적이 있으니, 틀림없이 그 경험을 전수해주었을 것이다. 잉카에 저항하는 다른 원주민 부족들을 적극 활용한 것 역시 아스테카 정복 때 코르테스가 펼친 전술이었다. 나아가 이 전술은 코르테스의 개인 능력이라기보다 스페인인의 역사적 경험의 산물이라고 보는 것이 옳을 듯하다. 스페인인들은 타 민족과의 전쟁 경험이 풍부했다. 콜럼버스의 '신대륙 발견' 직전까지 무려 8세기 동안 이베리아반도에서 무슬림들과 싸워야 했기 때문이다. 문화가 다르고, 종교가 다르며, 언어가 다른 이들과 상대한 경험이 축적되어 있었다는 뜻이다. 이 경험이 아스테카 정복 때 상황에 따라 적절한 대처를 가능하게 했고, 그 과정에서 새로 축적된 경험은 잉카 정복에서 대단히 유용하게 활용되었다.

마추피추: 침묵의 웅변

잉카 시대의 유적 중 가장 유명한 곳이 마추피추이다. 마추피추는 '늙은 봉우리'라는 뜻이다. [그림 2-5]에서 유적지가 있는 곳이 마추피추 봉우리이고, 그 뒤에 배경을 이루고 있는 산이 '젊은 봉우리'라는 뜻의 와이나피추이다. 마추피추 유적이 세계적인 관광명소가 된 것은 스페인인들이 그 존재를 몰라 잉카의 유적이 파괴되지 않고 고스란히 보존되었기 때문이다. 그래서 1911년 예

일 대학교 하이럼 빙엄Hiram Bingham 교수의 마추피추 발견은 전
세계 고고학사에서 이집트의 피라미드 발굴이나 트로이의 발굴에 버
금가는 세계적인 성과였다.

마추피추로 가는 방법에는 잉카의 길을 따라 도보로 가는 것 외에
기차를 이용하는 것이 있다. 한편으로는 숲을, 다른 한편으로는 강을

그림 2-5 마추피추 유적지

끼고 달리게 된다. 강 건너편에는 봉우리들이 우뚝우뚝 줄지어 달린
다. 그 산봉우리 위에 뭐가 있는지, 또 그 너머에 뭐가 있는지 짐작할
수 없어서 마치 인간의 접근을 가로막는 기분이다. 우기에 여행을 가
면 수풀이 울창하고, 때로는 강물도 사납게 흘러 더욱더 그런 느낌이
다. 마추피추의 아랫마을은 그야말로 깊은 골짜기 아래에 위치해 있어
서 마추피추를 올려다봐도 잉카 유적은 전혀 보이지 않는다. 그래서
왜 이 유적지가 20세기에 발견되었는지 답을 얻은 기분이 든다.

그런데 그건 엄청난 착각이다. 마추피추는 잉카의 수도 쿠스코에서
그렇게 멀리 떨어져 있지 않다. 심지어 쿠스코에서 마추피추로 가는
중간에 위치한 오얀타이탐보라는 조그마한 마을은 잉카 시대에 왕실
농장이 있던 중요한 곳이었고, 한때 잉카 저항군이 근거지로 삼아 스
페인인들과 대규모 전투를 벌인 장소이기도 하다. 또한 마추피추는 여
러 갈래의 잉카의 길이 지나는 곳이기도 하다. 이런 일련의 상황은 마
추피추의 존재가 1911년까지 망각될 이유가 없었다는 뜻이다. 스페인
인들은 외지인이니까 그렇다 해도 원주민들까지 그 존재를 망각했다
는 점은 커다란 미스터리가 아닐 수 없다.

이렇게 완벽하게 잊어버린 덕분에 마추피추를 발견한 후에도 그 도
시를 누가, 언제, 왜 만들었는지에 대한 학설이 분분하다. 아주 오랫동
안 자신의 내력에 대해 철저하게 침묵으로 일관한 유적지가 바로 마추
피추인 것이다. 그런데 바로 그 침묵이야말로 한 가지 명백한 역사적
진실을 웅변적으로 말해준다. 아메리카 정복이 제노사이드genocide,
즉 집단학살에 연유한다는 점이다. 정복전쟁, 식민시대의 가혹한 노동
과 강제이주, 전염병 등 여러 가지 요인이 겹치면서 안데스의 원주민

인구는 정복된 지 50~100년 만에 10분의 1까지 급격하게 감소했다. 그토록 많은 사람이 몰살된 결과 키푸quipu라는 잉카의 매듭문자를 해독할 사람이 남지 않게 되었고, 잉카 문자는 아직도 해독되지 못했다. 이와 마찬가지로 마추피추의 존재와 내력에 대해서 아는 사람도 어느 순간 남지 않게 되었을 것이다. 그래서 적막한 마추피추 유적은 오히려 집단학살이 일어났다는 사실을 알려주는 침묵의 웅변이라고 할 수 있다.

📖 권장 서지

마리아 롱게나(2004), 『잉카 문명: 잉카, 안데스의 역사와 문화』(고형지 옮
     김), 생각의 나무.

엔리케 두셀(2011), 『1492년, 타자의 은폐: '근대성 신화'의 기원을 찾아서』
     (박병규 옮김), 그린비.

우석균(2008), 『잉카 in 안데스: 태양의 길을 따라 걷다』, 랜덤하우스코리아.

카르망 베르낭(1996), 『잉카: 태양신의 후예들』(장동현 옮김), 시공사.

킴 매쿼리(2010), 『잉카 최후의 날』(최유나 옮김), 옥당.

Guamán Poma de Ayala, Felipe, *Primer nueva corónica y buen gobierno*,
     1615.

정복자들과 아스테카 제국

스페인의 아메리카 지배 과정은 세 단계로 구분해볼 수 있다. 첫 번째는 정찰(혹은 발견)의 단계로서 1492년 콜럼버스의 항해로부터 대략 1510년까지로, 이 시기는 탐험가들의 활약으로 스페인인들이 아메리카를 조금씩 알아가는 과정이다. 두 번째는 정복의 단계로서 '정복자들'의 활약으로 아메리카에서 원주민 문명이 가장 발달된 지역들이 정복되어간 시기이다. 정복자들 중 가장 유명하고 중요한 인물이 아스테카 제국을 정복한 에르난 코르테스와 잉카 제국을 정복한 프란시스코 피사로였다. 세 번째는 식민화 단계로서, 이 시기는 국왕(스페인 정부)이 관리를 파견하여 아메리카에서 지배권을 확립해가는 과정이다.

이 장에서는 이 세 과정 중 정복과 식민화 단계를 중심으로, 그리고 그중 논란의 대상이 되어온 문제들을 중심으로 살펴보려고 한다. 특히 아스테카 제국에 대해서 이야기할 것이다.

정복자들은 누구이며, 왜 정복에 나섰는가

정복자들은 스페인 왕의 명령을 받아 아메리카를 정복하기 위해 파견된 군인들이었을까? 지금도 그렇게 소개되는 경우가 많지만 사실은 그렇지 않다. 스페인인들의 아메리카 정복사업은 왕이나 국가가 주도한 것이 아니라 민간인들이 주도하고, 민간인들의 자본으로 실행되었다. 다만 아메리카는 스페인 왕의 영토로 인정되었기 때문에 정복을 원하는 민간인은 스페인 왕의 허가를 받아야 했고, 왕과 계약을 체결해야 했으며, 그 계약을 '카피툴라시온capitulación'(우리말로는 '정복협정'으로 번역할 수 있다)이라고 불렀다.

그 계약서에는, 만약 원정대가 정복에 성공하면 그 계약자(원정대장)에게 그가 정복한 땅을 지배할 권한을 부여한다는 내용이 포함되어 있었다. 그러니까 정복 후 그가 왕의 관리가 되어 그곳에 사는 사람들(스페인인들, 아메리카 원주민들)을 지배하고, 새 도시 건설을 지휘하고, 관리를 임명하며, 공을 세운 사람에게는 상급을 나눠주는

그림 3-1 스페인 정복자들

등의 소임을 맡게 되는 것이다.

정복 원정대는 또한 초보적 형태의 합자회사였다고도 할 수 있는데, 그것은 정복에 참여하는 사람들이 능력에 따라 군사적 혹은 재정적으로 기여하고 정복에 성공하면 기여한 만큼 보답을 받았기 때문이다. 그들은 보병이나 기병으로 전투에 참여하고, 원정에 필요한 모든 장비(선박, 말, 갑옷 등)를 스스로 마련했다. 그리고 부유한 원주민 국가를 정복하여 많은 재물을 탈취하면, 먼저 왕의 몫(5분의 1)을 떼어놓고, 들어간 공적 비용을 제한 후, 나머지는 사전에 약속한 대로 분배받게 된다. 예를 들어 기병은 보병의 두 배를 받는다.

정복은 돈도 많이 들고 또 자칫 목숨을 잃을 수도 있는 위험한 사업이었다. 그런데도 왜 그들은 기꺼이 정복에 나섰을까? 가장 중요한 동기는 역시 부와 권력이었다. 정복자들을 모험에 나서도록 부추긴 중요한 요인으로 이른바 '3G'가 많이 언급되는데, '3G'란 God(신앙), Gold(금, 부), 그리고 Glory(명예)를 말한다. 그중에서도 정복자들이 가장 중요하게 생각한 것은 역시 Gold였으며, 그래서 그들은 그 꿈을 안고, 즉 엘도라도El Dorado(황금의 나라)를 찾아서 사방을 휩쓸고 돌아다녔던 것이다. 그러나 그 꿈을 이룬 사람은 그리 많지 않았다.

아스테카 제국은 어떤 과정을 통해서 정복되었는가

아스테카 제국은 아메리카에서 가장 강력한 원주민 왕국이었다. 그리고 그 제국을 정복한 코르테스는 스페인의 몰락한 하급 귀족(이달고hidalgo)

출신이었다. 어느 정도의 지식을 갖추고 있었던 것으로 보이는 그는 만만치 않은 야심의 소유자였다. 그런데 당시 코르테스는 명백히 '반란자' 신분이었다. 원정 때 코르테스는 쿠바 총독 디에고 벨라스케스 Diego Velázguez에 의해 아스테카 제국 정복을 위한 원정대장으로 임명되었다가 출발 직전에 해임되었던 것이다. 총독이 코르테스를 해임한 이유는, 그를 원정대장으로 임명하기는 했지만 아무래도 개인적 야심 때문에 자신을 배신할 것 같다는 생각이 들어서였기 때문이다. 그런데 코르테스는 그 해임 결정을 무시하고 대원들을 데리고 원정에 나서버렸으니, 이때가 1519년 4월이었다.

아스테카 제국 정복은 크게 두 단계로 구분할 수 있다. 1단계는 쿠바에서 출발한 원정대가 멕시코 해안에 도착한 다음, 다양한 전술을 구사하면서 원주민들의 저항을 물리치고 내륙으로 진군하는 과정으로 시작된다. 그리고 그 과정에서 틀락스칼라Tlaxcala라는 원주민 왕국과 한 차례 큰 전투를 벌이는데, 이 왕국은 아스테카인들(메히카족)

그림 3-2 에르난 코르테스의 초상

과는 오랫동안 전쟁을 하면서 원수처럼 지내는 사이였다. 코르테스 일행은 이들과의 전쟁에서 승리하고 그 왕국을 충실한 동맹 세력으로 삼는데, 이는 후에 코르테스가 원정을 성공으로 이끄는 데 중요한 요인으로 작용한다.

코르테스의 원정대는 곧 제국의 수도(테노치티틀란)에 도착하는데, 놀랍게도 아스테카 황제는 침입자들에 대항해서 싸우려고 하기보다는 오히려 정중하게 맞아준다. 그러니까 스페인인들은 아스테카의 수도에 무혈입성한 것이다. 아스테카 황제가 왜 그런 행동을 보였는가? 기록에 따르면 아스테카인들은 '케찰코아틀Quetzalcóatl의 신화'를 믿고 있었는데, 이 케찰코아틀은 옛날 아스테카인들의 왕 겸 신이었으나 자기 백성들에게 쫓겨난 인물로, 아스테카인들은 그가 다시 지배권을 차

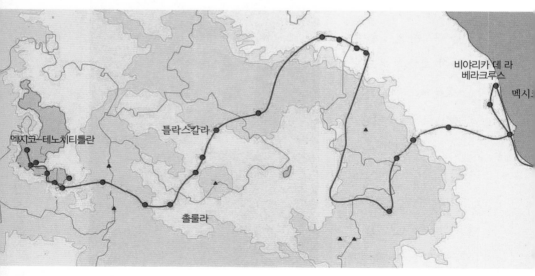

그림 3-3 코르테스 일행의 아스테카 제국 원정 경로

지하기 위해서 돌아올 것이라는 믿음을 갖고 있었다는 것이다. 그리고 여러 가지 정황상 코르테스 일행이 그들일지도 모른다고 생각했고, 그 때문에 아스테카 제국 황제 목테수마는 스페인 정복자들과 싸우기보다는 그들을 영접하게 되었다는 것이다. 이 이야기가 후에 조작되었다는 주장도 제기되고 있지만, 어쨌든 코르테스가 국왕에게 쓴 편지를 비롯해 여러 문건에서 언급되고 있는 것은 사실이다. 그렇게 해서 코르테스 일행은 아스테카의 수도에 무혈입성했고, 그 후 약 6개월간 불안한 가운데 제국을 지배하게 된다.

그런데 얼마 안 가 '반란자' 신분인 코르테스를 체포하기 위해서 쿠바 총독이 군대를 파견하고 그 군대가 멕시코 해안에 도착하자, 코르테스는 이들과 맞서 싸우기 위해 병력 중 일부를 이끌고 해안 쪽으로 나가게 된다. 그리고 어렵지 않게 그 전쟁을 승리로 이끌고, 상대편 병사들 상당수를 자신의 병력으로 편입시킨다. 그런데 코르테스가 수도를 비운 사이에 그의 부하 장수들이 축제를 벌이고 있는 원주민들을 잔인하게 학살하는 사건이 발생했다. 이에 분노한 원주민들이 들고일어나 원주민들과 스페인인들 간에 싸움이 벌어지자 스페인인들은 궁지에 몰리게 된다. 이 소식을 듣고 코르테스가 급히 달려왔지만 원주민들의 분노를 가라앉히지 못하고, 아스테카 원주민들과 스페인인들 간에 치열한 전투가 벌어진다. 그러나 스페인인들은 결국 중과부적으로 패배를 인정하고 한밤중에 어둠을 이용해 몰래 빠져나오는데, 그 과정에서 아스테카인들의 거센 공격을 받아 몰살 위기에 처하고 만다. 병력의 상당 부분을 상실한 채 가까스로 도망쳐 나온 스페인인들은 이 사건을 '슬픈 밤Noche Triste'이라고 불렀는데, 여기까지가 정복의 1단계이다.

그림 3-4 〈테노치티틀란 최후의 날〉

정복의 2단계는 줄거리가 비교적 간단하다. 테노치티틀란에서 쫓겨난 코르테스 일행이 원주민 동맹국(틀락스칼라)으로 후퇴해 전열을 정비한 다음 반격에 나서며, 먼저 호수 주변 부족들을 제압하고 수도 공격에 나서서 정복을 완료하게 되는데, 이때가 1521년이다. 그러니까 정복을 시작한 지 2년 만에 정복을 완료한 것이다.

정복전쟁은 어떻게 성공했는가

코르테스는 불과 수백 명의 병력으로 수백만 명의 인구를 보유한 아스테카 제국을 정복했다. 이것은 세계 전쟁사상 유례를 찾아볼 수 없을 정도의 놀라운 승리였다. 어떻게 그들은 그런 결과를 만들어낼 수 있었을까? 사실 아스테카는 오합지졸이 모인 왕국이 아니었으며, 나름 훌륭한 군사적 전통과 병력을 가진 하나의 '제국'이었다. 그럼에도 불구하고 결과적으로 그들은 비교가 되지 않을 정도로 소규모인 스페인 군대에게 허무하게 패하고 만 것이다. 그 원인을 놓고 오래전부터 학자들 간에 논쟁이 진행되어왔는데, 그들은 대체로 다음과 같은 결론을 내놓고 있다.

첫째는 군사적 요인이다. 아메리카 원주민들은 몇몇 다른 분야에서는 유럽인들 못지않은 수준을 자랑했지만 군사적으로는 원시적인 수준을 벗어나지 못했다. 우선 그들의 가장 중요한 무기가 칼인데, 원주민들은 철의 사용에 대해서 알지 못했기 때문에 그들의 칼은 나무 몽둥이에 날카로운 돌(흑요석)을 박아놓은 것이었으며, 이런 무기가 스페인인들이 가진 강철 칼이나 창을 이길 수 없었다. 또 스페인인들이 가지고 간 말과 대포도 전쟁 초반에는 굉장한 위력을 발휘했다. 원주민들은 가축이라고 해봐야 작은 개나 오리를 키우고 있었을 뿐 소나 말 같은 덩치가 큰 짐승을 알지 못했다. 그런 그들에게 전투용 말은 놀랍고 신기했으며 공포의 대상이었다. 원주민들은 말을 탄 기병을 신적인 존재로 생각하기도 했다. 어느 학자에 따르면 말을 탄 스페인 기병은 오늘날의 전차와 비슷한 위력을 발휘했다고 한다. 또 대포가 내는 엄청난 굉음도 원주민들을 혼비백산하게 만들었다. 물론 원주민들은 시간이 지나면서 이 새로운 무기에 적응해가는 모습을 보인다.

또 양 진영은 서로 다른 전쟁 목적을 갖고 있었다. 아스테카인들의 전쟁 목적은 다른 부족들을 제압하여 공납을 받기 위해서이거나, 아니면 신들에게 희생제물로 바칠 포로를 확보하기 위해서였다. 그러므로 상대방을 죽이거나 치명상을 입히는 것은 전쟁 목적에 위배되는 것이었다. 그에 비해 스페인인들의 전쟁 목적은 수단과 방법을 가리지 않고 상대방을 최대한 신속하게 제압하는 것이었다. 그러니까 스페인인들에게 전쟁이 과학과 기술의 문제였다면, 원주민들에게는 종교 혹은 의식의 의미가 강했다. 이런 점들이 전쟁에서 아메리카 원주민들에게 불리하게 작용했음은 물론이다.

두 번째는 정신적 요인이다. 스페인인들과 원주민들은 정신 상태가 달랐다. 정복자들은 자신들의 문명과 종교가 원주민들의 그것보다 압도적으로 우월하다고 생각했다. 그들이 볼 때 원주민들은 사람을 산 채로 신에게 제물로 바쳤고, 인육을 먹기도 하는 원시인이자 미개인이었다. 그런 그들에 대해 백인들이 가진 압도적인 인종적 혹은 종교적 우월감이 정복자들에게 성공에 대한 확신과 불굴의 의지를 가져다준 것으로 보인다. 그에 비해 아메리카 원주민들의 정신 상태는 정반대였다. 그들은 스페인인들을 침입자로 생각해서 대항을 해야 할지, 아니면 돌아온 신으로 생각해서 영접을 해야 할지 결정하지 못한 채 갈팡질팡하는 모습을 보였다.

세 번째는 원주민 사회의 내분이다. 아스테카 지배자들이 지배 영토를 확대시키는 과정에서, 즉 제국을 형성해가는 과정에서 제국 곳곳에 불만 세력들이 팽배해 있었다. 틀락스칼라족처럼 아직 아스테카 제국에 정복되지 않은 상태로 맹렬하게 저항하는 부족도 있었고, 정복당해 공납을 바치고는 있었지만 아스테카 지배자들을 마음속으로 증오하는 부족들도 많았다. 그러니까 당시 제국은 하나로 통일된 사회가 아니었

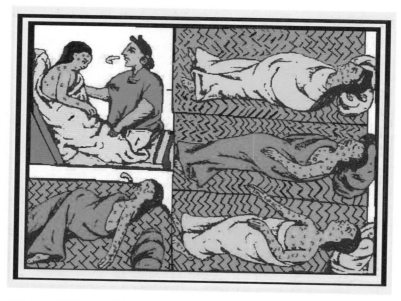

그림 3-5 천연두로 고통받는 아스테카 제국 원주민들

으며, 코르테스는 이런 원주민 사회의 내분을 아주 교묘하게 이용할 줄 알았고, 이 불만 세력들을 자신의 동맹으로 만들었다. 이렇게 원주민 동맹 세력을 확보함으로써 스페인인들은 압도적인 수적 열세를 어느 정도 만회할 수 있었다.

네 번째로 전염병도 중요한 역할을 했다. 스페인인들과 아스테카인들 간에 최후의 일전이 벌어지기 직전, 그 지역에 천연두가 퍼져서 아스테카인들의 전투 능력이 크게 약화된 것이다.

급속한 인구 감소의 원인은 무엇인가

원주민 제국들이 정복되고 나서 아메리카 혹은 누에바에스파냐(멕시코)에서 나타난 가장 놀라운 현상 가운데 하나는 원주민 인구의 급속한 감소였다. 유럽인들이 아메리카에 처음 도착했을 때 원주민의 수가 얼마나 되었는가에 대해서는 학자들의 주장이 너무 다양해서(1,000만 명에서 1억 명 이상까지) 단정적으로 말할 수 없지만, 확실한 것은 유럽인들이 도착하고 나서 100년이 채 지나지 않아 원주민 인구가 무려 90~95퍼센트나 감소했다는 점이다.

이 인구 급감의 원인에 대해서는 우선 스페인인들이 저지른 무지막지한 폭력이 가장 중요한 원인이라는 주장이 있어 왔다. 정복 과정에서 스페인인들이 무자비한 만행과 학살을 저질렀고, 정복 후 지배하는 과정에서도 농장주나 광산주들이 가혹한 착취와 학대를 자행했는데 그것이 원주민 인구 감소를 가져온 주요 원인이었다는 것이다. 당시 스페인인들이 저지른 만행에 대해서는 많은 기록이 남아 있는데, 그중에서도 가장 중요한 것은 바르톨로메 데 라스 카사스Bartolomé de Las Casas 신부의 기록이다. 이 증언들을 근거로 학자들은 스페인인들의 만행과 착취가 인구 감소의 주요 원인이라고 주장해왔다.

그림 3-6 원주민의 보호자로 추앙받는 바르톨로메 데 라스 카사스 신부

그러나 그보다 더 중요한 원인은 유럽인들이 들여온 전염병이었음이 분명해 보인다. 아메리카 원주민들은 수만 년 동안 유라시아 대륙의 질병으로부터 격리되어 있었고, 그로 인해 그런 병들에 대해서 전혀 면역력을 갖고 있지 않았으므로, 전염병에 한꺼번에 죽어나갔던 것이다. 즉 유럽인들에게는 치명적이지 않은 병이 면역력이 없던 원주민들에게는 치명적인 결과를 가져온 것이다.

스페인인들은 원주민들을 어떻게 생각했는가

스페인인들에게 아메리카와 아메리카 원주민들은 완전히 새롭고 낯선 현상이었다. 그들은 유럽인들의 인식 체계에 들어 있지 않았다. 그 때문에 16세기 내내 스페인 지식인들 사이에서 아메리카 원주민의 성격과 법적 지위를 둘러싸고 치열한 논쟁이 벌어졌다. 논쟁의 초점은 "원주민들이 진정 16세기 유럽인들이 생각하는 그런 의미의 완전한 인간인가, 아니면 노예가 되어 마땅한 하급 인간인가" 하는 점이었다. 이에 대해 학자들은 두 편으로 나뉘었는데, 한쪽은 원주민들을 '고귀하고 완전한 인간'으로 보았고, 다른 쪽은 '비천하고 불완전한 인간'으로 보았다. 1550~1551년에 벌어진 '바야돌리드 논쟁'은 이 문제를 둘러싸고 벌어진 논란의 정점이라고 할 수 있다. 그래서 스페인 국왕 카를로스 1세(신성로마제국의 카를 5세)가 이 양쪽을 대표하는 두 이론가를 불러 각자의 견해를 발표하게 하는 대결의 장을 마련해준 것이었다.

여기에서 궁정사가인 후안 히네스 데 세풀베다Juan Ginés de

Sepúlveda는 아리스토텔레스의 '천부적 노예론'(인간 중에는 우월한 사람도 있고 열등한 사람도 있는데, 우월한 사람이 열등한 사람을 지배하는 것은 당연하다)에 입각하여 "문명이 야만을 지배하는 것은 당연하고 정당하다. 원주민은 야만인이다. 그것을 말해주는 대표적인 것이 그들의 우상숭배, 인신공희, 그리고 식인풍습이다"라고 말하면서 원주민들의 노예화는 정당하다고 주장했다.

이에 대해 '원주민들의 보호자'라고 일컬어졌던 바르톨로메 데 라스 카사스 신부는 역시 고대 사상가들과 기독교 사상가들의 이론을 인용해 세풀베다의 견해를 조목조목 반박하며, "원주민들은 결코 야만인이 아니다"라고 주장했다. "원주민들은 법, 규범, 통치기구 등 문명을 규정하는 대부분의 요소를 가지고 있다. 그러므로 원주민들을 사랑과 친절로, 평화적인 설득을 통해 기독교로 교화시키고 문명으로 이끌어야 한다"고 주장했다.

원주민 지배는 어떤 방식으로 이루어졌는가

스페인 지배자들은 원주민 피정복민들에 대해 정복자의 지위를 이용해 자의적으로 다스릴 수 있다고 생각하지 않았다. 그들은 원주민들을 '기독교적 제국주의' 혹은 '메시아주의적 제국주의' 정신에 입각해 다스리려고 했는데, 이는 스스로를 신께서 당신의 뜻을 이루시기 위해 선택한 민족이라고 생각하고, 따라서 신법이나 자연법에 반하는 행동을 해서는 안 된다고 믿었기 때문이다. 그리고 기독교와 문명을 모르는 사람들에게 그것을 알게 하는 것이 자신들의 소임이라고 생각했다. 적어도 스페인 왕과 교회는 그런 생각을 기본적으로 갖고 있었다.

그러나 현실에서는 생각대로 혹은 이론대로 되지 않았다. 왜냐하면 정복이라는 공을 세운 정복자들에게 어떤 형태로든 보상을 해야 했고, 그 보상이 정복당한 원주민들이 바칠 공납(세금)과 노동 말고는 없었기 때문이다. 그래서 정복자들의 요구를 어떤 방식으로 얼마만큼 만족시켜줄 것인지를 두고, 즉 원주민들의 공납과 노동을 누가 어떻게 통제하고 향유할 것인지를 두고 논란이 벌어지게 되었는데 그 논란의 주요 당사자는 국왕과 교회, 그리고 아메리카 정복에 참가한 정복자들과 그 후손들이었다.

먼저 이 문제를 해결하는 방법의 하나로 선택된 것이 '엔코미엔다 encomienda'라는 제도였다. 이 제도는 정복의 공을 세운 정복자들에게 일정 지역의 원주민들의 지배를 위임하는 것으로, 엔코미엔다를 받은 사람(그를 '엔코멘데로encomendero'라고 불렀다)은 원주민들을 외부의 침입으로부터 보호하고 그들을 기독교로 인도하는 책임을 갖는 대신, 그들로부터 공납과 부역(노동)을 수취할 권리를 갖게 하는 것이었다. 1540년대경 누에바에스파냐 부왕령에 약 600명, 그리고 페루 부왕령에 약 500명의 엔코멘데로가 있었던 것으로 알려져 있다.

그런데 엔코미엔다는 얼마 되지 않아 심각한 부작용을 일으켰는데, 엔코멘데로들이 이를 악용하여 원주민들을 거의 무제한적으로 착취하려고 폭력을 일삼았고, 그로 인해 원주민 인구가 급감한 것이었다. 국왕은 그런 상황을 지켜볼 수만은 없었다. 게다가 정복자들이 원주민들의 공납과 노역을 독점적으로 지배함으로써 왕의 지배권으로부터 독립해 봉건영주화되는 것을 우려하기도 했다. 또한 아메리카가 장차 가져다줄 수입으로 보나, 원주민들의 영혼을 구원하겠다고 교황에게 한 약속으로 보나 국왕이 새 영토를 정복자들의 자유방임적인 통치에 맡겨버리기에는 그곳에 너무 많은 이해관계가 얽혀 있었다. 그러므로 스페인 왕들은 원주민들의 '천부적 주군'으로서의 소임을 다하고, 동시에 새 영토 획득이 국왕에게 가져다줄 이익을 극대화하기 위해 이 문제에 적극 개입했다.

또 하나의 이해당사자는 교회였다. 스페인 왕은 이론적으로 아메리카에 대한 지배권을 교황으로부터 받았는데, 교황이 스페인 왕에게 아메리카 지배권을 제공한 대가로 제시한 조건 가운데 가장 중요한 것이 아메리카인들에 대한 전교였다. 이 전교 사업이 초창기에는 주교들이 아닌 탁발수도회, 프란시스코회, 도미니코회 등에 위임되었는데, 당시 탁발승들 중 상당수는 개혁적 성향의 소유자로서 부패하고 세속화된 교회에 대해 매우 비판적인 생각을 갖고 있었다. 그리고 그들 중 다수는 아메리카 원주민들의 단순하고 소박한 성격, 순종적 태도, 욕심 없는 마음 등을 높이 평가하며, 이들을 상대로 아메리카에서 이상적인 기독교 사회를 만들겠다는 포부를 갖고 있었다. 그런데 나약한 원주민들이 스페인인들의 학대와 폭력 때문에 사라져버린다면 자신들의 바람은 실현되지 못할 것이고, 그러면 교회의 위상이 실추될 것이기 때문에 이 문제에 적극 개입했다.

아메리카 원주민들을 어떻게 다스릴 것인가의 문제는 16세기 동안 '엔코미엔다' 제도를 중심으로 전개되었고, 앞에서 말했듯이 엔코멘데로들은 이 제도를 악용해서 원주민들을 사실상 노예로 만들어 엄청난 착취와 폭력을 저질렀으며, 그로 인해 수많은 원주민이 죽어나갔다. 이런 상황에 먼저 제동을 걸고 나선 것은 아메리카에서 직접 활동하고 있던 탁발수사들이었으며, 그중에서도 대표적인 인물이 앞에서 언급한 라스 카사스 신부였다. 그는 엔코멘데로들의 야만적인 행위를 신랄하게 비판하며, 죽을 때까지 엔코미엔다 제도의 폐지를 위해 노력했고, 그로 인해 '원주민들의 보호자'라는 별명을 갖게 되었다.

왕의 입장도 탁발수사들과 크게 다르지 않았다. 스페인 왕들은 원주민들을 기본적으로 자신의 백성들과 똑같은 사람들이라고 생각했으며, 따라서 그들에게 강제 노동을 시키는 것은 법적인 정당성이 없다고 보았다. 그래서 스페인 왕들은 수차례의 법 제정을 통해 엔코미엔다 제도의 부작용을 줄이고 궁극적으로는 폐지하기 위해 노력했는데, 그런 노력의 가장 중요한 결과물이 1542년의 신법이다. 이 신법의 내용 중에는 엔코미엔다의 상속을 금하는 조항이 있었고, 따라서 당시 이 엔코미엔다를 가진 당사자들이 죽으면 원주민들에 대한 권리가 후손들에게 상속되지 못하고 그것이 모두 국왕에게 귀속될 것이기 때문에 그들이 모두 사망하면 자동적으로 이 제도가 폐지된다는 것이었다. 그러나 이 조치에 대해서 엔코멘데로들은 강력하게 반발했고, 국왕이 일시적으로 양보하기도 했지만, 결국 이 제도는 원주민의 인구 감소와 더불어 점차 소멸되어간다.

그렇다면 엔코미엔다 제도의 약화 혹은 폐지로 원주민들의 처지는 획기적으로 개선되었을까? 그렇지는 않았다. 왜냐하면 그것은 스페인 정복자들 혹은 그 후손들이 엔코미엔다와 유사한 제도, 즉 이론적으로는 그렇지 않은데 실제는 거의 노예제나 다름없는 또 다른 제도를 도입해 적용했기 때문이다. 예를 들어 1550년 이후 중부 멕시코와 안데스고원 등의 핵심 지역에서는 '레파르티미엔토repartimiento'라는 제도가 엔코미엔다를 대체했는데, 이에 따르면 성인 남성 원주민은 모두 1년을 단위로 번갈아가며 일정 기간 스페인인이 운영하는 광산, 작업장, 농장, 목장, 공공사업장에서 일을 해야 했다. 국왕은 이 제도를 통해 계속 줄어만 가는 원주민 노동력 자원을 통제하고, 엔코멘데로들과 엔코미엔다를 갖지 못한 점증하는 스페인인이 원주민 노동력을 이용할 수 있게 하려고 했다. 이 제도하에서 원주민들은 노동의 대가로 소액의 임금을 받았으나 레파르티미엔토는 본질적으로 엔코미엔다와 마찬가지로 위장된 노예제에 지나지 않았다.

권장 서지

벤자민 킨, 키스 헤인즈(2014), 『라틴아메리카의 역사(상, 하)』(김원중, 이성
　　　훈 옮김), 그린비.
에르난 코르테스(2009), 『코르테스의 멕시코제국 정복기(1, 2권)』앙헬 고메
　　　스 엮음(김원중 옮김), 나남출판사.
이성형(2003), 『콜럼버스가 서쪽으로 간 까닭은?』, 까치글방.
이성형 편(1999), 『라틴아메리카의 역사와 사상』, 까치글방.
존 H. 엘리엇(2017), 『대서양의 두 제국: 영국령 아메리카와 스페인령 아메
　　　리카 1492~1830』(김원중 옮김), 그린비.

라틴아메리카의 독립과 20세기

라틴아메리카 독립의 배경

유럽의 정복자들이 신대륙에 도착한 이후로 300년 동안이나 기나긴 식민지배가 지속되었다. 라틴아메리카 각 지역에서 독립의 움직임이 거세게 나타나기 시작한 것은 19세기에 들어서면서부터였다. 이렇게 독립의 움직임이 나타나게 된 배경은 크게 국내외적으로 나눠볼 수 있다.

먼저 국외적인 요인으로는 세 가지를 들 수 있는데, 그 첫 번째는 부르봉 왕가의 개혁 정책이다. 합스부르크 왕가와 부르봉 왕가 간의 스페인 왕위계승 전쟁(1701~1714)에서 부르봉 왕가가 승리하면서, 스페인 왕위는 부르봉 왕가가 차지하게 된다. 스페인 왕위계승 전쟁에서 프랑스가 승리했지만, 신대륙에 흑인 노예를 공급할 수 있는 권리인 아시엔토Asiento의 경우에서 보는 것처럼 실질적인 이익은 영국이 챙겼다. 아메리카 대륙에서 노예무역은 엄청난 이익을 가져다준 사업이었기 때문에, 영국은 많은 경제적인 실익을 얻었던 것이다. 또 노예들을 싣고 간 배에 신대륙에서 생산되는 물품들을 싣고 오는 밀무역을 통해서 더 많은 이익을 올렸다.

이렇게 등장한 스페인의 부르봉 왕가는 식민지에 대한 통제권을 강화하기 위해 일련의 정책을 펼치게 된다. 예를 들면 식민지 통치를 위한 행정단위인 부왕령virreinato을 기존 2개에서 4개로 확대하여 식민지 관리를 보다 엄격하게 하고자 했던 것이 대표적이다. 또한 인텐덴테intendente 제도의 도입을 통해 식민지 통제를 강화했다. 국왕은 식

그림 4-1 식민시대 주요 행정단위

민지 행정 체제 속에서 크리오요criollo 계층이 차지하고 있던 직위를 자신이 직접 임명한 인텐덴테로 교체하여 식민지에서 국왕의 통치가 보다 직접적으로 이루어지도록 바꿨던 것이다. 이 조치는 식민지에서 중하위 관직을 맡고 있거나 중소 규모 무역업에 종사하던 크리오요 계층의 불만을 유발했다. 그들은 식민지배를 강화하는 정책이 자신들의 이익과 충돌하는 상황에서 점차 스페인으로부터 독립해야 할 필요성을 느끼게 된다. 부르봉 왕가의 정책 변화는 식민지배를 조금 더 엄격하게 하기 위한 것이었지만, 결과적으로 라틴아메리카 지역에서 독립을 촉진하는 결과를 가져왔던 것이다.

두 번째로는 미국 독립(1776)과 프랑스 혁명(1789)의 영향을 들 수 있다. 미국 독립과 프랑스 혁명이 라틴아메리카의 독립에 직접적인 영향을 준 것은 아니다. 그러나 크리오요 계층이 이 사건들을 통해 세계사의 변화를 이해하면서 자연스럽게 식민지 독립의 기대를 갖게 되었던 것이다. 당시 상업을 통해 부를 축적한 크리오요 계층은 자신들의 자녀를 유럽에서 교육시키는 경우가 많았다. 이들은 당시에 벌어진 프랑스 혁명이나 미국 독립을 통해 독립에 대한 희망을 갖게 되었고, 이것이 식민지에서 독립운동을 이끌어내는 사상적 배경이 되었다. 자연스럽게 미국 독립이나 프랑스 혁명이라는 큰 세계사적인 사건이 식민지의 독립에도 영향을 미치게 되었다.

세 번째로는 프랑스의 스페인 침입을 들 수 있다. 1807년 나폴레옹 군대가 스페인에 침입했는데, 이는 스페인의 국력이 쇠퇴했음을 잘 보여준 사건이었다. 승리한 나폴레옹은 스페인 국왕을 폐위하고 자신의 형인 조제프를 새로운 국왕으로 임명했다. 이 사건은 스페인뿐만 아니라 스페인의 식민지였던 신대륙에도 상당한 영향을 끼치게 된다. 고야의 작품 〈1808년 5월 3일〉이 잘 보여주듯 스페인 민중은 프랑스 군에 맞서 격렬하게 저항했다. 식민지에서도 크리오요 세력은 프랑스인 왕을 거부하고, 스페인 왕에 대한 충성을 다짐하는 움직임이 나타난다. 그러나 이것은 스페인 왕에 대한 충성보다 이를 계기로 미국처럼 스페인에서 독립하고자 하는 크리오요 계층의 기대에서 비롯되었다. 프랑스 태생의 왕을 인정하지 않음으로써 식민지에 대한 스페인의 지배가 정당하지 않다고 주장했던 것이다. 이렇게 프랑스의 침입으로 스페인의 국력이 쇠퇴하면서 식민지에서도 스페인 지배에서 벗어나려는 움직임이 더 강하게 나타나게 된다.

국내적인 요인으로는 식민지에서 크리오요 계층이 성장했다는 점을 들 수 있다. 식민지배가 지속되면서 지배 세력이었던 백인들 사이에 분화가 진행된다. 즉 백인들이 스페인에서 건너온 페닌술라레스 peninsulares(이베리아반도 사람이라는 뜻)라고 부르는 집단과, 식민지에서 태어난 크리오요라고 부르는 집단으로 나뉘게 된다. 식민지 태생의 크리오요 계층이 점차 세력을 형성하면서, 본토 출신의 페닌술라레스와 대립하게 된 것이다. 그들의 이해관계가 서로 달랐기 때문이다. 페닌술라레스가 권력의 핵심을 차지하고 있었고, 크리오요 계층은 주로 중하위 관직이나 상업에 종사했다. 따라서 크리오요 계층과 페닌술라레스는 정치적·경제적 이해관계라는 측면에서 스페인의 식민지배에 대한 입장 차이가 있었다. 크리오요는 스페인에서 독립하는 것이 자신들의 정치적·경제적 이익에 도움이 된다고 보았고, 페닌술라레스는 식민지배를 보다 엄격하게 유지하는 것이 자신들에게 유리하다

멕시코
1821

쿠바
1898

아이티
1804

온두라스 1821

과테말라
1821

니카라과 1821

엘살바도르
1821

베네수엘라
1811

영국령 기아나

네덜란드령 기아나

파나마
1903

코스타리카
1821

콜롬비아
1819

프랑스령 기아나

에콰도르
1822

페루
1821

브라질
1822

볼리비아
1825

파라과이
1811

아르헨티나
1816

우루과이
1828

칠레
1818

그림 4-2 라틴아메리카 국가들의 독립 시기

고 보았다. 이런 입장 차이와 갈등이 독립운동을 촉발시키는 동기가 되었다. 식민지배가 지속되고 크리오요 계층의 수와 영향력이 강화되면서 이들 집단 간의 갈등이 보다 심화되었던 것이다. 이런 대내외적인 요인들이 자연스럽게 맞물리면서 식민지 독립운동이 일어나게 된다.

독립전쟁의 시작

1810년경부터 라틴아메리카 각 지역에서 독립선언이 확산되고, 1820년경 라틴아메리카 지역의 대부분이 독립을 하게 된다. 여기에서 시기적으로나 내용적으로나 매우 예외적인 경우가 있는데, 바로 프랑스가 지배하던 아이티이다. 당시 생도맹그Saint-Domingue라고 불리던 이곳은 프랑스의 해외 식민지 중에서 가장 많은 부를 가져다주던 지역이었다. 또한 다른 지역보다 이른 1804년 생도맹그 혁명을 통해 라틴아메리카뿐만 아니라 전 세계에서 역사상 최초로 흑인 노예해방이 이루어졌고, 흑인들의 국가가 세워지게 된다. 대부분의 라틴아메리카 국가들의 경우에는 크리오요라는 백인 계층이 독립을 주도한 데 반해, 흑인들이 독립의 주역이었던 것이다. 미국의 노예해방이 1865년에 이루어진 것을 고려하면, 아이티의 흑인 국가는 매우 주목할 만한 사건이었다.

그러나 생도맹그 독립이 굉장히 중요한 경험이었음에도 라틴아메리카 독립운동에는 오히려 부정적인 결과를 가져왔다. 라틴아메리카 독립운동을 주도하던 크리오요 계층은 흑인들이나 원주민들이 독립운동 과정에서 영향력을 확장하는 것을 꺼려했기 때문이다. 원주민과 흑인들이 정치 세력화하면 독립 이후 자신들의 이익을 침해할 것으로 경계했던 것이다. 이런 이유로 라틴아메리카 독립운동사에서 생도맹그 흑인 혁명과 흑인 국가는 의도적으로 무시되거나 은폐되었다. 결국 라틴아메리카에서 1804년에 독립을 쟁취한 아이티와 1898년에 독립하는 쿠바의 경우를 제외하고, 1820년 경에는 대부분 독립을 선언하게 된다.

라틴아메리카가 독립하는 과정에서 큰 흐름은 대략 네 가지로 나누어볼 수 있다. 하나는 시몬 볼리바르Simón Bolívar가 주도하여 베네수엘라에서 아래로 내려가는 흐름이고, 다른 하나는 호세 데 산 마르틴José de San Martín이 주도하여 아르헨티나에서 북쪽으로 올라가는 흐름이다. 멕시코와 브라질에서도 독자적으로 독립의 움직임이 나타났다. 라틴아메리카 독립운동과 관련하여 대표적인 인물이 바로 시몬 볼리바르와 산 마르틴이다. 산 마르틴은 아르헨티나에서 태어난 크리오요로 아르헨티나, 칠레, 페루 지역의 독립을 이끌었다. '해방자'라고 불리며 볼리비아라는 국명이 비롯된 시몬 볼리바르는 베네수엘라, 에콰도르, 콜롬비아 지역의 독립을 이끌었다. 볼리바르는 이 지역들을 묶어 그란콜롬비아Gran Colombia라고 하는 거대한 남아메리카 통합국가를 건설하고자 했다. 이렇게 라틴아메리카 독립운동을 이끌던 두 지도자가 1822년 에콰도르 과야킬Guayaquil에서 회동했지만, 의미 있는 합의를 이루어내지 못했다. 많은 사람의 기대를 모았던 회동이지만, 자세한 내용은 알려지지 않았다. 이 회동 이후 산 마르틴은 독립운동 일선에서 전격적으로 물러났고, 시몬 볼리바르가 페루 전역을 독립시키게 된다.

멕시코 독립의 경우는 1810년 미겔 이달고Miguel Hidalgo 신부의 주도로 시작된다. 1810년 9월 16일 돌로레스라는 마을에서 이달고 신부가 종을 치며 스페인으로부터 독립을 선언하게 되는데, 이것을 '돌로레스의 외침Grito de Dolores'이라고 한다. 멕시코 독립운동은 이렇게 돌로레스의 외침을 통해서 시작되었고, 마침내 1821년 독립을 쟁취한다.

브라질의 경우는 독립과 이후 국가 형성 과정이 다른 라틴아메리카 국가들과 차별된다. 많은 나라가 독립 이후 극심한 정치적·사회적 분열을 겪었지만, 브라질은 거대한 영토의 크기에도 불구하고 독립 이후에도 분리되지 않고 통합성을 유지했다. 역설적이게도 나폴레옹의 침입이 중요한 요인 중 하나였다. 1807년 나폴레옹의 프랑스 군이 이베리아반도에 침입했을 당시, 포르투갈 왕정은 영국의 도움으로 브라질로 옮겨졌다. 따라서 독립 이전 브라질은 포르투갈 왕이 직접 통치하고 있었고, 독립 역시 왕정을 유지하면서 진행되었다. 따라서 다른 나라들이 독립 과정에서 엄청난 정치적 혼란을 경험한 데 반해, 브라질은 상대적으로 정치적인 안정을 유지할 수 있었다. 그러다가 1821년 주앙 6세João VI가 포르투갈로 복귀하고, 아들이었던 페드루 왕자가 섭정으로 남게 된다. 이 페드루 왕자가 1822년에 독립을 선언하고, 브라질 제국의 첫 번째 왕으로 즉위한다. 이처럼 브라질이 독립하는 과정은 라틴아메리카의 다른 나라들과 구별되었고, 이런 차이로 인해 독립 이후 국가 형성 과정도 다를 수밖에 없었다.

기대와는 달리 독립 이후 라틴아메리카는 많은 혼란에 직면해야 했다. 독립을 이끌었던 시몬 볼리바르의 이야기에 이런 혼란이 잘 표현되어 있다. 그는 "아메리카를 다스리는 것은 불가능하다. 혁명을 위해서 매진한 인간은 결국 바다에서 쟁기질했을 뿐이다"라는 말을 남겼다. 즉 독립이라는 대의를 위해 싸웠고 독립도 쟁취했지만, 라틴아메리카는 장밋빛 미래보다는 극심한 혼란과 갈등을 겪게 되었다. 라틴아메리카의 독립은 본질적으로 불완전한 것이었다. 스페인의 식민지배에서 정치적 독립을 달성했지만, 지배 세력이 본질적으로 바뀌지 않았기 때문이다. 스페인에서 온 백인들로부터 신대륙에서 태어난 백인들로 지배 세력이 교체되었을 뿐, 피지배 세력이었던 흑인계 인구나 원주민이나 메스티소는 아무런 구조적인 변화를 경험하지 못했다. 독립은 했지만 본질적인 변화 없이 식민적 지배 질서가 계속 유지되는 지배 세력의 교체에 불과했다. 또 다른 측면에서 볼 때 스페인으로부터 독립을 했지만, 당시 아메리카 대륙에서 세력을 확장하던 영국이나, 그 이후로는 미국의 영향력 안에 들어가게 된다. 이처럼 스페인의 지배에서는 벗어났지만 또 다른 외세에 종속되면서 라틴아메리카의 독립은 진정한 의미의 독립으로 이어지지 못했다.

독립 이후의 라틴아메리카

라틴아메리카 국가들은 독립운동을 통해 정치적 독립을 얻었지만, 온전한 국가의 토대를 만드는 과정에는 상당한 어려움이 있었다. 식민적 정치 및 경제 구조는 변화하지 않았고, 신생 공화국 내에서 정치권력의 변화는 크리오요 계층들의 이익을 둘러싼 갈등에 불과했다. 즉 독립 이후 명목상 자유주의와 보수주의라는 두 정치 집단이 경쟁했지만, 크리오요 계층 내에서 자신들의 이익을 둘러싼 갈등이었지 원주민이나 흑인계 인구의 정치적 참여로 이어지지는 않았다. 따라서 크리오요 집단 내부의 경제적 이익을 둘러싼 치열한 갈등뿐만 아니라, 원주민과 흑인계 인구를 포함한 국가적 통합 또한 신생 공화국이 직면한 문제였다. 크리오요 계층이 아닌 집단들은 정치적·경제적 권력 구조에서 배제되었고, 이들의 불만이 국가의 불안 요소로 남아 있었기 때문이다. 또한 신생 공화국들 사이에 국경을 둘러싼 갈등도 적지 않았다.

독립 이후 경제 역시 기대했던 것만큼 발전하지 못했다. 자유주의 무역 정책으로 일부 해안지역은 경제적으로 발전했지만, 반대로 유럽에서 물밀듯이 들어온 공산품으로 인해 라틴아메리카 지역의 수공업 생산 기반은 파괴되었다. 내륙지역의 경우에는 자연적인 요인들로 인해 지역주의 경향이 심화되고 카우디요caudillo 집단이 등장한다. 카우디요 집단의 특징인 사적인 지배가 강화되면서 독립 이후 국가 형성은 그리 순탄하지 못했다. 결국 라틴아메리카 지역은 독립 이후 국가 형성 기간 동안 만성적인 정치적·경제적 혼란이 지속되었다.

독립 이후 1820년부터 20세기 초반까지 라틴아메리카를 대략 두 시기로 나누어 살펴볼 수 있다. 첫 번째 시기를 통상 카우디요의 시대라고 한다. 카우디요는 집단의 우두머리를 나타내는 라틴어에서 나온 말로, 라틴아메리카에서는 사적인 군사력과 가부장적인 권위를 가지고 특정 지역을 지배하는 사람을 말한다. 이 카우디요들이 독립 이후 50~60년 동안 라틴아메리카 전역을 지배하면서, 라틴아메리카 정치의 대표적인 특징 중 하나가 된다. 이들은 정치를 공적인 과정이 아니라 사적인 이익을 추구하는 과정으로 간주했다. 즉 국가를 자신들의 사적인 비즈니스를 위한 공간으로 이용한 것이다. 따라서 카우디요가 지배하던 시기는 여러 나라가 보여주듯이 정치적인 혼란의 시기였다. 이 정치적인 혼란의 배경은 주로 자유주의와 보수주의라는 이념적 명분이었지만, 결국에는 크리오요 계층 내 엘리트 집단 간의 이익을 둘러싼 갈등이었다. 또한 카우디요 시기에는 이른바 후견주의를 통해서 라틴아메리카 각 지역을 지배하는 일종의 사적 통치가 진행되었다.

라틴아메리카의 대표적인 카우디요는 아르헨티나의 후안 마누엘 데 로사스Juan Manuel de Rosas이다. 1835년부터 1852년까지 17년 동안 극단적인 폭력과 후견주의를 내세워 아르헨티나를 통치했다.

1870년부터 20세기 초반까지는 자유주의 시기이다. 이 새로운 흐름이 만들어진 배경은 유럽 산업혁명이었다. 산업혁명의 여파로 유럽에서 원자재와 식량 수요가 급격하게 늘어나면서 라틴아메리카 경제는 큰 변화를 겪게 된다. 원자재와 식량의 주된 공급처였던 라틴아메리카로서는 당연한 결과였다. 특히 주요 식량 수출국인 아르헨티나를 중심으로 라틴아메리카 경제 구조에서 엄청난

그림 4-3 후안 마누엘 데 로사스

변화를 겪게 된다. 경제적인 변화는 자연스럽게 정치 영역으로도 이어졌다. 독립 이후 50여 년 동안 카우디요라는 개인의 헤게모니에 기반을 둔 정치 체제가 득세했다면, 이제 집단적인 이익을 공유하는 과두제 정치가 등장하게 된 것이다. 식량과 원자재 수출로 벌어들인 수익이 엄청난 규모로 증가했기 때문에, 정치적 혼란 없이 서로의 타협을 통해서 이익을 안정적으로 나눌 수 있는 정치 체제가 필요했기 때문이다. 이렇게 새로운 경제적 조건에 따라 새로운 정치 제도인 과두제가 나타났지만, 라틴아메리카 정치가 본질적으로 변한 것은 아니었다. 특정한 집단이 자신들의 경제적 이익을 지키기 위해 권력을 장악하는 정치 관행은 여전했던 것이다. 다시 말해서 과두제 정치는 특정 개인을 중심으로 이익을 배분하는 것이 아니라 이익집단들 간의 타협의 과정으로 등장했지만, 이 과정에서 원주민들과 흑인계 인구들은 여전히 배제되었다.

유럽의 원자재 수요에 기반을 둔 급격한 경제성장은 대외 종속적인 것이었다는 한계가 있다. 식량, 육류, 원자재 수출에 의존하는 경제는 외부의 경제 환경이 바뀌면 휘청거릴 수밖에 없었기 때문이다. 또한 대규모 식량 수출을 위해서는 대토지 농장 건설이 필요했으므로 원주민이나 소규모 농민의 상황은 더욱 악화되었다. 곡물가격 상승으로 막대한 수익을 얻은 기업가들이 대규모 농장을 만들기 위해 국가권력과 결탁하여 주로 원주민 공동체들이 사용하던 토지들을 대규모로 매입하는 방식을 취했기 때문이다. 대다수 원주민과 소농들은 이제 대규모 농장에서 노동력을 제공하거나 도시의 공장노동자로 전락해야 했다. 즉 경제성장에도 불구하고 이들의 생활 조건은 더욱 악화되었다.

1889년에 만들어진 브라질 국기에서 보는 것처럼 이 시기를 상징하는 슬로건은 '질서와 진보'이다. 국기에 이런 표현이 들어갈 만큼 질서, 진보 혹은 발전이라는 목표가 중요한 가치였다. 정치적 혼란 없이 경제 발전을 추구하기 위해서는 안정적인 정치 체제가 필요했고, 권력 집단들 간에 타협을 통한 권력 분점이 이 시기의 특징이다. 지배 세력의 입장에서는 혼란 없이 정치 체제를 유지하고 수출을 통해 부를 확장하는 것이 주된 목표였고, 그 중심에 과두제가 있었다.

멕시코의 포르피리오 디아스Porfirio Díaz는 자유주의 시대를 대표하는 정치가이다. 멕시코에서 포르피리오 디아스가 집권했던 시기를 '과학자들científicos의 시기'라고 부른다. 이 '과학자'들은 근대화를 최

대 과제로 삼고, 근대화를 위해서 외자를 들여와 철도를 건설하고, 철도를 통해서 멕시코산 원유와 원자재들을 수출하는 정책을 펼쳤다. 그러나 근대화를 통해서 멕시코 경제는 외형적인 성장을 보여주었지만, 극심한 빈부 차이와 사회적인 혼란을 야기했다. 근대화 과정에서

그림 4-6 포르피리오 디아스

피해를 입은 원주민들이 토지와 자유를 위해 투쟁을 시작했기 때문이다. 이런 사회적인 갈등이 결국에는 멕시코 혁명이라는 세계사적인 사건으로 나타났다.

아르헨티나의 경우

아르헨티나는 독립 이후 약 50년 동안 중앙집권주의자와 연방주의자 간의 대립을 경험한다. 다른 나라들의 경우 자유주의와 보수주의의 대립이 지배 세력 내 정치적 대립의 주요 명분이었던 데 반해, 아르헨티나의 경우에는 중앙집권주의자와 연방주의자 사이의 갈등으로 나타난 것이다. 그렇지만 이 대립 또한 정치 엘리트 간의 이익을 둘러싼 갈등이라는 점에서 본질적으로 동일하다. 부에노스아이레스를 중심으로 한 엘리트 집단은 연방주의를 통해서 자신들의 경제적 이익을 지키려 하고, 다른 지역에서는 부에노스아이레스에서 벌어들인 이익들을 중앙집권적인 경제 체제를 통해서 공유하고자 했다. 이 두 입장이 독립 이후 50년 동안 충돌하면서 극심한 사회적 혼란을 겪었다.

유럽의 산업혁명 이후 1870년부터 20세기 초까지 아르헨티나는 경제가 성장하면서 이전과는 다른 정치 제도를 보여준다. 이른바 자유주의 이데올로기가 주된 흐름으로 자리 잡았지만, 유럽과 달리 라틴아메리카 자유주의는 어떤 특정한 집단의 이익을 보장하는 정치 체제였다. 가격 경쟁력이 높은 1차 생산물을 수출할 수 있는 사람들의 경제적 이익을 보호하는 체제가 바로 자유주의 이데올로기였던 것이다. 아르헨티나의 경제 및 사회 구조 역시 1870년을 기점으로 변화한다. 아르헨티나의 수출경제가 비약적으로 성장한 것은 산업혁명 이후 유럽에서 요구하는 육류를 제공할 수 있게 된 냉장육 기술의 발전 덕분이다. 신선한 육류를 유럽에 수출하면서 아르헨티나산 육류에 대한 수요가 폭발적으로 늘었고, 아르헨티나에서는 그만큼 목축업과 관련 산업이 비

그림 4-5 아르헨티나 팜파의 위치

약적으로 성장하게 된다. 그러나 팜파의 대목장을 중심으로 하는 아르헨티나의 1차 산물 수출경제는 상당한 한계를 가질 수밖에 없었다. 해외시장에서 아르헨티나 곡물이나 육류 등에 대한 수요가 증가하면 아르헨티나 경제가 성장할 수 있지만, 반대로 아르헨티나 산물에 대한 수요가 감소하면 아르헨티나 경제도 급격하게 침체될 수밖에 없었기 때문이다. 이렇게 대외 의존형 경제는 해외시장의 수요에 지나치게 종속적이라는 점에서 매우 위험하다고 볼 수 있다.

독립 이후 100년 동안에 걸쳐 아르헨티나를 비롯한 대부분의 라틴아메리카 국가들은 대내외적으로 수많은 시련을 겪어야 했다. 국가 형성기에 해외시장에 의존적인 경제 구조가 고착되면서, 라틴아메리카는 외부의 변화에 종속되었다. 정치 영역에서도 혼란은 지속되었다. 이런 심각한 정치적 불안과 극심한 빈부격차 등은 변화를 바라는 사회운동 세력을 만들어낼 수밖에 없었던 잠재적인 요인이 되었다. 결국 독립 이후 이런 사회적 모순들은 멕시코의 경우 1910년 혁명으로 폭발했고, 아르헨티나의 경우에는 시기적으로 조금 늦지만 1930년부터 만성적인 사회적 혼란으로 나타났다. 그러나 이런 폭력적인 사회정치적 과정을 통해서도 라틴아메리카 경제의 본질적인 변화는 나타나지 않았다. 가격 경쟁력이 높은 1차 산물을 수출하는 라틴아메리카의 종속적인 경제 구조는 지금도 유지되고 있으며, 여전히 극심한 빈부격차와 시민들의 정치 참여를 제한하는 불완전한 민주주의 등은 여전히 라틴아메리카가 해결해야 할 과제로 남아 있다.

🔲 권장 서지

마스다 요시오(2003), 『이야기 라틴아메리카사』(신금순 옮김), 심산출판사.

벤자민 킨, 키스 헤인즈(2014), 『라틴아메리카의 역사(상, 하)』(김원중, 이성
　　　훈 옮김), 그린비.

토머스 E. 스키드 모어, 피터 H. 스미스, 제임스 N. 그린(2014), 『현대 라
　　　틴아메리카』(우석균, 김동환 외 옮김), 그린비.

멕시코 혁명, 원주민주의 그리고 다문화주의

멕시코 혁명의 발단

20세기 최초의 사회혁명으로 일컬어지는 멕시코 혁명은 좁은 의미에서는 1910년에서 1917년 새 헌법 개정 이전까지를, 넓은 의미에서는 1910년에서 멕시코 혁명이 제도화 과정으로 넘어가는 시기까지를 합친 1940년까지의 기간을 말한다. 멕시코 혁명은 19세기 말에서 20세기 초까지 멕시코를 집권하고 있던 독재자, 포르피리오 디아스 정권에 대한 반발로 일어났다. 디아스는 1876년 쿠데타를 통해 정권을 장악하여 35년 동안 강력한 과두지배 체제를 유지했다. 디아스는 경제 발전을 위한 정치적 안정을 꾀한다는 미명하에 탄압과 부정선거를 자행했으며, 소수 권력층과 외국 기업에 특권을 부여했고, 아시엔다hacienda라는 대농장을 위주로 한 농업의 상업화를 추구했다. 이에 소수 지배층에 부가 집중되면서 국민 대부분은 빈곤에 허덕였다. 또한 디아스 정권은 원주민과 메스티소를 멕시코 근대화의 장애물로 간주했고, 정치적으로는 북부 지방의 대농장주와 자유주의적 중간계급을 배제했다.

　이러한 상황에서 디아스 세력에서 배제된 비주류의 젊은 지배층이 반기를 들고 일어섰다. 멕시코 혁명의 시초를 알린 비주류 젊은 지배층의 대표적인 인물은 프란시스코 마데로Francisco Madero였다. 지주 출신인 마데로는 경제적 자유주의와 정치적 민주주의를 추구하며 디아스의 비민주적인 지배에 대항하여 혁명을 일으켰다. 정치적으로 배제되어온 북부 지방의 대농장주와 중간계급의 자유주의 운동을 대변하는 마데로는 1910년 야당 대표로 대통령 선거에 출마했다. 그러나 디아스가 마데로를 체포해 감금하자, 이에 마데로의 부통령 후보가 대통령 선거에 출마했으나 디아스에게 패배했다. 마데로는 산루이스 포토시San Luis Potosi에 감금되어 있는 동안 혁명을 위한 강령을 준비했는데, 측근의 도움으로 감금 상태에서 벗어난 후, 이 강령을 선포하며 혁명에 불을 지폈다. 이것이 바로 '산루이스 포토시 강령'인데, 주요 내용은 재선 금지와 공정한 선거였다. 마데로는 디아스 정권이 국민적인 지지보다 소수의 권력층에 의해서 유지되었기 때문에 공정한 선거가 이루어지고 재선이 금지

그림 5-1　프란시스코 마데로

되면 진정한 정권 교체가 이루어질 수 있을 것이라고 생각했다. 이러한 의식 아래 마데로는 무장투쟁을 선동했고, 혁명군의 압력에 굴복한 디아스는 1911년, 결국 멕시코를 떠나 망명길에 오르게 된다. 그리고 새로운 선거에서 마데로가 승리했다.

멕시코 혁명의 시작은 마데로가 했지만, 하나의 구심점을 가지고 일관되게 진행되었다기보다는 멕시코 전역 곳곳에서 산발적으로 추진된 혁명이었다. 그래서 피지배층 세력의 역할 또한 중요했다. 먼저 남부 지방에서는 에밀리아노 사파타 Emiliano Zapata가 마데로의 혁명 정신을 지지하며 투쟁을 주도했다. 사파타 휘하의 혁명군은 땅을 잃었거나 아예 소유하지 못한 농민들이었다. 이들은 토지분배와 자유를 주장하며 토지개혁을 요구했다. 하지만 시간이 흐르면서 마데로가 더 이상 토지개혁이나 토지분배에 대한 강력한 의지를 보이지 않자, 투쟁에 참여했던 농민들은 마데로에 대한 지지를 철회하고 독자적인 노선을 걸었다. 한편 멕시코 북부 지방에서는 판초 비야Pancho Villa라는 또 다른 인물이 마데

그림 5-2 에밀리아노 사파타

로의 주장에 동조하여 혁명운동을 추진했다. 비야는 사파타와 달리 실업자가 된 광부, 노동자, 목부 들을 대표했는데, 이들은 토지개혁을 통해 토지분배를 원한다기보다는 국가가 토지를 잘 운영하여 고용을 창출하기를 원하는 사람들이었다.

멕시코 혁명의 전개와 제도화

중앙에서는 프란시스코 마데로가, 지방에서는 에밀리아노 사파타와 판초 비야 같은 지도자들이 혁명의 불씨를 지폈지만, 1910년대 초반에는 아직 반혁명 세력이 남아 있었다. 디아스 정권에서 중요한 역할을 하던 빅토리아노 우에르타 Victoriano Huerta 장군은 반혁명 쿠데타를 일으켜 정권을 장악했다. 하지만 곧 급진 혁명 세력인 사파타와 비야, 그리고 마데로의 뒤를 이

그림 5-3 판초 비야

은 베누스티아노 카란사Venustiano Carranza가 힘을 합쳐 우에르타를 끌어내렸다. 그 후 사파타와 비야를 억누르면서 정권을 잡은 카란사는 1917년 실권을 장악하면서 곧바로 진보적인 새로운 헌법을 제정했다. 멕시코 혁명을 대표하는 문서가 된 이 '1917년 헌법'은 대의민주주의와 대통령 중심제를 표방했으며, 대통령과 국회의원을 포함한 모든 선출직의 재선을 금지했다. 또한 가톨릭교회의 권력을 제한하고, 외국 자본에 대한 규제도 강화했다. 이전까지 라틴아메리카에서 찾아보기 힘들었던 노동권을 보장하기도 했다. 특히 토지분배에서 국가의 역할을 강화했다. 새 헌법은 토지와 지하자원의 소유권이 국가에 있음을 명시했고, 다만 국가가 토지에 대한 사용권을 국민들에게 분배한다고 규정했다. 이러한 헌법 개정을 통해 멕시코 혁명은 독재 정권에 대한 단순한 저항에서 권력과 소유관계에 의미 있는 변화를 야기하는 사회혁명으로 변모했다. 그러나 안타깝게도 '1917년 헌법'의 주요 조항들은 1930년대 중반까지 제대로 지켜지지 않았다.

1920년대 초반 알바로 오브레곤Álvaro Obregón이 헌법 수호에 소극적인 카란사를 정권에서 끌어내리고 대통령으로 등극했다. 오브레곤이 권좌에 오르면서 멕시코 혁명의 무장투쟁적 국면은 막을 내렸다. 오브레곤은 지난 10년간 혁명으로 혼란스럽던 멕시코에 상대적으로 안정된 정치·경제를 이룩했다. 그는 호세 바스콘셀로스José Vasconcelos를 교육부 장관에 임명하며 멕시코 혁명의 비전을 실현하고자 했다. 오브레곤은 미국과의 외교관계를 확립했고, 다음 정권에 권력을 평화적으로 이양하기도 했다. 그리하여 실질적인 사회개혁을 요구하던 시대가 종결되고 혁명의 안정화기로 넘어가게 되었다.

1920년대 중반부터 1930년대를 멕시코 혁명의 제도화 기간이라고 일컫는데, 그 시작은 플루타르코 엘리아스 카예스Plutarco Elías Calles 정권이었다. 카예스 정권은 멕시코 정치 제도의 기반을 확립했다. 특히 1929년 현 제도혁명당의 전신인 국가혁명당을 창립했으며, 대통령의 임기를 6년 단임으로 한정했다. 제도혁명당은 이후 71년간 멕시코를 1당 독재 체제로 지배했다.

멕시코 혁명의 마지막 제도화 단계를 통치했던 대통령은 라사로 카르데나스Lázaro Cárdenas였다. 1917년 헌법의 의미가 퇴색되어가고 혁명의 동력이 약해진 상황에서 카르데나스는 혁명에 활력을 불어넣고 눈에 띄는 진전을 이루어냈다. 그는 에히도ejido라는 집단농장 제도를 통해 토지분배를 확대했는데, 1920년부터 전임자들이 분배한 토지의 두 배가 넘는 규모의 토지를 분배했다. 카르데나스는 또한 다계급 조합주의 정당 구조를 도입했다. 다계급 조합주의는 당시 브라질, 아르헨티나 등에서 일어나고 있던 포퓰리즘과 맥락을 같이하는 제도였는데, 카르데나스의 경

그림 5-4 라사로 카르데나스 대통령

우 포퓰리즘을 구조적으로 농민, 노동자, 군부, 그리고 중산층의 네 집단으로 나누어 이 집단들의 목소리가 정부 안에서 대표될 수 있도록 했다. 카르데나스는 이러한 다계급 조합주의를 통해 사회적 세력들의 연합을 사전에 방지했다. 한편 카르데나스는 미국에 의해 잠식당한 석유산업을 국유화했는데, 이 과정에서 만든 기업이 바로 멕시코 민족주의의 대표 사례이자 오늘날 멕시코 최대 기업인 페멕스PEMEX(멕시코 국영석유회사)였다.

멕시코 혁명은 그 시작이 다분히 독재에 대한 저항이었기 때문에 이념적인 기반이 약하지만, 멕시코의 독특한 정치 체제를 확립했다는 점에서 중요한 사건이었다. 혁명이 제도화하면서 민간에 의한 군부통제가 이루어지고 제도혁명당에 의한 '민주주의적' 독재는 더욱 견고해졌다. 이는 멕시코에 정치적 안정을 보장해주었지만, 비민주적인 민주주의 정치 체제를 고착화시켰다는 아이러니를 낳았다. 1929년부터 시작된 제도혁명당의 집권은 이론적으로는 민주주의에 입각하여 보통선거를 통해 지속되었지만, 실질적으로 선거에서 여당 후보만이 승리할 수 있는 구조였다. 그리고 임기를 마친 정부 여당의 대통령이 거의 공공연하게 후계자를 지목하곤 했다. 71년을 넘게 지속한 제도혁명당의 독재는 2000년 국민행동당의 비센테 폭스Vicente Fox가 대통령으로 당선되면서 일단락되었다. 이렇듯 멕시코 혁명은 엄격한 혁명이념이 부재한 가운데 포섭과 저지를 통한 정부의 정치적 지지기반 강화와 민간에 의한 비민주적 민주주의의 실현이라는 정치적 의의를 지닌다.

원주민주의의 출현

이념의 부재라는 태생적 한계에도 불구하고 멕시코 혁명은 그 전개 과정에서 원주민주의(인디헤니스모indigenismo)라는 인종정책을 탄생시켰다. 원주민주의의 출현은 멕시코 혁명에서 원주민의 존재가 부상한 것과 관련이 있다. 원주민들이 멕시코 혁명에 참여하면서 원주민을 하나의 중요한 사회적 구성원으로 재인식해야 할 필요성이 생겨났다. 나아가 원주민을 새로운 국민국가의 일원으로 고려해야 한다는 의식도 생겨나게 되었다. 하지만 사회적 소외계층이던 원주민들은 자발적으로 국민국가에 속하고자 하는 의지가 높지 않았다. 그래서 정부는 원주민을 포괄하는 공통된 문화적 유대감을 만들어내고 동시에 계급적인 사회적 차별을 감추고자 했다.

멕시코 혁명에서 급진 혁명 세력이 물러나고 제도적 민주주의 혁명 세력이 들어서면서 멕시코는 인종적·종족적·문화적 국가 통합을 이루어야 할 단계에 이르게 되었다. 이 역사적 시점에서 원주민주의는 혁명 정부와 지식인의 결합의 산물이었다. 특히 오브레곤 대통령 시절 교육부 장관이던 호세 바스콘셀로스가 만든 '보편적 인종'이라는 개념이 그 대표적인 예다. 바스콘셀로스는 순수 지식인이라기보다 혁명 정부의 관료로서 강한 정치적 사상을 가지고 있는 사람이었다. 그는 인류의 인종을 5개의 발전 단계로 구분 지었다. 1단계는 흑인, 2단계는 아메리카 원주민, 3단계는 아시아의 황인종, 4단계는 백인, 그리고 마지막 5단계는 메스티소로 규정하고, 궁극적인 보편적 인종인 메스티소가 결국은 세상을 지배하게 될 것이라고 주장했다. 이에 근거하여 메스티소를 진정한 멕시코의 국민상으로 제시했다. 다분히 사회진화론(다원주의)에 바탕을 둔 이 주장은 당시 원주민주의에 정당성을 부여하려는 지식인과 정부 관료들이 일군 노력의 산물이었다고 할 수 있다.

원주민주의는 국민국가와 원주민 간의 관계를 새롭게 정립하는 정치사상이었다. 다인종 사회인 멕시코는 메스티소를 중심으로 국민국가 건설을 추진했는데, 원주민주의는 원주민 문화와 백인 문화(유럽 문화)의 결합에서 멕시코의 정체성을 찾고자 한 것이었다. 기존의 서양 중심적 사고에 대해서는 반기를 들었다. 원주민의 선천적 열등함을 주장했던 실증주의를 비판하고, 원주민이 열등한 것은 제도적·환경적 요인이기 때문에 충분히 극복 가능한 것이라고 주장했다. 한편 원주민의 옛 문화가 현재 국민 문화에 포함되어야 한다는 게 원주민주의의 핵심이다. 다시 말해 원주민의 문화가 존중되어야 하는 이유는 그들이 화려한 옛 문명의 후예이기 때문이다. 원주민의 문화유산을 존중하는 동시에, 원주민주의는 원주민의 메스티소화를 주장했다. 원주민을 그냥 원주민으로 내버려두는 것이 아니라 보편적 인종인 메스티소로 업그레이드시키고자 한 노력이었다. 원주민들에게 토지를 분배하여 공동경작하게 하고, 교육을 통해 그들을 계몽시키고자 했다. 하지만 이는 정치적으로 볼 때 원주민의 원주민성을 없애고 근대적인 메스티소로 변화시키려는 노력의 일환이었다. 한편 미국 자본의 침투에 대한 저항의식의 발현으로서 원주민주의는 탄력을 받았다. 원주민주의는 멕시코에서 시작하여 브라질, 베네수엘라, 콜롬비아, 에콰도르, 페루 등 주변 라틴아메리카 국가로 퍼져나갔다.

이러한 원주민주의에 대해서는 여러 가지 비판도 뒤따랐다. 가장 큰 비판 중 하나는 원주민주의가 결국은 국가 엘리트에 의한 정치적인 수단에 불과했다는 것이다. 원주민주의하에서 원주민들을 위해 시행한 정책들이 진정으로 원주민들을 위한 순수한 의도라기보다는 원주민들을 끌어들여서 정치적으로 이용하기 위한 하나의 당근책이었을 뿐이라고 지적했다. 또 한 가지 중요한 비판은 원주민의 현재성에 대해서 침묵했다는 점이다. 훌륭한 옛 문명의 후예이기 때문에 원주민을 주목하고 존중해야 한다는 점만 강조할 뿐, 현재 원주민들의 실상에 대해서는 큰 관심을 보이지 않았다는 사실이다. 그리고 여전히 유럽 중심적 사고에 기반을 두었다는 지적을 받았는데, 왜냐하면 예전 스페인의 백인 문화를 끌어와 원주민의 피부뿐만 아니라 사상을 탈색시키는 과정으로 이용했기 때문이다. 또한 원주민이 하나의 계층으로서 사회적 · 정치적 행위자로 부상하는 것을 막았다는 비판을 받기도 했다.

원주민주의에서 다문화주의로의 전환

제2차 세계대전과 냉전 시대를 거치며 원주민주의에 대한 관심이 뚝 떨어졌다. 그러던 중 1970년대에 멕시코의 루이스 에체베리아Luis Echeverría 대통령이 원주민에 대해 주목하면서 원주민주의에 대한 관심이 다시 살아나는 듯했다. 하지만 동시에 원주민주의에 대한 비판은 새로운 인종 정책의 출현을 가져왔다. 바로 다문화주의였다. 원주민주의가 원주민의 탈원주민화에 초점을 맞추었다면, 다문화주의는 원주민을 있는 그대로의 모습으로 받아들일 것을 주장했다.

다문화주의는 다양한 인종과 문화의 동등한 공존이라는 지향점을 향해 가면서 원주민을 다른 인종적 범주에 통합시키기보다는 현재의 원주민을 존중하고자 했다. 따라서 원주민 공동체의 발전에 대한 권한을 원주민 본인들에게 부여하고자 했다. 그런데 1980년대에 이러한 다문화주의는 신자유주의 정책과 더불어 점진적으로 성장했다. 신자유주의는 경제적으로 개방과 자유화를 추구하는 동시에 정치적으로는 민주주의를 추구하는 경향이 있었다. 라틴아메리카의 1980년대는 신자유주의의 도입과 맞물려 대대적인 민주화가 단행된 시기였다. 다문화주의 또한 이러한 민주화의 맥락에서 부상했고, 원주민도 민주시민으로서의 권리를 가지고 자기 목소리를 낼 수 있는 환경이 형성되어야 한다는 인식이 확산되었다. 1980년대가 지나고 1990년대에 들어서면서 다문화주의는 더욱 부각되었다. 1989년 국제노동기구ILO는 원주민 및 부족민에 대한 협약ILO Convention 169을 채택하면서 원주민의 권리에 대한 국제사회의 관심을 고취시켰다. ILO의 원주민 협약은 원주민 및 부족민들의 권익을 보호하기 위해 제76차 ILO총회에서 채택한 것으로, ILO 가입국들로 하여금 원주민 및 부족민의 권리를 보장하고 고유한 문화를 보호하며 이들에 대한 차별 방지를 의무화했다. 1990년 멕시코를 필두로 1990년대에 들어와 라틴아메리카의 많은 국가가 이 ILO 원주민 협약을 공식적으로 채택하고 다문화주의를 자국의 헌법에 공식적으로 규정했다. 현재까지 ILO 회원국 중 22개 국가가 이 협약을 비준했는데, 이 중 15개국이 라틴아메리카 국가이다. 가장 최근에는 니카라과가 2010년 8월 ILO 원주민 협약을 비준하면서 다문화주의 확산에 참여했다. 이러한 다문화주의는 원주민 관습법의 공식 일반법으로의 인정, 원주민 공동 토지 소유권 인정, 다언어 혹은 이중언어 교육 시행, 원주민 전통 의술과 서양 의술의 접목, 원주민 문화의 보호 및 보급을 위한 문화센터 및 프로그램 지원 등 다양한 정책으로 발현되었다.

그러나 다문화주의도 한계와 비판을 벗어날 수는 없었다. 먼저 다문화주의 또한 원주민주의가 비판을 받은 것처럼 원주민의 정치력을 약화시키기 위한 당근책이라고 비판받았다. 신자유주의와 발걸음을 같이하며 성장했지만 다문화주의 정책은 여전히 국가 주도적인 인종 정책이었다. 따라서 원주민이나 부족민, 소수인종이 직접 나서서 자신들의 요구를 정책에 관철시키며 상향식으로 변화를 추진했다기보다는 하향식으로 국가가 추진한 '다문화주의' 정책 안에 원주민들이 포함된 것에 불과하다. 또한 신자유주의 정책이 용인하는 형태의 다문화주의만이 인정되는 신자유주의적 다문화주의라는 비판을 받기도 했다. 그리고 다문화주의가 지방분권화의 구실로 사용되어 지방정부의 자치권을 강화시킨 반면, 국가적 사회복지에 대한 지방정부로의 책임 전가, 지방 세력의 득세 등 역효과를 낳기도 했다. 한편 다문화주의는 원주민에게만 국한된 정책으로 발현되면서 또 다른 비판을 받았다. 다문화주의는 개념 자체로 보면 원주민뿐만이 아닌 다양한 인종과 문화의 공존을 추구하는 사상이다. 하지만 라틴아메리카의 다문화주의는 원주민 이외의 소수인종, 특히 흑인의 권리에 대해 소극적인 태도를 보였다. 원주민의 권리는 수호되어야 한다는 인식이 확산된 반면, 흑인을 비롯한 다른 소수인종의 권익을 위한 정책은 상대적으로 주목을 받지 못했다.

멕시코 혁명을 통해 새로운 국민국가를 건설하고자 한 멕시코의 열

망은 원주민의 존재를 주목하면서 원주민주의와 다문화주의라는 인종 정책으로 차례로 나타났다. 멕시코를 비롯한 라틴아메리카는 이러한 원주민에 대한 인식 변화로 대부분의 국가가 인종차별이 없음을 자부하고 있다. 하지만 공식적으로 다문화주의를 표방함에도 불구하고 여전히 라틴아메리카에는 백인과 백인에 가까운 메스티소의 기득권이 매우 강하게 남아 있다. 원주민과 흑인, 그리고 다른 소수인종에 대한 사회적 소외와 편견은 때때로 다문화주의를 무색케 할 정도로 적지 않다. 아직 갈 길이 멀지만 라틴아메리카가 자신의 특유의 색깔을 지키며 진정한 다문화주의를 이루어나가길 기대해본다.

권장 서지

김기현(2012), 『라틴아메리카의 인종과 정치』, 한국학술정보.

백종국(2000), 『멕시코 혁명사』, 한길사

엔리케 크라우세(2005), 『멕시코 혁명과 영웅들』(이성형 옮김), 까치글방.

옥타비오 파스(2011), 『멕시코의 세 얼굴: 고독의 미로』(황의승, 조명원 옮김), 세창미디어.

임상래 외(2010), 『저항, 새로운 연대, 다문화주의: 라틴아메리카의 인권을 말하다』, 박종철출판사.

라틴아메리카 포퓰리즘과 민주주의의 과제

고전적 포퓰리즘의 등장 배경과 페론주의의 유산

20세기 초
부터 지금까지 라틴아메리카 정치의 중요한 계기를 언급할 때 빠짐없
이 등장하는 단어는 포퓰리즘이다. 그것은 유럽 대륙에서 출현한 똑같
은 이름의 배타적이고 극우적인 활동과 마찬가지로 부정적인 유산으
로 부각되었다. 19세기 후반의 미국과 러시아의 포퓰리즘이 농민 공동
체에 뿌리를 둔 반면, 20세기 라틴아메리카의 포퓰리즘은 도시 노동계
급을 기반으로 한 정치운동이었고, 제툴리우 바르가스Getúlio Vargas
가 이끈 브라질의 '신국가' 체제(1937~1945)와 아르헨티나의 후안 페론
Juan Perón 체제(1946~1955)를 그 고전적 사례로 들 수 있다. 집권에
성공하지는 못했지만 1930년대 페루 '아메리카인민혁명동맹'의 빅토
르 라울 아야 데 라 토레Víctor Raúl Haya de la Torre와 1940년대 콜
롬비아 자유당 급진파를 이끈 호르헤 엘리에세르 가이탄Jorge Eliécer
Gaitán의 사례 역시 포퓰리즘의 범주 속에 포함되곤 한다.

라틴아메리카 포퓰리즘의 등장 배경으로 흔히 1930~1940년대 대

공황의 여파를 강조해왔다. 수출과 국내총생산의 급격한 감소를 초래한 대공황을 계기로 라틴아메리카의 각국 정부는 경제 회복을 주도하는 적극적 역할을 떠맡으면서 초보적인 국내 산업을 활성화하는 수입대체산업화 정책과 노동계급을 체제 내로 통합하려는 전략을 채택했기 때문이다. 이런 점을 고려할 때, 라틴아메리카의 고전적 포퓰리즘은 미국의 뉴딜 정책과 체제에 견줄 만한 대공황의 여파에 대한 대응책이자 경제 위기 극복의 방식이었다고 할 수 있다.

고전적 포퓰리즘 운동과 체제들의 공통점으로는 농민층과 노동자 대중을 정치 체제 내로 끌어들였다는 점 외에, 특히 경제적 자원에 대한 통제를 강조하는 등 민족주의적 성향을 강하게 드러냈다는 점, 빈민 대對 부자, 동지 대 적같이 선명한 대립 구도와 이분법적 전략의 구사, 기존 정당 체제에 대한 공세, 대중에게 직접 호소하는 카리스마적인 지도자의 존재, 이념적으로 포괄적이고 인기 영합적인 강령과 개혁적 수사의 존재 등이 거론되어 왔다.

하지만 라틴아메리카 포퓰리즘의 출현이 국가별로 시차가 있었다는 점을 감안한다면, 그것은 대공황의 직접적 산물이라기보다 과두제와 군부 통치의 연장에 대한 대중적 반발이라든가 좀 더 복잡한 상황의 소산으로 간주해야 한다. 1930년대와 1940년대에 아르헨티나에서는 군부 통치가 이어지는 가운데 대공황과 전쟁에 따른 보호주의 정책의 결과로 국내 제조업 분야가 성장했을 뿐 아니라 다양해졌다. 1940년경 관세 인상, 자국 산업의 보호 강화, 산업은행 설립, 영국인 소유의 철도 매입, 정부 규제의 증대 등의 정책을 통해 아르헨티나의 경제 회복 속도는 다른 라틴아메리카 국가뿐 아니라 미국을 능가했고, 실업률은 5퍼센트 내로 서유럽 수준보다 낮게 유지되었으며, 유예 없이 외채 원리금의 상환을 지속할 수 있었다. 라틴아메리카 포퓰리즘의 대명사로 손꼽혀온 페론 체제가 출현한 것은 이런 경제 회복 국면이었다.

1946년 선거에서 페론은 도시와 농촌의 하층민뿐 아니라 일부 군 장교, 가톨릭교회의 고위 성직자, 민족주의적 지식인, 그리고 급진적 혁명의 가능성에 대해 두려움을 느끼던 일부 보수주의 세력 등의 지지에 힘입어 53퍼센트에 이르는 득표율을 기록했다. 민족주의적 성향이 강한 군 장교 출신의 페론은 집권 후 기존의 과두지배 체제와는 무관했던 노동계급을 강력한 지지 세력으로 통합시키고, 소득재분배 정책을 전개하는 한편 제조업 보호 정책을 지속했다. 농축산업 부문의 엘

그림 6-1 1946년 대통령 취임식 퍼레이드를 벌이는 후안 페론

리트층, 대다수 보수주의자, 자유주의적 좌파 정당과 지식인 집단 등의 반대파는 페론의 노동계급 동원과 노동 친화 정책을 '아르헨티나병'이라고까지 일컬어지는 성장률 둔화와 경제적 쇠퇴의 원인으로 지목해왔다. 하지만 그 원인은 훨씬 더 복잡했다. 그토록 페론의 흔적을 지우고 엘리트 통치를 복원하고자 했던 후속 정권들도 사회적 안정이나 적절한 경제 발전을 이루지 못했다. 페론의 새로운 통치 형태와 정치적 유산, 즉 노동계급에게 정치적 지분을 허용하고 주요 집단 간의 타협 구조에 편입시킨 것은 기존의 과두지배 세력에게는 용납하기 힘든 도전이었다. 따라서 아르헨티나의 정치 영역을 대중화한 페론 시대 이후 페론 대 반反페론의 대립 구도는 선명해졌다.

1930년 군부 쿠데타로부터 군부독재 시대가 마감된 1983년까지를 돌이켜볼 때, 10년에 걸친 페론의 재임기는 선거와 정당 간 경쟁이 유지되었다는 점에서 상대적 안정기나 민주주의의 실험기로 간주할 만했다. 나머지 20여 년은 군부의 직접 통치, 19년은 과반수 유권자들의 지지를 받은 정당들의 활동이 금지되는 등 민주주의의 가능성이 희박한 시대였다. 1930년부터 1983년까지 10여 차례 군부 쿠데타가 발생했고, 집권한 대통령 23명 중 15명이 군 장교 출신이었다. 민선 정부는 말할 것도 없고, 쿠데타로 집권하거나 정치적 입지를 넓힌 군 출신 정치인 가운데 페론 대령을 비롯해 두 명만 법정 임기를 끝마쳤을 뿐이다. 이런 점을 종합할 때, 페론주의의 유산에 비해 앞선 과두지배 체제의 정치적 폐쇄성, 입헌 정부를 타도한 군부의 정치 개입이나 군부와 보수파의 제휴가 아르헨티나의 정치에 한층 더 부정적인 영향을 미쳤다고 보아야 한다.

네오포퓰리즘: 포퓰리즘의 갱신과 확장

아르헨티나에서 1970년
대 말 이래 경제 개방의 물결 속에 수입대체산업화 노선의 유효성이
사라지는 듯했을 때, 포퓰리즘 체제를 지속 가능하게 만든 도시 중심
의 계급 연대는 약해졌다. 정치적 지지의 대가로 포퓰리즘 체제가 제
공한 사회경제적 혜택의 기반이 신자유주의의 득세 속에서 흔들린 탓
이다. 이 시기에 포퓰리즘은 폐쇄적인 국가 주도 관리 정책이나 과도
한 복지 노선과 동일시되었고,
경제 위기와 파산의 주요 원인
으로 지목되었다. 하지만 영국
의 역사가 앨런 나이트Alan
Knight가 지적한 대로 1930~
1940년대에 등장한 어떤 정치
세력도 스스로 포퓰리스트라
고 말한 적이 없고, 그 용어는
모두에게 낯설었으며, 고전적
포퓰리즘 운동과 체제가 사라
진 뒤에 그 정치적 유용성을
포착한 후속 세대 정치인들과
논객들이 정략적 개념으로 활
용했다는 사실을 상기할 필요
가 있다. 예컨대 멕시코에서는
1980~1990년대에 카를로스

그림 6-2 두 번째 임기(1995~1999) 당시
카를로스 메넴 대통령

살리나스Carlos Salinas 대통령과 그 측근들이 신자유주의적 세계화 정책을 전개하면서 정치적 반대파를 '우둔한 포퓰리스트'로 지칭하는 등 부정적 의미의 표현으로 굳어졌다.

흥미로운 대목은 포퓰리즘 체제가 명맥을 유지하기 어려워 보였을 때, 포퓰리즘이라는 용어가 사라지지 않았을 뿐 아니라 그 범위가 더 확장되었다는 점이다. 1990년대 초 신자유주의적 전환을 주도하면서 포퓰리즘을 맹비난한 살리나스를 비롯해 아르헨티나의 카를로스 메넴 Carlos Menem, 브라질의 페르난두 콜로르 지 멜루Fernando Collor de Mello, 페루의 알베르토 후지모리Alberto Fujimori 등이 역설적이 게도 '네오포퓰리스트,' 즉 새로운 포퓰리스트라고 불렸기 때문이다. 살리나스와 메넴 등은 신자유주의적 구조조정을 통해 확보한 재원을 활용해 한정된 대상, 특히 1980년대 초 이래 라틴아메리카의 '잃어버 린 10년' 동안 경제적 어려움을 겪은 도시의 조직되지 않은 대중에게 선별적으로 복지 혜택을 제공했다. 그리하여 신자유주의 전환을 이끌 면서도 일부 지역에서 일정 수준에 이르는 정치적 지지를 이끌어낼 수 있었다.

이런 수혜와 지지의 연계에 주목한 연구자들에 따르면, 네오포퓰리 즘은 카리스마적 지도자에 대한 추종, 대립적 담론의 애용, 정치 체제 로부터 배제되었거나 폐쇄적인 정치 체제가 자신의 요구에 대해 반응 하지 않는다고 느끼는 이들을 동원하려는 시도 등에서 1930~1940년 대에 출현한 고전적 포퓰리즘의 사례와 유사한 측면을 지닌다. 하지만 원조 포퓰리즘이 강력한 지도자들에 대한 노조나 농민 조직의 지지에 의존했다면, '잃어버린 10년'이라는 위기에서 벗어나기 위해 외부의 지원을 의식해야 하고 구조조정을 실행하지 않으면 안 되는 신자유주의 시대에는 그런 지지 기반이 견고하게 유지되기 어려웠기 때문에, 네오 포퓰리즘은 원조 포퓰리즘에 비해 포섭이나 통합의 대상이나 수준이 한층 더 제한적이었다. 네오포퓰리스트들은 신자유주의적 경제 정책을 시행하면서도 선별적인 복지 혜택을 제공함으로써 경제적 신자유주의 노선과 포퓰리즘이라는 정치적 지배 방식 간의 독특한 결합, 특히 제도적 틀이 아니라 개인적 역량에 의존하는 통치가 강화되는 현상을 선보였다. 1990년대 초 라틴아메리카의 일부 국가에서 재등장한 포퓰리즘 운동과 체제는 고전적 포퓰리즘의 비판자들까지 흡수해 세력을 넓힌 셈이었다.

네오포퓰리즘으로 알려진 두 번째 유형의 포퓰리즘은 포퓰리즘 자체가 특정 지역의 산물이거나 좌파와 우파 어느 한 세력의 전유물이 아니라 다양한 정치 세력과 결합할 수 있는 지배 방식일 수 있다는 점을 보여준다. 아르헨티나의 정치이론가 에르네스토 라클라우Ernesto Laclau의 말에 따르면, "어떤 체제가 단순히 포퓰리스트적일 수 없다는 것이 문제다. 동시에 다른 어떤 것일 수 있다는 점을 고려해야 한다. 포퓰리즘은 어떤 운동의 이데올로기를 규정하고 명료화하지 않는다." 그의 지적은 어떤 사회의 급진 세력이 포퓰리즘을 구성할 수도, 반대로 극우 세력이 이를 구성할 수도 있기 때문에 특정 이념적 성향을 지닌 체제를 포퓰리즘이라는 용어로 환원시킬 수 없다는 점을 시사한다.

급진적 포퓰리즘: 21세기 초 좌파의 연쇄 집권

프랑스의 철학자 자크 랑시에르Jacques Rancière는 "포퓰리즘이라는 통치 양식이 우고 차베스Hugo Chávez를 통해 '21세기의 사회주의'라는 이름으로 재등장했다"고 주장한다. 또 일부 연구자들은 1990년대 말까지 지속된 전임 정권들의 신자유주의 정책 노선을 성토하고 예전의 급진적 민족주의와 재분배적 경제 정책을 되살려냈다는 점을 근거로 베네수엘라의 우고 차베스, 볼리비아의 후안 에보 모랄레스Juan Evo Morales, 에콰도르의 라파엘 코레아Rafael Correa, 아르헨티나의 네스토르 키르치네르Nestor Kirchner 등 21세기 초 라틴아메리카의 여러 국가에서 부상한 좌파 또는 중도좌파 성향의 정치인들의 통치 방식을 급진적 포퓰리즘으로 지칭한다. 요컨대 급진적 포퓰리즘, 달리 말해 세 번째 유형의 포퓰리즘은 고전적 포퓰리즘 체제의 주요 정책을 계승해 새로운

그림 6-3 2006년 볼리비아 코차밤바에서 개최된 남아메리카국가연합 정상회담(왼쪽에서 두 번째 우고 차베스, 오른쪽에서 두 번째 후안 에보 모랄레스)

상황에 재적용한 것이었다.

차베스는 신자유주의 노선을 대폭 수정하거나 폐기한 라틴아메리카의 여러 좌파 지도자 중 단연 이목을 집중시킨 화제의 인물이다. 반대파에게 '좌파 포퓰리스트'의 수장으로 인식된 차베스는 1998년 베네수엘라의 대통령에 선출된 뒤 반反세계화와 반미 노선의 선봉장으로 떠올랐고, 국내 과두지배 체제의 부패 척결을 약속하며 '볼리바르 혁명'을 추진하고자 했다. 차베스는 다양한 '미시온misión'(차베스의 집권기에 추진된 일련의 사회복지 주민자치 실천 프로그램)을 통해 대중에게 복지 혜택을 제공하고 정치사회적 참여의 폭을 넓혔다. 예컨대 2003년 4월 가장 먼저 실시된 '미시온 바리오 아덴트로'는 가난한 지역에 의료 혜택을 제공하기 위해 전략적 동맹을 맺은 쿠바의 의사들을 파견하는 프로그램이었다. 또 2003년 7월에 시작된 '미시온 로빈손'을 통해 문해력의 증진을 꾀했으며, 2004년 3월의 '미시온 부엘반 카라스'를 통해 대중이 협동조합을 결성하도록 유도하고 그들이 실업과 배제에 맞설 수 있도록 지원하려고 했다. 여러 미시온과 더불어 주민평의회, 지역 공동체 조직 등은 대안적 민주주의의 재정립을 위한 흥미로운 사례들이었다.

한편 원주민 코카 재배농 조합장 출신의 모랄레스는 '사회주의운동MAS'이라는 새로운 정당을 이끌고 국내 기득권 정당들의 3당 연합 체제와 코카 재배를 근절하려는 미국의 압력에 도전함으로써 볼리비아 정치사에 분명한 이정표를 남겼다. 모랄레스는 1940년대부터 정치적 관심을 끌고 1952년 혁명을 주도한 정당 '민족혁명운동'이 지속적으로 추진하지 못한 개혁 노선을 계승했을 뿐 아니라, 풀뿌리 대중 조직과 긴밀한 연계를 이루고자 했다. 에콰도르의 코레아는 모랄레스에 비해 고전적 포퓰리즘에 더 가까운 위로부터의 개혁과 통치 방식을 재현하면서 에콰도르 사회를 근본적으로 바꾸려는 기획을 전개했다. 그는 모랄레스와 유사하게 원주민의 '수막 카우사이sumak kawsay'(케추아어로 '잘 살기'를 의미한다.) 개념에 의거한 새로운 발전 모델을 제안하고 2009년에 제헌의회를 소집해 그것이 반영된 신헌법을 제정함으로써 재건의 출발점으로 삼았다는 점, 달리 말해 제도적 틀을 새롭게 구축하려고 했다는 점에서 카리스마적 지도자의 권위에 대한 의존을 넘어 주목할 만한 행보를 과시했다.

포퓰리즘의 핵심적 규정 요소와 민주주의의 연관성

라틴아메리카에서 포퓰리즘으로 통칭되는 정치 체제와 운동의 유형이 세 가지로 분류될 수 있다는 점은 포퓰리즘이라는 용어의 포괄성을 보여준다. 또한 페론 체제와 같은 원조 포퓰리즘의 재분배 정책, 21세기 초 라틴아메리카 여러 국가에서 등장한 좌파 성향의 정치 체제와 운동을 이념적 지향이 뚜렷이 다른 유럽의 극우 세력과 포퓰리즘이라는 동일한 용어로 호명하는 혼란스러운 상황, 그리고 특히 1990년대 포퓰리즘의 갱신과 의미 확장 사례는 포퓰리즘을 규정하는 핵심 요소가 무엇인지 정리할 수 있도록 실마리를 제공한다.

그동안 무엇을 기준으로 삼아 포퓰리즘을 규정할 것인지에 관한 합의가 부족한 가운데 소득재분배와 복지 혜택 같은 사회경제 정책을 핵심적 규정 요소로 강조하는 사례와 기존 정당 우회, 대중을 향한 직접적 호소의 수사 등 '정치하는 방식'에 주목하는 사례가 맞서왔다. 포퓰리즘의 사회경제 정책과 그것을 통해 드러나는 이념적 색채에 초점을 맞추는 이들은 재정 확대와 재분배 정책이 인플레이션과 국제수지의 악화를 초래했고, 경제적 취약성을 불러일으켰다고 주장한다. 하지만 그런 주장은 포퓰리즘의 본질과 그것의 부수적 현상을 혼동하는 것이다. 반면에 역사학자나 정치학자들은 대개 포퓰리즘의 본질적 의미와 특성을 정치적 지배의 유형, 지도자와 지지층의 관계, 정책 입안과 결정 양식 등 정치하는 방식과 정치 전략에서 포착해야 한다고 강조한다. 결론적으로 이를 포퓰리즘 규정의 타당한 기준으로 삼을 때에야 이념적 지향과 사회경제 정책이 서로 다른 유럽과 라틴아메리카의 정치 세력에게 포퓰리즘이라는 동일한 용어를 붙이곤 하는 모순적인 상황을 납득할 수 있을 것이다.

나아가 라틴아메리카 포퓰리즘의 등장과 재생이 민주주의의 전개에 어떤 영향을 미쳤는지, 21세기 초 세계 곳곳에서 감지되는 민주주의의 위기와 후퇴 속에서 라틴아메리카 포퓰리즘의 역할과 의미를 재평가할 수 있는 근거는 무엇인지 돌아볼 필요가 있다. 그동안 라틴아메리카 포퓰리즘은 이념적 일관성이 약한 인기 영합 전술의 구사, 재정 적자와 인플레이션의 위험 경시 등으로 간주되었고, 심지어 한 국가의 파탄을 초래한 주된 요인으로 지목되기도 했다. 하지만 이런 시각은 포퓰리즘 운동과 체제 태동의 역사적 의미를 간과할 수 있다. 라틴아메리카 포퓰리즘은 과두지배 체제에 반대하는 정치 세력이 1930년대 초까지 조직되지 않은 농민이나 도시 노동자 대중을 정치 체제 내로

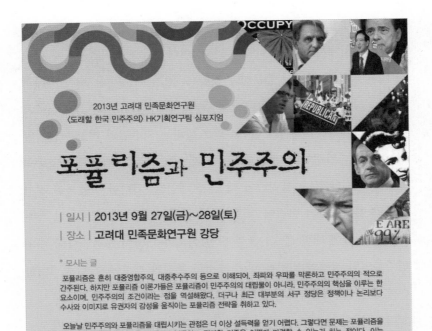

그림 6-4 2013년 9월 고려대학교 민족문화연구원 주최 심포지엄 포스터(웹 초대장)

통합시킴으로써 무시할 수 없는 정치적 요소로 만들었다는 점을 상기할 필요가 있기 때문이다.

포퓰리즘을 특정 이념에 기초한 세력이 주도하는 민주주의와 법치에 대한 위협, 정치경제적 안정성을 파괴하는 관행, 게다가 한 국가의 몰락을 초래한 원인으로 보는 관점은 일방적인 규정이다. 예컨대 아르헨티나 정치에서 분열의 씨앗이 언제, 어디에서 비롯되었는지에 대해선 다른 시각의 답변이 충분히 존재할 수 있기 때문이다. 또한 칠레의 외무부 장관을 역임한 이그나시오 워커Ignacio Walker는 포퓰리즘이 라틴아메리카에서 발전과 민주주의로 향하는 지름길의 역할을 맡아왔다는 점을 환기시킨다. 포퓰리즘이 문제인가, 아니면 빈곤과 불평등의 지속이 문제인가? 포퓰리즘이 더 큰 문제인가, 아니면 전통적인 정치 제도와 엘리트층의 변질이 더 큰 문제인가? 워커가 던지는 이런 질문은 포퓰리즘에 대한 좀 더 균형 잡힌 이해와 더불어 포퓰리즘이 대의 민주주의의 정체와 위기를 넘어 그것의 증진과 심화에 어떻게 기여할 수 있을지 깊이 생각하는 데 꼭 필요하다.

더욱이 에르네스토 라클라우가 대표하는 포퓰리즘에 대한 새로운 연구는 포퓰리즘과 민주주의의 관계를 근본적으로 재검토할 수 있도록 기여한다. 라클라우는 포퓰리즘을 대중의 참여를 제한하는 과두제처럼 보이는 현대의 대의제 속에서 소홀히 다뤄질 수 있는 민주주의의 본질적 구성 요소로 부각시킨다. 이런 시각에 따르면, 포퓰리즘은 위로부터의 통합과 변혁을 통칭하는 데 그치지 않고 대중의 요구에 부응하며, 민주주의를 적극적으로 추구하는 운동이자 대의제의 보완책으로 해석될 수 있다. 라틴아메리카의 고전적 포퓰리즘을 과두지배 체제에서 오랫동안 배제되어온 대중의 동원이나 자립적 조직의 결성을 통해 사회정치적 요구를 명확하게 드러내도록 이끈 정치적 발전의 산물로 인식할 수 있다면, 그것은 라틴아메리카 민주주의의 출발점을 끌어올릴 수 있는 근거를 제공한 셈이다. 다만 포퓰리즘이 카리스마적인 지도자의 역량에 지나치게 의존하는 문제나 외세와 국내 기득권 세력의 영향력에 맞서 권력을 강화하는 과정에서 불거지는 권위주의의 가능성을 경계해야 하고, 통합과 평등의 실현이라는 이상적 목표를 안정적인 절차, 견제와 균형을 보증하는 제도의 확립이라는 못지 않게 중요한 요소와 어떻게 조화시킬 것인지를 계속 고민해봐야 한다.

📖 권장 서지

박구병(2008), 「세속종교의 탄생: 페론 부부에 대한 사후 숭배와 라틴아메리카의 포퓰리즘」, 박준철 외, 『서양문화사 깊이 읽기』, 푸른역사, 342~371쪽.

박구병(2017), 「라틴아메리카 포퓰리즘의 세 가지 유형과 민주주의의 연관성」, 『역사비평』 120호, 194~217쪽.

서병훈(2008), 『포퓰리즘: 현대 민주주의의 위기와 선택』, 책세상.

안태환(2012), 「라클라우의 포퓰리즘 담론의 시각으로 본 차베스 체제」, 『이베로아메리카연구』 23권 2호, 89~122쪽.

폴 태가트(2017), 『포퓰리즘: 기원과 사례, 그리고 대의민주주의와의 관계』(백영민 옮김), 한울아카데미.

보다 급진적인 변화 전략

쿠바 혁명의 발발

포퓰리즘의 한계와 새로운 변혁 모델의 탐구　라틴아메리카의 역사를 크게 살펴보면 1930년대부터 1950년대까지는 포퓰리즘의 시대라고 할 수 있다. 그리고 1960년대부터 1970년대까지는 혁명과 반혁명, 즉 혁명의 시대였다. 그 후 1980년대부터 1990년대까지는 민주화와 시장경제의 시대, 즉 신자유주의 시대라고 할 수 있고, 2000년대 이후의 시기는 좌파 정부의 등장과 새로운 대안 탐구 시대라고 부를 수 있다.

　먼저 1960년대와 1970년대인 혁명의 시대를 우리가 이해하려면 앞에서 살펴본 그 전 시대 포퓰리즘의 한계에 대해서 이해할 필요가 있다. 포퓰리즘에 대해서는 여러 가지 해석이 있지만 라틴아메리카식 복지국가의 추구라고 할 수 있다. 복지국가를 추구했다는 점에서 포퓰리즘을 비판적으로 볼 것만은 아니지만, 한편으로 명백한 한계가 있었음을 인정해야 한다. 즉 1차 산품 수출이 잘 되거나 가격이 좋을 때는 이 시스템이 제대로 돌아가지만, 그렇지 못할 경우 포퓰리즘은 경제를 망쳐버리고 혼돈에 빠지게 하는 주요인이 되었다. 그에 따라 계급 연합은 붕괴되고, 정책은 보다 보수적으로 변화했다.

이를 경험한 라틴아메리카의 진보 세력들은 포퓰리즘의 한계를 뛰어넘는 또 다른 경제 모델, 즉 보다 급진적인 변화의 모델을 추구하게 되었다. 그런 새로운 변화의 가능성을 보여준 것이 바로 쿠바 혁명이었다.

쿠바 혁명의 시작　　쿠바 혁명은 1953년 7월 26일, 일단의 젊은이들이 쿠바 동쪽 산티아고 데 쿠바 시에 위치한 몬카다 병영을 습격하면서부터 시작된다. 그래서 쿠바의 피델 카스트로Fidel Castro 세력을 '7월 26일 운동'이라고 부르기도 한다.

몬카다 병영 습격 사건은 쿠바 혁명사에서 매우 중요하지만, 실제로는 병영 정문에 총을 몇 방 쏜 후 바로 정부군에 의해 진압되고 만다. 그리고 운동의 주동자인 피델 카스트로는 체포되어 15년 형을 선고받는다. 이 재판에서 피델 카스트로는 "역사는 나를 용서할 것이다"라는 내용의 최후 진술을 한다. 이 진술은 역사적으로 중요한 의미가 있다. 왜냐하면 바로 여기에 피델 카스트로가 혁명을 시작하면서 어떤 사회를 꿈꾸었는지에 대한 내용이 잘 드러나 있기 때문이다.

쿠바 혁명 초기의 성격: 호세 마르티 민족주의의 영향　　최후 진술에서 피델 카스트로는 몽테스키외의 삼권분립론, 로크와 루소의 자유평등 사상을 강조했다. 그러니까 그의 반란은 원래 반독재 민주주의 운동의

그림 7-1 다큐 〈안녕 쿠바〉(프랑스, 1966)의 한 장면

성격을 띠고 시작되었다. 그리고 그와 함께 강조했던 것이 바로 호세 마르티José Martí의 민족주의 사상이었다. 호세 마르티는 쿠바가 스페인의 식민지였던 19세기에 독립운동을 주도한 사람이다. 따라서 초기 피델 카스트로 운동의 본질은 반독재 민주주의와 민족주의였다고 할 수 있다.

[그림 7-2]는 쿠바 혁명광장에 있는 기념탑이다. 이 탑 앞에 있는 조각상의 주인공은 마르크스나 레닌이 아니라 바로 쿠바 독립의 아버지라고 불리는 호세 마르티이다. 이는 쿠바 혁명의 본질이 공산주의보다는 민족주의였음을 잘 보여준다.

소련과 동구의 사회주의가 무너지고 난 이후에도 쿠바의 혁명 정부가 아직까지 붕괴되지 않고 살아남아 있는 이유도 쿠바 혁명의 민족주의적 경향성 때문이다.

그림 7-2 호세 마르티 기념탑과 동상

쿠바 혁명의 달성 카스트로는 15년 형을 선고받았지만 여론 때문에 얼마 후 바로 석방된다. 그는 멕시코로 가서 일단의 쿠바인들을 모아 혁명군을 조직하고 혁명을 준비한다. 그곳에서 아르헨티나인 체 게바라Che Guevara를 만나게 되었는데, 카스트로로서는 큰 행운이었다.

멕시코에서 조직된 쿠바 혁명 세력은 '그란마'(할머니)호라는 작은 보트를 빌려 타고 쿠바로 진입한다. 현재 쿠바 공산당 기관지 이름도 여기서 따온 「그란마Granma」이다.

원래 멕시코에서 쿠바까지는 배로 반나절이면 가는 거리인데, 폭풍우를 만나는 등 아주 고생을 하다가 쿠바 동부 지역에 상륙하게 된다([그림 7-3] 지도에 빨간색으로 표시). 그런데 정보가 사전에 누출되어 정부군이 바로 출동했고, 도착한 82명 중 겨우 12명만 살아남았다. 이들 중에는 피델 카스트로와 그의 동생 라울 카스트로Raúl Castro, 체 게바라, 카밀로 시엔푸에고스Camilo Cienfuegos, 후안 알메이다Juan Almeida(2009년 사망 전까지 피델과 라울에 이어 쿠바 권력 서열 3위) 등이 있었다. 그들은 지도에서 보이는 동부 오리엔테 지역의 시에라 마에스트라 산악지대로 들어가 그곳을 혁명 거점으로 삼고, 올긴, 카마구에이, 산타클라라를 지나 쿠바 서쪽에 위치한 수도 아바나까지 점차적으

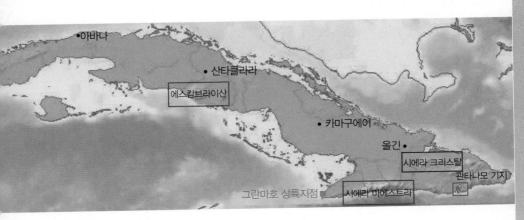

그림 7-3 쿠바 지도

로 진격해 들어갔고 결국 쿠바 혁명을 완수했다.

쿠바 혁명의 전개: 사회주의로의 전환

쿠바 혁명 정부의 급진적 조치들　　1959년 1월 1일 쿠바 혁명이 성공한 다음 피델 카스트로는 미국에 가서 지원을 요청한다. 그런데 당시 아이젠하워Dwight Eisenhower 대통령은 피델 카스트로를 아주 냉대했다. 그에게 실망한 피델 카스트로는 쿠바로 돌아와 우선 토지개혁을 단행한다. 토지개혁은 봉건주의 사회에서 자본주의 사회로 넘어가기 위한 단계로, 이를 두고 공산주의 정책이라고 할 수는 없다.

　그런데 문제는 쿠바의 토지를 소유한 사람들에는 쿠바인뿐 아니라 미국인도 많았다는 점이다. 혁명 전 쿠바에 와서 사탕수수 농장과 제당공장을 운영하던 미국인들은 상당한 규모의 토지를 소유하고 있었다. 그러므로 쿠바의 토지개혁은 미국인들의 이익을 위협하는 것이었고, 따라서 미국과의 충돌이 불가피했다.

　한편 피델 카스트로는 소련에 가서 지원을 요청한다. 당시 미국과 냉전 중이던 소련은 이 기회를 놓치지 않고 일단 원유를 무상으로 한 배 가득 실어서 보낸다. 그러나 대부분이 미국인 소유였던 쿠바의 정유공장들이 정유하라는 카스트로의 명령을 거부했다. 그래서 피델 카스트로는 그 정유공장들마저 모두 국유화해버린다. 이런 과정을 통해 미국과 쿠바의 관계는 회복될 수 없는 지경에 이르게 되었다.

미국의 강경 대응과 쿠바의 공산주의 선언　　결국 미국은 쿠바와의 국
교를 단절한 데 이어 경제제재 조치를 취한다. 그런데 미국은 그것으
로도 부족해 쿠바의 망명자들을 훈련시켜 쿠바를 침공하게 했다. 이른
바 '피그만 침공 사건'으로, 사전 정보를 입수한 쿠바 혁명 정부의 신속
한 대처로 미국의 계획은 실패로 돌아간다.

　미국의 침공을 물리치긴 했지만, 피델 카스트로는 미국이 언제 또다
시 군사적 개입으로 쿠바 혁명 정부를 무너뜨리려고 시도할지 모른다
는 불안에 휩싸이게 된다. 그래서 소련에 미국의 무력 개입에 대한 보
호를 요청한다. 당시 소련 공산당 서기장 흐루쇼프Nikita Sergeevich
Khrushchyov는 즉각 응답했고, 배에 미사일을 실어 쿠바로 보낸다.

　바로 턱밑에 소련의 미사일 기지가 설치될 위험에 놓인 미국은 해상
봉쇄라는 강경조치를 취한다. 그로 인해 제3차 세계대전이 발생할지
도 모르는 긴박한 상황이 이어졌고, 마침내 미국과 소련은 협약을 맺
게 되었다. 즉 미국이 쿠바에 군사적으로 개입하지 않는다는 약속하에
소련은 미사일 기지 설치를 취소하기로 한 것이다. 이런 과정에서 쿠
바는 소련과 더 가까워졌고, 혁명이 발생한 지 3년이 채 안 된 1961년
12월에 피델 카스트로는 쿠바 혁명이 이제 공산주의 혁명이 되었음을
선언한다.

사탕수수 생산에 집중　　쿠바 혁명이 공산주의 혁명임을 선언한 이후
쿠바는 자립적 경제 발전을 추구하게 되었고, 그를 위해 소련에 지원
을 요청했다. 그런데 소련은 역제안을 했다. 쿠바가 굳이 힘들게 산업
화를 추진하기보다는 비교 우위에 있는 사탕수수를 집중 생산하면, 소

련이 국제 시세에 상관없이 비싼 값에 이를 매입하면서 공산품은 싼 가격에 지원해주겠다는 것이다.

피델 카스트로는 그 제안을 받아들여 쿠바 경제를 사탕수수 생산에만 전념하게 했다. 혁명 이전에 연 300만 톤이던 생산량을 1,000만 톤으로 늘려잡고 노력한 결과, 비록 목표를 달성하지는 못했지만 한때 800만 톤까지 도달한 적이 있었다. 물론 이는 경제적 자립을 포기하고 얻은 결과이다.

혁명 정부의 경제사회적 성과　　이러한 사탕수수의 생산 증대와 소련의 지원에 힘입어 혁명 정부는 사회복지를 확대함으로써 [표 7-1]에서 보듯이 1987년, 그러니까 소련이 붕괴되기 직전까지 보건과 교육 부문에서 라틴아메리카의 여러 나라 중 최고 수준의 성과를 달성했다.

우선 보건 부문에서 기대 수명을 보면 쿠바가 74세로, 라틴아메리카에서 1위이다. 비슷한 국민소득을 가진 브라질의 65세에 비해 훨씬 높다. 유아 사망률도 보건 부문의 중요한 수치인데 1,000명당 쿠바가 15명으로 라틴아메리카에서 가장 낮다. 브라질은 63명으로 거의 네 배가 넘는다. 의사 1인당 인구는 쿠바가 530명으로 라틴아메리카에서

표 7-1 _ 쿠바 혁명의 경제사회적 성과

국가	기대 수명 (1987년 기준)	유아 사망률 (1987년 기준)	의사 1인당 인구 (1984년 기준)	문자 해독률 (1978년 기준)
쿠바	74세 (라틴아메리카 1위)	15명 (라틴아메리카 1위)	530명 (라틴아메리카 2위)	96퍼센트 (라틴아메리카 1위)
브라질	65세	63명	1,080명	76퍼센트

두 번째로 적다. 이 부문에서 라틴아메리카 1위는 아르헨티나이다. 브라질은 거의 두 배인 1,080명이다. 교육 부문에서 가장 중요한 지표는 문자 해독률인데, 쿠바가 자그마치 96퍼센트로 라틴아메리카에서 가장 높다. 브라질은 76퍼센트에 불과하다.

이렇듯 쿠바 혁명 정부가 교육과 보건 등 복지 부문에서 가장 큰 성과를 거둠으로써 라틴아메리카의 진보 세력들에게 쿠바는 하나의 이상理想 국가로 간주되기도 했다.

쿠바 혁명이 라틴아메리카에 미친 영향

급진적 사회 변화의 가능성 인식　　쿠바 혁명이 라틴아메리카에 미친 영향은 무엇보다 이 지역에서 급진적 사회 변화가 가능하다는 인식을 사람들에게 심어줬다는 것이다. 이전에도 라틴아메리카에서는 미국의 지배에 저항하는 다양한 형태의 사회운동과 정부들이 있었다. 예를 들어 니카라과의 산디니스타Sandinista 운동, 과테말라의 하코보 아르벤즈Jacobo Árbenz 정부가 있고, 포퓰리즘 또한 일종의 자립경제를 추구하면서 미국의 지배에 저항하는 민족주의적 성격을 가지고 있었다. 하지만 그러한 시도들은 결국 실패로 끝나거나 한계를 드러내고 말았다.

그런데 쿠바 혁명은 지금까지와는 다른 모습을 보여주었다. 인구가 1,000만 명이 조금 넘는 나라에서, 게다가 지리적으로 가까운 까닭에 지정학적으로 미국에 매우 중요한 나라인 쿠바에서 미국의 지배를 벗어나고자 하는 반제국주의 혁명이 성공을 거둔 것이다. 그러니 쿠바 혁명을 계기로 다른 라틴아메리카 국가들도 그러한 급진적 변화의 가능성에 대한 자신감을 가지게 되었다.

그 후 쿠바 혁명과 유사한 형태의 게릴라 운동이 라틴아메리카에 급속도로 확산되었다. 아르헨티나의 몬토네로스Montoneros, 우루과이의 투파마로스Tupamaros, 콜롬비아의 4월 19일 운동Movimiento 19 de Abril 등이 그러한 예이다. 심지어 체 게바라는 남미의 중심에 있는 볼리비아로 가서 남미 전체를 해방시키기 위한 게릴라 운동을 전개했다.

게릴라 운동뿐만 아니라 일부 군부 정권, 예를 들어 페루의 후안 벨라스코Juan Velasco 같은 경우에는 군부 정권임에도 불구하고 토지개혁, 자립경제와 같은 혁신적 개혁들을 실시했다. 칠레의 살바도르 아옌데Salvador Allende 같은 경우에는 공산주의자로서 선거를 통해 정권을 잡아 급진적 개혁을 단행했다.

이렇듯 쿠바 혁명을 시작으로 라틴아메리카의 1960년~1970년대는 혁명의 열기, 급진적 변화의 바람에 휩싸이게 되었다.

좌파 전략의 수정: 급진 좌파의 탄생　　　좌파 이론에서도 많은 변화가 있었다. 기존의 좌파는 라틴아메리카 사회를 반半봉건 · 반半자본주의 사회로 인식했다. 따라서 이들은 지금 당장 공산주의를 실현하기보다는 일단 자본주의 사회가 보다 더 발전함으로써 혁명의 조건이 성숙되기를 기다려야 한다는 단계 혁명론을 주장했다.

그런데 라틴아메리카에서 가장 자본주의가 낙후되었던, 그야말로 사탕수수나 담배만을 재배하던 쿠바에서 공산주의 혁명이 이루어진 것이다. 그러므로 이를 설명할 새로운 이론이 필요했다. 종속이론은 이런 상황에서 탄생했다. 종속이론의 선구자는 안드레 군더 프랑크 Andre Gunder Frank로, 그는 저서 『라틴아메리카 자본주의와 저개발Capitalismo y subdesarrollo en América Latina』에서 라틴아메리카는 세계 자본주의 체제에 편입됨으로써 이미 자본주의 사회라고 주장한다. 그러나 라틴아메리카의 자본주의는 서구 유럽의 자본주의와 달리 저발전(subdesarrollo)하고 있다. 즉 중심부 자본주의와 주변부 자본주의는 발전의 형태가 다르다. 따라서 저발전의 길을 가는 라틴아메리카 자본주의 사회는 유럽의 중심부 자본주의 사회처럼 될 수 없다는 것이 그의 주장이다. 그러므로 주변부 자본주의의 구조적 한계를 극복하는 길은 반제국주의 · 반자본주의 혁명밖에 없다고 보았다. 그에 따라 라틴아메리카의 일부 급진적 좌파는 단계 혁명론에서 벗어나 즉각적인 공산주의 혁명을 주장하기 시작했다.

문화의 새로운 바람　쿠바 혁명은 문화에서도 새로운 바람을 몰고 왔다. 대표적으로 브라질의 '시네마 노보Cinema Novo' 운동이 있다. '새로운 영화'라는 뜻의 이 운동은 영화를 통해서 라틴아메리카 사회의 모순을 고발하고, 나아가 사회의 변화를 추구했다. 시네마 노보 운동의 대표적 감독 중 한 명인 글라우베르 호샤Glauber Rocha는 "굶주림의 한가운데에서 카메라 하나를 들고 어떻게 하면 사람들에게 이 사회의 본질을 보여주고, 나아가 어떻게 하면 이 사회를 변화시킬 수 있을 것인가를 고민하는 것이 내 영화 미학이다"라고 말한다. 시네마 노보

운동은 1960년대 브라질 영화를 주도했고, 나아가 라틴아메리카 전역에 혁명적 영화의 바람을 불러일으키게 된다.

음악에서도 쿠바 혁명의 영향은 컸다. 쿠바의 '누에바 트로바Nueva Trova', 남미의 '누에바 칸시온Nueva Canción'이 그 예이다. 누에바 칸시온은 '새로운 음악'이라는 뜻으로, 그들은 노래를 통해서 사회를 변화시키고자 했다. 누에바 칸시온을 대표하는 인물 중 한 명인 칠레의 싱어송라이터 빅토르 하라Víctor Jara의 다음과 같은 말에 누에바 칸시온의 정신이 잘 드러나 있다. "예술가란 진정한 의미에서 창조자이지 않으면 안 된다. 왜냐하면 예술가는 본질적으로 기존에 있던 것을 부수고 새로운 것을 만들어내는 사람이기 때문이다. 따라서 예술가는 본질적으로 혁명가이다. 게다가 예술가들은 위대한 소통 능력을 갖고 있기 때문에 게릴라만큼이나 위험한 존재이다."

미국의 대 라틴아메리카 전략 변화　　이런 상황에서 미국의 라틴아메리카 전략도 변화하지 않을 수 없었다. 기존 미국의 라틴아메리카 전략은, 라틴아메리카는 1차 산품을 수출하는 기능을 담당해야 하고, 따라서 라틴아메리카에서 대토지 소유제는 유지될 필요가 있으며, 정치적으로는 안정을 위해서 독재도 필요에 따라 인정되어야 한다는 것이었다.

그런데 쿠바 혁명 이후 라틴아메리카에 급진적인 변화의 바람이 불면서 이 지역에서 미국의 입지가 흔들리기 시작했다. 따라서 미국의 대對라틴아메리카 기본 전략에도 변화가 일어났다. 마침 미국에는 진보적 성향의 케네디 정권이 들어섰기 때문에 그러한 변화가 보다 힘을 얻을 수 있었다. 케네디는 '진보를 위한 동맹' 전략을 내세운다. 그 핵심은 첫째, 라틴아메리카가 발전하기 위해서는 토지개혁이 무엇보다 중요하다. 따라서 미국은 라틴아메리카의 토지개혁을 지지해야 한다. 둘째, 미국은 라틴아메리카의 산업화를 적극 지원한다. 셋째, 미국은 라틴아메리카의 독재 정권을 지지하지 않는다.

[그림 7-4]는 베네수엘라가 토지개혁을 실시함에 따라 착수를 축하하는 행사에 케네디 대통령이 직접 참석한 모습이다. 이는 미국 정부가 라틴아메리카의 토지개혁을 지지하고 있음을 상징적으로 보여준다.

그런데 이러한 미국의 대라틴아메리카 정책은 케네디 암살 이후 사실상 유명무실해졌다. 그 후 미국의 전략은 보수적으로 변했고, 무장

그림 7-4 베네수엘라 토지개혁 착수 행사에 참석한 케네디 대통령

혁명 투쟁을 막는 것은 결국 무력밖에 없다고 생각하게 되었다. 따라서 미국은 라틴아메리카의 급진적인 변화의 바람을 막기 위해 군부 정권을 지원하기 시작했다. 이러한 미국의 전략 변화에 따라 이때부터 라틴아메리카에 군부 정권이 하나둘씩 들어서게 되었다. 반혁명의 시작이었다. 1976년이 되면 라틴아메리카 33개국 중 멕시코, 콜롬비아, 베네수엘라 세 나라를 제외하고 거의 모든 국가에 군부 정권이 들어선다. 그리고 그와 함께 혁명의 열기도 사라지기 시작했다.

오늘의 쿠바

특별 시기　쿠바는 혁명 이후 소련의 지원에 힘입어 사탕수수 생산에만 매진했다. 그리고 그 지원을 기반으로 놀라운 경제사회적 성과를 올렸다. 그런데 문제는 소련이 붕괴하면서 그러한 지원이 모두 끊겼다는 점이다. 그로 인해 쿠바는 너무나도 힘든 시기를 맞이하게 되었다. 쿠바 사람들은 그것을 '특별 시기'라고 부른다.

　가장 큰 문제는 식료품의 부족이었다. 쿠바는 소련과의 협약에 따라 사탕수수 생산에만 집중했기 때문에 다른 농산물의 생산이 매우 부족했다. 에너지 부족도 큰 문제였다. 에너지가 부족하기 때문에 대중교통 수단도 거의 없었다. [그림 7-5]의 자동차는 쿠바 사람들이 '카메요 camello'('낙타'라는 뜻)라고 부르는 대중교통 수단인데, 트럭 위에 철판을 대충 덮어서 대형 버스로 만든 것이다. 낙타 등처럼 생겼다고 해서 그렇게 부른다. 가급적 많은 사람을 한 번에 태우기 위한 나름의 방편이었던 이 모습은 당시 쿠바의 열악한 상황을 상징적으로 보여준다.

쿠바의 개혁　　이런 상황을 타개하기 위해 쿠바 혁명 정부는 개혁을 선택할 수밖에 없었다. 소련의 지원이 끊긴 마당에 먹고살 새로운 방법을 고민하지 않을 수 없었고, 그 답은 관광자원 개발이었다. 쿠바는 천혜의 관광자원을 가지고 있었다. 그래서 외국 자본을 유입해 관광업을 육성함으로써 위기를 돌파하고자 했다. 그리고 부족한 공공 일자리를 보완하기 위해 민간의 자영업도 허용했다. 자기 차가 있는 사람이 관광객들을 상대로 택시 영업하는 것을 허용했고, 괜찮은 집을 갖고

그림 7-5 '특별 시기'의 대중교통 수단이었던 '카메요' 버스

있는 사람이 관광객들에게 방을 렌트하는 숙박업을 할 수 있도록 허가했다. 또 관광객을 상대로 하는 소규모 식당들의 영업도 허용해주었다.

한편 비료가 부족해 시작한 생태 농업은 현재 100만 명이 넘는 아바나 시민이 근교에서 생산한 유기농 채소를 먹을 수 있을 정도로까지 발전했다. 부족한 비료가 쿠바를 유기농업의 선두주자로 만든 것이다.

미국의 강경 대응 한편 냉전의 종식으로 쿠바가 더 이상 미국의 안보에 위협이 되지 않는 상황인데도 미국의 대쿠바 정책은 오히려 더 강경해졌다. 미국의 보수적 정치인들은 소련이 붕괴되고 쿠바가 힘든 시기를 겪으면서도 카스트로 체제가 붕괴되지 않는 것에 분노했다. 따라서 미국 정치에 영향력 있는 쿠바계들은 쿠바 경제가 완전히 시장경제로 편입되고, 카스트로 체제가 완전히 민주화될 때까지 쿠바에 대한 경제제재 조치를 보다 강화할 것을 주장했다.

그에 따라 미국 국회는 1992년에 토리첼리법Torricelli Act, 1996년에 헬름스-버튼법Helms-Burton Act을 제정한다. 이는 쿠바와 경제 교류를 하는 외국인들을 제재하고자 만든 법으로서, 토리첼리법의 내용 중에는 쿠바 항구에 들어갔던 배는 160일 동안 미국 항구에 들어올 수 없다는 항목이 있고, 헬름스-버튼법의 경우에는 쿠바에 투자하는 외국계 기업들의 임원이나 오너들은 미국에 입국할 수 없다는 조항이 있다.

오바마 정부의 대쿠바 관계 개선 물론 미국 내에는 쿠바와의 관계 개선을 추구하는 세력들도 있다. 예를 들어 농산물 생산업자들과 의약품 생산업자들은 쿠바와의 경제 교류가 활성화되기를 기대한다. 실제로 미국의 비즈니스계에서는 전반적으로 쿠바와의 관계 개선을 요구하는 목소리가 더 크다.

게다가 지정학적으로 라틴아메리카 국가들이 쿠바에 대한 미국의 정책 변화를 요구하고 있다. 그들은 미국의 대쿠바 정책을 라틴아메리카 정책에 대한 시금석으로 보고 있다. 따라서 미국이 라틴아메리카 국가들과의 관계를 잘 유지하기 위해서는 쿠바와의 관계 개선이 필요하다. 특히 2000년대 남미에 좌파 정부들이 들어서면서 그러한 필요성은 더욱 증가했다.

미국 내 쿠바계에도 변화가 있었다. 초기 망명자들은 반反카스트로 성향이 매우 강했지만 최근에 미국으로 이주한 쿠바 사람들은 체제 반대 세력이라기보다는 경제적 이유로 이주한 사람들이다. 그러므로 이런 부류의 사람들은 쿠바와 미국의 관계 개선에 호의적이다.

이런 상황에서 오바마는 선거공약으로 쿠바와의 관계 개선을 내세웠다. 여러 가지 어려움이 없지 않았지만, 마침내 오바마 정부는 2014년 12월 18일 라울 카스트로와 양국 관계 개선을 위한 협약을 발표했다.

관계 개선 협약의 주요 내용으로는 미국인들의 쿠바 여행 제한 완화, 미국 내 쿠바계들의 쿠바에 거주하는 친척들에 대한 송금 한도를 3개월에 2,000달러까지 확대(전에는 3개월에 500달러) 등이 있다. 나아가 양국은 상호 대사관을 설치하고, 미국은 쿠바를 테러리스트 국가 목록에서 삭제해주었다.

쿠바의 대응과 남은 과제　　여기에 대응해 쿠바는 미국이 요구하는 국내 정치범 석방, 스파이 혐의로 구속된 미국인 석방, 쿠바 내 인터넷 접근 확대 허용 등의 조치로 응답했다. 주로 정치적 민주화와 관련된 조치들이다.

　이제 양국 간에 마지막 남은 과제는 미국의 대쿠바 경제제재 조치 폐지가 있다. 미국은 이를 위해 쿠바 정치 체제의 변화를 요구하고 있다. 현재 쿠바 국가평의회 의장으로 있는 라울 카스트로가 2018년에 물러나면 쿠바 민주주의에도 새로운 변화의 바람이 불 것으로 기대된다.

　그러나 최근 트럼프 정부가 공화당의 대쿠바 강경파들을 끌어안기 위해 쿠바에 강경한 입장을 보여줌으로써 양국 간의 관계가 다시 악화될 우려가 제기되고 있다.

📖 권장 서지

김기현 역저(2014), 『쿠바: 경제적 · 사회적 변화와 사회주의의 미래』, 한울
　　아카데미.

김성보 외(2017), 『쿠바, 춤추는 사회주의: 낭만 쿠바와 사회주의 쿠바 사
　　이』, 가을의아침.

로버트 E. 쿼크(2002), 『피델 카스트로』(이나경 옮김), 홍익출판사.

심영보(2005), 『월드 뮤직: 세계로 열린 창』, 해토.

아널드 오거스트(2015), 『쿠바식 민주주의: 대의민주주의 vs 참여민주주의』
　　(정진상 옮김), 삼천리.

요시다 타로(2011), 『몰락 선진국 쿠바가 옳았다: 反성장 복지국가는 어떻
　　게 가능한가?』(송제훈 옮김), 서해문집.

조재홍, 이남진 공편(1997), 『세계 영화 기행 2』, 거름.

배제된 자들의 절규와 연대 투쟁

1990년대 이후의 사회운동과 신자유주의

보통 사회운동을 "사회구조 또는 가치체계 등의 변혁이나, 어떤 사회문제를 해결하기 위해 행하는 조직적·집단적 활동"이라고 정의한다. 사회운동은 기존 체제가 가진 불합리한 점을 고발하고, 사회변혁을 위해 집단적 투쟁을 전개한다. 이 투쟁 속에는 자주 불만과 분노가 표출된다. 따라서 사회운동이라는 말에는 갈등이 전제되고 현실 변혁에 대한 의지가 내포되어 있다. 그렇다면 라틴아메리카의 사회운동은 무엇에 대해 불만을 드러내며 분노하고 저항하는 것일까? 한마디로 신자유주의 세계 질서 혹은 그 패러다임에 대해 저항한다고 말할 수 있다.

신자유주의는 시장원리 준수, 자유경쟁 촉진, 정부규제 철폐, 기업 구조조정, 공공재 폐지 등을 주장하는 경제사상이자 정책이다. 신자유주의를 다른 말로 하면 시장 근본주의라고 할 수 있다. 프리드리히 하이에크Friedrich Hayek는 시장에 대한 국가의 정책적 개입에 반대했다. 그는 "개인주의와 자유주의만이 개인의 욕구 충족과 생활수준의 향상을 가장 잘 보장해주는 제도"라며 신자유주의를 찬양했다. 그러면서 정부의 시장 개입 제한, 교육·의료·주택 등 복지제도 감축이 이루어졌고, '작은 정부'가 대세가 되었다. 국가의 주요 정책이 시장 우선적으로 돌아가게 된 것이다. 이를 위해 거시적 안정화 정책, 금융개방화, 무역자유화, 민영화, 구조조정 등이 단계적으로 이루어졌다. 신자유주의는 미국과 영국에서 논의되었지만 가장 먼저 시행된 곳은 라틴아메리카이다. 칠레가 아우구스토 피노체트Augusto Pinochet 군부독재 때 제일 먼저 도입해 현재 거의 모든 나라에서 지배적인 패러다임이 되었다. 라틴아메리카는 이렇게 '신자유주의 실습장'이 되었다. 특히 1980년대 외채 위기를 겪은 이 지역 정부들은 IMF의 요구를 따를 수밖에 없었다. 정부나 국가의 경제 주권이 심각하게 위협당했다.

라틴아메리카는 역사적·구조적 측면에서 사회, 정치, 경제적 불평등이 심각한 지역이다. 소수의 백인이 잘사는 반면, 대다수 원주민과 흑인들은 비참한 삶을 영위하는 것이 현실이다. 1492년 이후 이런 현상은 라틴아메리카 어느 나라에서나 일반적인 현상이 되었다. 그런데 신자유주의 정책들이 대기업, 관료, 금융가, 대지주 등에게는 더 많은 부를 선사한 반면, 가난한 농민, 노동자, 도시 저소득층의 삶을 궁지로 몰아갔다. 작은 정부 아래에서는 복지 제도나 분배가 제대로 실현되지 않았기 때문이다. 여기에 고질적인 관료들의 부패도 서민의 삶을 옥죄는 데 한몫했다. 불평등과 양극화가 심화되었다. 이런 구조는 필연적으로 사회적·계층적 약자들을 체제의 희생자로 만들었다. 따라서 이 지역에서는 '신자유주의 시대'란 말은 곧 '배제의 시대'라는 용어로 대체 가능한 말이 되었다.

식민의 유산과 희생자들의 목소리

라틴아메리카는 신자유주의 정책 도입 이전부터 역사적 문제와 구조적 모순으로 인해 불평등이 만연한 사회였다. 왜곡되고 굴곡진 정복과 식민의 경험이 남긴 상처가 현재까지 개혁되거나 개선되지 않은 채 계속되고 있기 때문이다. 정복 후 원주민은 피지배자로 전락했고, 그들의 피와 피부색은 열등성의 상징, 즉 낙인이 되었다. 백인을 최고 정점으로 하고 원주민과 흑인을 최하층으로 하는 인종적 피라미드가 확고해졌다. 라틴아메리카에서 정원사나 배관공, 일용 노동을 하는 백인을 찾아보기 어려운 만큼, 기업의 사장이나 임원직에 있는 원주민과 흑인을 만나기도 쉽지 않다. 이 땅에서는 노동도 인종에 따라 분화되었다.

19세기 초반 아이티와 멕시코를 시발로 거의 모든 나라가 독립하기 시작했다. 스페인인들과 포르투갈인들이 이 대륙을 떠나면서 정치적·행정적 독립은 이루어졌다. 그러나 식민성coloniality은 남았다. 이 식민성은 식민주의colonialism와 구별되는 것으로, 인식과 문화면에서 종속되어 있고 독립하지 못했다는 것을 지칭할 때 사용하는 용어이다. 문화는 더 깊고 무의식적인 면에까지 영향을 미친다. 한 예로 식민 시대에 만들어진 백인 우월의식이 극복되지 못하고 현재까지 계속되고 있다.

원주민 문제를 보면 식민 유산의 문제를 좀 더 쉽게 이해할 수 있다. 원주민은 누구인가? 외모적으로 구분이 가능하다. 갈색 피부에 찢어진 눈을 가진 원주민은 도시의 빈민촌이나 산간오지 혹은 밀림에 집단적으로 거주하고 있다. 문화적 측면에서 의복이나 언어로도 구분이 가능하다. 그러나 자기가 스스로를 어떻게 규정하느냐가 가장 중요하다. 스스로 원주민이라는 정체성을 가지고 있다면 원주민으로 정의된다. 이 대륙에서 원주민은 아직도 열등한 존재, 야만, 저발전, 가난, 무지로 상징되고 있다. 따라서 국가 통계 집계에서조차 감추고 싶은 존재

그림 8-1 사파티스타민족해방군의 전설적인 원주민 여성 지도자였던 라모나 사령관. 치아파스주의 가난한 초칠족 출신 여성으로 사파티스타민족해방군을 실질적으로 지도하는 원주민 비밀혁명위원회의 사령관직을 수행하다가 2006년 1월 6일에 사망했다.

로 전락했다.

[그림 8-1]에서 복면을 쓴 여성은 라모나Ramona라고 불리는 사파티스타의 사령관이다. 왜 복면을 썼을까? 대부분의 사파티스타들은 복면을 쓰고 생활한다. 그러나 이 복면은 스스로 쓴 것이라기보다는 누군가 씌운 것이다. 최근까지도 '하위 주체'로서 원주민들은 스스로의 권리를 말하지 못했다. 게다가 원주민들의 권리를 대변해주는 정치 세력도 없었다. 평화로운 방법과 말로 자신들의 요구를 피력했지만 아무도 반응해주지 않았다. 결국 무장봉기를 하니 정부와 사회가 이들을 쳐다봐주었다. 원주민들은 자신들의 선언문에서 "이제 그만!"이라고 외쳤다. 물리적으로는 존재하지만 존재를 인정받지 못하던 타자, 하나의 의미 없던 대상에서 주체로 부상했다. 자신의 목소리를 내고 저항하면서 스스로 의식을 가진 주체로 태어난 것이다. 1992년 노벨평화상을 받은 과테말라 원주민 여성 리고베르타 멘추Rigoberta Menchu는 자신의 책 『내 이름은 리고베르타 멘추입니다. 내 의식은 그렇게 깨어났습니다』를 통해 각성하는 원주민들의 주체의식을 표현했다. 제3세계, 주변부의 가난하고 못 배운 원주민, 거기에 더해 천대받던 한 소녀가 불의한 현실과 맞서면서 자신이 누군지 깨달은 것이다. 이제 힘없고 무지한 여성이 아니라, 깨어 있는 전사가 되었다. 이 책 제목은 자신의 현실과 사회 체제를 변화시키기 위해 분연히 일어서는 멘추의 의지를 표현한 말이다.

오늘날 원주민들은 국가와 제도 자체의 변화를 추구하며, 국가와 원주민 간의 관계도 재설정할 것을 요구하고 있다. 한마디로 요약하면, 원주민 자치와 진정한 민주주의, 그리고 다민족 국가의 필요성을 역설

하는 것이다. 원주민들은 스페인 사람들이 도착하기 전 자신들만의 영
토에서 주권과 법을 가지고 고유한 언어와 문화, 종교를 누리며 살고
있었다. 다양한 원주민의 국가와 공동체들이 산재해 있었다. 정복 후
유럽인들은 이 모두를 단순한 '하나의 원주민'으로 만들어버렸다. 그들
의 언어, 사고, 문화, 종교는 다 후진적이고 야만적이라며 폄하했고,
그들 내부의 차이를 무시했다. 과라니인, 아스테카인, 마야인, 잉카인
은 그저 갈색 피부를 지닌 '하나의 원주민'일 뿐이었다. 이들은 독립과
국민국가 형성기 이후에도 국민의 일원이 되지 못했다. 스페인의 지배
에서 벗어난 후 만들어진 헌법에서도 그들은 문맹자라는 이유로 투표
권을 갖지 못했다. 국민적 공동체(백인, 메스티소)와 비국민적 공동체(원
주민, 흑인)가 존재했던 것이다. 원주민은 에콰도르 영토 내에 살고 있
는 사람들이었지만 시민이 아닌 그저 권리 없는 동거인, 주민이었다.
1950년대에는 '농민'이라는 이름으로 불렸다.

　다민족 국가는 동일한 정치 공간에서 여러 종족 혹은 민족 공동체가
공존하는 국가 모델을 의미한다. 원주민들은 법도 법다원주의 차원에
서 인정할 것을 요구한다. 상이한 문화, 인종, 전통과 역사를 가진 여
러 공동체에게 차이를 무시한 채 보편이라는 이름으로 단 하나의 법(서
구법)만을 강요하는 것은 폭력적이라는 논리이다. 원주민들은 자신들
의 삶과 유리된 서구의 법보다 자신들이 수긍할 수 있는 전통과 관습
에 기초한 법의 지배를 받기를 원한다. 국가법 중심주의를 탈피해서
여러 민족·인종·공동체가 공존하는 사회에 걸맞은 법이 다양하게
존재해야 한다는 것이다. 예를 들어 볼리비아 국민이라는 하나의 국민
안에 다양한 민족의 차원을 인정해야 한다는 것이다. 그래야만 볼리비

아나 에콰도르가 소수가 아닌 전체를 위한 국가가 된다는 논리이다.

라틴아메리카 원주민들과 진보적 지식인들의 주장에 따르면, 지금까지 서구의 논리는 나머지 세계를 기술하고 분류하며 이해하는 판단의 '척도'였다. 원주민들은 강제, 즉 힘의 논리에 따라 약자들에게 강요된 이 기준은 진리가 아니라고 주장한다. 그들은 지배층에게 너무나 익숙해진 편협한 서구식 가치를 수정할 것을 요구한다. 인식을 바꾸면 그동안 보이지 않던 것들이 드러나기 때문이다. 그들은 문화가 서로 다를 수 있음을 인정할 때 강요가 아닌 대화가 가능해진다고 믿는다. 원주민운동의 지도자들은 서로 다르기 때문에 대화를 원하는 것이다. 원주민들과 그들의 주장에 동조하는 진보적 지식인들은 서구 혹은 유럽 중심주의를 벗어나면 그동안 서구가 강요한 폭력성을 볼 수 있다고 주장한다. 자기중심적 시각에서 타자를 재단했던 오류에서 벗어나야 한다는 것이다.

그동안 근대와 근대성에 대한 비판과 성찰이 이어졌다. 근대성은 합리성, 이성으로 상징되고 계몽으로 이해되지만 그 안에 폭력성이 내포되어 있었음을 깨닫기 시작했다. 근대적 이성이 합리적이라면 전 인류가 잘 살 수 있는 방법을 찾았어야 하는데, 힘 있는 소수와 백인들만 풍요로움을 누리는 비합리적이고 불의한 체제가 만들어졌던 것이다. 원주민들은 이 근대성의 다른 얼굴을 '식민성'이라고 말한다. 그들은 라틴아메리카, 아프리카, 아시아가 없었다면 풍요로운 유럽과 북미도 없었다는 논리를 편다. 서구가 주장했던 발전 모델도 원주민의 입장에서 보면 자신들의 삶의 터전을 파괴하고, 자원 추출을 위해 환경을 유린하며 소수만 잘 살게 하는 모델이었을 뿐이다. 라틴아메리카 사회운동을 대표하는 원주민운동은 한계를 지닌 서구식 발전 개념에서 벗어나 '발전에 대한 대안'을 고민하자고 제안한다.

대표적인 사회운동

서구의 영향으로 라틴아메리카 대륙에도 일찍부터 무수히 많은 운동이 등장했다. 1990년대 이후 반反신자유주의 노선을 표명하면서 활발한 활동을 전개한 운동은 1994년에 봉기한 멕시코의 사파티스타 운동을 비롯해 에콰도르전국원주민연합CONAIE, 아르헨티나의 실업자운동, 브라질의 무토지농민운동MST, 볼리비아의 사회주의운동MAS, 그리고 멕시코의 나는 132번째다#Yosoy132 학생운동이 대표적이다.

라틴아메리카에서 사회운동은 경제 위기로 인한 빈곤의 증가와 신자유주의를 이식시킨 정권에 대한 정당성의 위기가 만나는 지점에서 발생했다. 이 위기들은 결국 기존 정권들을 붕괴시켰다. 대표적인 경우가 아르헨티나 페르난도 데 라 루아Fernando de la Rúa 대통령의 하야이다. 2001년 신자유주의 정책으로 인한 구조조정 때문에 실직한 실업자들이 주도하고, 중산층에서 빈곤층으로 떨어진 사람들까지 합세하는 시위가 발생하자 데 라 루아 대통령은 권좌에서 물러나야 했다. 그리고 2001년 12월 아르헨티나에는 14일 동안 다섯 명의 대통령이 교체되는 혼란이 발생했다. 그 후 아르헨티나 국민은 정치 혼란과 경제 위기 속에서 고통을 감내해야 했다.

에콰도르의 경우도 에콰도르전국원주민연합이 주도하고 다양한 사회운동이 합세하면서 압달라 부카람Abdalá Bucaram, 하밀 마우아드 Jamil Mahuad, 루시오 구티에레스Lucio Gutiérrez 등 세 명의 대통령이 권좌에서 물러났다. 하야의 원인은 주로 부패와 권력남용, 국민 다수가 반대하는 신자유주의 정책의 시행 때문이었다.

라틴아메리카의 주민들은 기존 정치인과 정당, 정부, 의회 등을 불신했다. 그 대신에 사회운동 지도자들이 대중의 신뢰와 지지를 받았다. 그것은 사회운동 지도자들이 정치 지도자로 변신하는 계기가 되었다. 볼리비아의 에보 모랄레스 대통령과 브라질의 룰라Lula da Silva 대통령을 비롯해 새로운 정치 지도자들이 대부분 사회운동 단체 출신이었다.

1990년대 이후 라틴아메리카 사회운동은 정치 변화를 이끌었다. 다양한 형태의 사회운동이 태동해 정치사회와 엮이면서 새로운 관계들이 형성되었다. 사회운동과 정당 간의 관계 유형은 침투, 연대, 독립, 전환 등 크게 네 가지 유형으로 분류할 수 있다. 사회운동 지도자들이 정당 내부로 들어가는 경우가 침투에 해당한다. 사회운동이 정당을 지원하는 경우는 연대라고 정의할 수 있다. 대표적인 예는 에콰도르전국원주민연합과 파차쿠틱운동당의 경우이다. 아예 사회운동이 정당과 독립적으로 독자 영역에서 활동하며 서로를 부정하는 경우는 '독립'이라고 부른다. 그 예는 사파티스타의 경우에서 찾을 수 있다. 사회운동이 정당으로 전환되는 경우도 있는데, 이것은 매우 드물며 볼리비아의 사회주의운동MAS에서 찾아볼 수 있다.

1990년대 이후 출현한 라틴아메리카의 몇몇 대표적인 사회운동의 특징을 간단히 살펴보면 흥미로운 점을 발견할 수 있다. 먼저 아르헨티나의 경우를 알아본 다음 다른 나라의 사회운동도 간단히 살펴보겠다. 한때 아르헨티나는 신자유주의 모범 국가로 불렸다. 그러나 2000년 이후 대표적인 경제 파탄 국가로 전락했다. 이 나라는 신자유주의 교과서대로 거의 모든 공기업과 국가 기간산업을 해외 자본에 매각하고 상시적인 대량 해고로 많은 실업자를 양산했다. 대다수 노동자도 임시직 등 언제 쫓겨날지 모르는 고용 상태에 놓였다. 실업자들은 1996년 피켓 시위를 주도하며 점차 조직화되었다. 2001년에는 생존권 투쟁을 상징하는 냄비를 들고 시위를 시작했다. 이때부터 전국적인 규모의 조직으로 성장했다. 아르헨티나 민중항쟁의 주역은 노조운동이 아니었

그림 8-2 2004년 1월 실업자들이 부에노스아이레스 도심에서 냄비와 주방기구를 들고 정부의 경제정책에 항의하며 더 많은 일자리 정책을 요구하는 모습

배제된 자들의 절규와 연대 투쟁 **161**

다. 오히려 제도권 밖의 실업자들이 주축이 된 운동이라는 점이 특징이다.

아르헨티나의 실업자운동은 처음에는 청원서 보내기 같은 평화적 방식을 고수했다. 그러나 정부가 무관심으로 일관하자 강경투쟁 방식으로 전환되었다. 실업자들은 남녀노소를 가리지 않고 텐트와 주방기구를 들고 시위에 나섰다. 냄비의 등장이 경제 위기의 심각성을 더욱더 부각시키는 효과를 가져왔다.

경제 상황이 악화되면서 시위는 더욱 격렬해졌다. 실업자들은 가두시위뿐 아니라, 고속도로와 간선도로를 점거하거나 봉쇄했다. 도로를 차단하는 것은 자본주의 동맥을 막는 것과 같았다. 원자재, 물류, 서비스 등이 차단되자 여기저기서 경제 위기의 징후를 보였다. 경찰이 진압을 시도하면 인근의 주민과 실업자들까지 가세해서 진압에 저항하다가 때때로 시위 가담자들 중에서 사망자들이 발생하기도 했다. 하지만 최소 빈곤선 밑에 있던 사람들은 생존투쟁을 벌이고 있었기 때문에 물러서지 않았다. 결국 정부가 대화에 나섰다. 정부는 실업자운동 지도자와 정부 대표 간의 대화를 원했지만, 시위대는 시위에 참여한 인원 전체가 참여하는 대화를 요구했다. 지도자들이 매수되는 경우를 많이 봐왔기 때문이다. 중요한 결정사항은 시위 현장에서 시위대 모두의 참여 속에서 이루어졌다. 시위대의 주요 관심사는 국가가 지원하는 임시직 일자리를 확보하는 것이었다. 일자리는 점거시위에서 적극적인 활동을 한 사람들에게 우선적으로 분배되었다. 일자리가 많지 않을 경우에는 순번을 정해 일정 기간씩 돌아가며 일을 하는 방식이 채택되었다. 보통은 여성들이 더 적극적인 투쟁 양상을 보였다. 여러 이유로 여성들이 가족의 생계를 책임지는 마지막 보루인 경우가 많았기 때문이다.

브라질의 무토지농민운동은 '야누스의 얼굴'을 한 브라질 사회의 암울한 현실에서 파생되었다. 브라질은 세계 경제 9위를 자랑하지만, 남미 최대 빈부격차, 대도시 슬럼가와 범죄, 정치 지도자들의 부패, 인간개발지표 69위, 문맹률 15퍼센트 등 수많은 문제에 봉착해 있다. 역사적으로 보면 군사 정권이 주도한 산업화 정책은 도시와 농촌의 빈부격차를 만들었고, 농촌을 소외시켰다. 당시 유일하게 이 문제에 관심을 보인 것은 진보적 성향의 가톨릭교회였다. 교회는 가톨릭토지사목위원회를 조직해서 농민들의 노조 조직 활동을 지원했다. 무토지농민운동은 "토지는 경작하는 자들의 것이다"라는 논리를 폈다. 거대 자본이 소유한 대농장이나 휴경지를 점거해 농사를 짓는 것이 이들의 투쟁 방식이었다.

1984년에 탄생한 이 운동은 자급자족의 가족농을 육성하고 운동에 필요한 재원을 구성원들로부터 충당했다. 지도자들은 경작이 면제되는 대신 지역 단위 협동조합을 구성하도록 독려했다. 국가를 상대로 토지개혁을 하도록 압력을 가하는 것도 그들의 주요 업무였다. 그들은 농업 신용대출을 정부에 요구하고 기술이 필요한 경작자들을 지원하는 데 총력을 기울였다. 그리고 문맹퇴치를 위해 학교를 설립하는 데도 앞장섰다. 무토지농민운동은 조직의 자율성을 중시하지만, 자신의 목소리를 대변할 정치 세력을 지원하는 데도 적극적이었다. 무토지농민운동은 브라질 단일중앙노조CUT와 함께 노동자당PT 형성에 주춧돌이 되었고, 세계사회포럼WSF 형성과 노동자 출신인 룰라를 대통령으로 만드는 데 기여했다.

멕시코의 사파티스타 운동은 라틴아메리카 사회운동 가운데 세계적으로 가장 많이 알려진 운동이다. 1994년 1월 1일 북미자유무역협정 NAFTA이 발효되는 날 봉기한 사파티스타 운동은 반신자유주의 투쟁의 상징으로 부상했다. 3,000명의 원주민들이 무장봉기를 일으켜 치아파스주의 몇 개의 군을 점령하고 원주민의 존엄성과 권리, 관습법, 자치, 자신들의 거주지 내 천연자원 처분에 대한 참여권 등을 요구했다. 정부군은 국내적으로 국제적으로 조성되는 진압 반대 여론, 외국투자자본의 유출 위협, 대선정국 등 여러 가지 이유로 인해 반군에 대한 박멸작전을 벌이지 못했다. 대신 멕시코 정부는 사파티스타를 포위하고 고립시키는 전략을 구사했다. 정부에서 파견한 대표부와 사파티스타가 협상을 시작해 '산안드레스 협정'을 맺었지만, 최종적으로 정부가 이를 승인하지 않았다. 몇 년 후 새로 들어선 국민행동당의 비센테 폭스 정권은 원주민들의 요구사항 중 핵심적인 것은 뺀 채 부차적인 것들만 들어주었다. 결국 사파티스타는 정부와의 대화를 중단하고 자신들이 점령한 지역에서 자치를 강화하는 전략으로 바꾸었다. 그들은 정치권력을 장악하는 것으로는 혁명을 완성할 수 없다고 보고 장기전에 돌입했다. 그리고 자치 실현과 구성원들의 의식의 고양, 교육 강화, 시민사회와의 연대 등을 통해 사회를 변혁시켜나가는 전략을 채택했다. 국제적으로 반신자유주의 운동과 반세계화 운동의 선구자적 역할을 한 사파티스타는 전 세계적으로 대안 사회에 대한 상상력을 자극하고 고무시키는 데 기여했다.

에콰도르전국원주민연합은 1986년 36개 원주민 단체가 연합하면서 탄생했다. 1990년 대대적인 봉기를 일으키며 많은 사람의 이목을 집중시켰다. 그 후 노조운동이 쇠퇴한 에콰도르에서 원주민들이 사회운동을 주도하게 되었다. 원주민을 동원하는 능력이 있었던 이 운동은 대통령 당선에도 많은 영향을 미쳤다. 좌파와 원주민운동이 결합해서 만든 파차쿠틱운동이라는 당을 지원하고 루시오 구티에레스를 대통령으로 만드는 데도 기여했다. 2008년 제헌헌법의 기본 이념인 다민족국가, 상호문화성, 수막 카우사이 등 여러 개념 형성에도 영감을 주었다. 이 운동은 담론과 실천이 병행된 것으로, 사회운동이면서 동시에 적극적으로 정치사회에 자신들의 의지를 관철시킨다. 따라서 가장 성공적인 원주민운동이라고 평가받고 있다.

그림 8-3 2008년 집권 2년 차를 맞아 정부의 주요 인사들과 국가 행사에 참석하기 위해 이동하는 볼리비아의 에보 모랄레스 대통령

볼리비아에서는 2006년 처음으로 원주민 대통령이 배출되었다. 에보 모랄레스의 권력 장악은 원주민운동의 역량을 잘 보여주는 대표적 사례이다.

볼리비아 사회주의운동MAS은 사회운동이면서 정당의 성격도 가지고 있어 특별한 경우에 해당된다. 제도권 정치 속에서 변화를 추구하는 정당과 제도권 밖에서 사회 변화를 요구하는 사회운동 조직 간에는 상당한 차이가 있다. 그러나 이 운동은 정당을 지휘하는 사회운동이라는 평가를 받고 있다. 또한 기성 정당들과 달리 사회운동 조직의 성격을 유지하며, 동시에 정치 무대에도 주도적으로 참여한다. 정치 무대가 자신들의 목적 달성을 위한 가장 효과적인 장소라고 믿기 때문이다. 사회주의운동은 단순히 정당이라기보다는 다양한 사회운동 세력의 정치 세력화를 위한 기구에서 출발했다. 원주민의 정체성에 기초하고 여기에 좌파가 연합한 형태이다. 원주민인 에보 모랄레스가 대통령이고, 백인인 좌파 지도자 알바로 가르시아 리네라Álvaro García Linera가 부통령으로 활동하고 있다. 전위 조직은 코카재배농민운동이다. 농민운동인 동시에 원주민운동의 성격을 띠며, 도시빈민과 노동자도 가세했다.

21세기 들어서면서 라틴아메리카에서도 '네트워크 투쟁'의 양상을 보이는 사회운동이 출현했다. 멕시코의 나는 132번째다 학생운동이 대표적이다. 이 운동은 2012년 멕시코 대통령 선거 투표일을 50일 정도 앞두고 등장했다. 같은 해 5월 11일 이베로아메리카 대학에서 강연을 한 제도혁명당 대선후보가 학생들과 충돌했다. 언론과 방송이 사실을 왜곡하는 보도를 하자, 학생들이 SNS를 통해 항의하면서 이 운동

그림 8-4 멕시코시티 독립기념탑 앞에서 미디어의 민주화와 선거법 개정을 요구하며
시위하는 나는 132번째다 학생운동 소속 대학생과 시민들

이 시작되었다. 주요 방송과 언론은 엔리케 페냐 니에토Enrique Peña Nieto 후보의 연설을 보이콧하기 위해 외부 정치 세력이 동원되었다고 주장하며 학생들을 모욕했다. 그러나 학생들은 자신들이 정규 학생이라는 것을 증명하는 비디오를 만들어 유튜브에 올렸다.

트위터와 페이스북을 통해 연대하는 학생들이 생기면서 사립대에서 국공립대학으로, 멕시코시티에서 전국으로 확산되었다. 131명이 이 비디오 제작에 참여했고, 그들과 연대하는 세력은 자신들이 학생들 다음으로 132번째라고 선언하면서 이 운동의 이름이 탄생했다. 소수의 언론 재벌이 대다수 공중파 주파수와 라디오를 장악한 멕시코의 현실에 저항하며 등장한 것이다. 학생들은 멕시코의 방송과 언론이 정부와 결탁해 막강한 영향력을 행사하는 것 자체가 민주화를 저해하는 요소라고 비판했다. 그리고 미디어 재벌이 장악한 TV 및 라디오와 개인들의 SNS 간 대립으로 확산되었다.

네트워크의 성격을 띤 이 학생운동은 중앙선관위가 주최한 대선토론회의 한계를 지적하면서 직접 대선후보들을 불러 토론회를 개최했고, 유튜브와 인터넷 방송을 통해 생중계되었다. 정치에 무관심하던 젊은이들이 대선정국과 맞물려 다시 정치로 귀환했다. 투쟁 방식은 번개모임, 행진, 가두시위, 콘서트 등 한국의 촛불시위와 유사했다. 이 학생운동은 방송통신법 개정과 선거법 개정에도 기여했다. 그러나 느슨한 조직과 아울러 지도자가 없는 운동이라는 것이 한계점으로 지적되었다. 하지만 라틴아메리카도 디지털 기술이 보급되고 SNS 사용자가 증가할수록 사회운동이 네트워크 중심의 운동으로 발전할 것이라고 전망해볼 수 있는 근거를 제공하는 운동이라는 점에서 의미가 있다.

다른 세계를 꿈꾸며

　　　　　　　1990년대 이후 출현한 라틴아메리카 사회운동은 신자유주의 정책이 초래한 희생자들의 입장을 대변하는 운동이다. 따라서 대부분 반신자유주의 노선을 천명했다. 이 운동들은 기존 사회와는 다른 대안 사회를 기획해보려는 사회의 약자나 소수자들의 목소리를 반영했다. 체제의 결함을 보완하고 보다 나은 사회를 지향하기 때문에 1990년대 이후 라틴아메리카 사회는 매우 변혁적이었고, 동시에 매우 혼란스러웠다. 한마디로 라틴아메리카의 사회운동은 디스토피아적 현실과는 다른 새로운 세계의 건설을 지향했다. 사파티스타 운동은 "다른 세계는 가능하다El Otro mundo es posible"라고 외쳤고, 이 다른 세계는 "모든 세계가 함께 공존하는 하나의 세계Un mundo donde quepan todos los mundos"를 의미했다. 앞으로 건설해야 할 다른 세계는 개인주의, 이기주의라는 가치에 기초한 것이 아닌 라틴아메리카의 전통적 가치 중 하나인 공동체성의 회복을 지향하는 것이어야 한다. 그러나 이 대륙의 사회운동이 단순히 지역에 국한된 사회적·경제적 운동으로 폄하될 수는 없다. 왜냐하면 이 지역의 사회운동은 인간의 보편적인 삶의 문제를 근본적으로 재구성하려고 시도하기 때문이다. 따라서 서구의 신자유주의자들이 주장하는 "대안은 없다"는 논리에 저항한다. 라틴아메리카 사회운동이 끊임없이 이어지는 동력은 이곳 주민들의 '다른 세계'에 대한 갈망이라고 할 수 있다. 이 갈망이 사람들을 사회운동으로 이끄는 것이다.

📖 권장 서지

김세건 외(2010), 『라틴아메리카: 대안사회운동과 참여민주주의 I』, 높이 깊이.

김세건 외(2010), 『라틴아메리카: 대안사회운동과 참여민주주의 II』, 높이 깊이.

서울대학교 라틴아메리카연구소(2015), 『포스트-신자유주의 시대의 라틴 아메리카 사회적 시민권: 2015 라틴아메리카 심화과정 8강』, 이숲.

서울대학교 라틴아메리카연구소 편(2012), 『2012 라틴아메리카: 정치안정 과 경제회복』, 이숲.

존 홀러웨이(2002), 『권력으로 세상을 바꿀 수 있는가』(조정환 옮김), 갈무리.

역사를 통해 본 오늘의 브라질

브라질의 현황

브라질은 1500년부터 1822년까지 라틴아메리카에서 유일하게 포르투갈의 지배를 받은 국가이다. 면적이 남한의 86배에 달하고 남미 대륙의 47.3퍼센트를 차지하는 브라질은 26개의 주州와 연방특구 브라질리아를 포함하면 실질적으로 27개 주로 구성되어 있다. 이처럼 큰 땅덩어리이기에 주마다 색채가 강하기는 하나, 브라질 국민들은 자신들이 일개 국가가 아닌 하나의 대륙에 살고 있다고 주장한다.

언어로는 식민지배의 영향으로 포르투갈어를 공용어로 쓰며, 영어나 스페인어가 타 국가에 비해 통용되지 않는 특징이 있다. 아울러 2010년 인구조사에 따르면, 브라질 전체 인구는 약 1억 9,020만 명으로 집계되었다. 인구 증가율을 고려하면 2017년 기준 2억 명을 돌파했을 것으로 추정된다.

브라질의 종교 분포에 대해 살펴보면, 1874년의 통계에서는 전체 국민의 99.7퍼센트가 가톨릭 신자라는 압도적인 수치가 나왔다. 현재 가톨릭 인구는 64.6퍼센트로 감소했으며, 개신교가 22.2퍼센트로 약진하는 추세이다. 그러므로 브라질 국민의 대부분, 즉 86.8퍼센트는 크리스천인 셈이다. 이 또한 로마 가톨릭 국가였던 포르투갈의 영향 때문이다.

1500년부터 약 300년에 이르는 포르투갈의 기나긴 식민지배 끝에, 마침내 브라질은 1822년 9월 7일 독립했다. 독립 후에 브라질은 아르헨티나 같은 주변국과는 달리 입헌군주제를 채택했다. 그 이유는 아이

그림 9-1 큰 면적으로 인해 하나의 대륙으로 간주되기도 하는 브라질

러니하게도 브라질 독립을 선언한 사람이 포르투갈 왕세자였던 동 페드루 1세D. Pedro I였기 때문이다. 그러다가 1888년 노예해방 직후 비로소 공화국으로 탈바꿈했다. 그리고 20세기에 이르러 우리나라와 비슷한 시기인 1964년부터 1985년까지 20여 년간 역사상 가장 혹독한 군부독재 시절을 겪게 된다.

이후 1995년부터 2002년까지 페르난두 엥히키 카르도주Fernando Henrique Cardoso가 대통령직을 역임했고, 2003년부터 금속노조위원장 출신인 룰라Luiz Ináciom Lula da Silva가 바통을 이어받아 2010년까지 집권했다. 그 이후 선출된 지우마 호세프Dilma Rousseff에 이르기까지 약 20년간 브라질은 좌파 정권하에 대격변의 시기를 거쳤다. 또한 2014년에 브라질 월드컵을, 2016년에는 리우 올림픽을 성공적으로 개최하는 큰 성과를 올렸다.

브라질의 경제에 대해 살펴보면, 우선 2015년 7월 말 기준 브라질의 총 외채는 3,400억 달러에 육박했다. 이는 우리나라의 총 외채인 4,254억 달러보다 적다. 동 기간 브라질의 총 외환보유고는 3,700억 달러에 이르며, 부채보다 자본이 더 많은 나라임을 알 수 있다.

아울러 GDP를 기준으로 보았을 때, 브라질은 2014년 기준으로 세계 7대 경제 대국으로 자리매김하여 13위를 기록한 우리나라보다 상위에 랭크되었다. GDP 규모가 우리나라의 두 배로 추산되는 반면, 1인당 GDP는 1만 달러에 턱걸이하며 오히려 우리나라의 절반밖에 되지 않는다. 그럼에도 이러한 경제 기조가 유지된다는 가정하에 2027년에는 일본마저 제치고 세계 4대 경제 대국으로 부상할 것이라고 전문가들은 예견하고 있다.

브라질의 외국인 직접투자 데이터를 살펴보면, 세계 각국이 브라질에 대해 어떠한 전망을 가지고 있는지 유추할 수 있다. 현재 브라질의 경제 위기론이 대두되고 있지만, 부정적인 예측에 아랑곳하지 않고 브라질은 근 4~5년간 우리나라보다 네 배나 많은 외국인 직접투자를 유치하고 있다. 이처럼 세계 경제는 브라질 경제에 대한 낙관적인 시선을 지니고 있다.

브라질은 룰라 대통령 재임 시절 외교 분야에서 획기적인 진보를 이루었다. 브라질은 세계 5위인 국토 면적과 세계 7위 경제 규모를 자랑하는 자국이 그에 걸맞은 국제적 위상을 가지고 있는가에 대해 고민했고, 그 결과 G20 정상회의와 남미공동시장Mercosul 등에서 적극적인 활동을 펼침과 동시에 북한과도 수교하게 되었다. 지금껏 브라질이 보여준 활발한 외교적 행보들은 하나의 궁극적인 목표로 연결되는데, 바로 UN안보리 상임이사국으로 진출하는 것이다. 현재 논의되고 있는 안보리 개혁에서 대륙별로 하나의 대표 국가를 선임하게 된다면 브라질은 남미대륙에서 0순위이다. 브라질이 두 번의 국제대회 유치를 통해 국제적 위상을 높이고 상임이사국 선출을 가시권에 두고 있는 상황에서, 브라질에 대한 심층적인 지식과 전문가에 대한 수요가 급증할 것으로 보인다.

사회지수에서도 브라질의 성장과 발전은 괄목할 만한 수준이다. 간단한 예로 2003년에서 2014년 사이 소득분포 추세를 살펴보면, 매년 빈민 계층 비율은 감소하고 중산층의 비율은 꾸준히 증가하고 있다. 고질병처럼 여겨졌던 소득불평등이 좌파 정권의 집권 기간 동안 상당히 개선되었던 것이다.

"하느님의 국적은 브라질"이라는 우스갯소리가 있을 정도로, 브라질은 빼어난 자연경관과 풍부한 지하자원을 자랑한다. 리우데자네이루, 아마존, 이구아수 폭포처럼 세계 각지의 관광객들이 모여드는 아름다운 명소들과, 석유와 석탄 등 엄청난 양의 지하자원까지 신의 은총을 받았다고밖에 표현할 수 없는 환경을 보유하고 있다.

실질적으로 브라질은 이미 2006년도에 원유의 자급자족을 이뤄냈으며, 리우데자네이루 앞바다에서 심해유전을 본격적으로 개발한다면 2035년에는 세계 3대 원유 생산국으로 발돋움할 것이라는 전망이 나오고 있다. 철광석을 오스트레일리아 다음으로 가장 많이 생산하는 국가이기도 하며, 미국에 이어 두 번째로 많은 바이오 연료를 생산한다. 전 세계 모든 국가 중 브라질만이 유일하게 사탕수수에서 추출된 에탄올을 이용하는 알코올 연료 자동차를 생산·운영하고 있다.

브라질의 역사

1500년부터 1822년까지 포르투갈의 지배를 받았던 브라질 식민의 역사는 경제적 관점에서 크게 세 주기로 나뉜다. 첫 번째는 파우-브라질 주기, 두 번째는 사탕수수 주기, 세 번째는 금 주기 순이다.

파우-브라질 주기　브라질이라는 국가 명칭의 유래가 된 파우-브라질Pau-Brasil은 포르투갈어로 '붉은색의 나무'라는 뜻이다. 초창기에 이 나무에서 추출한 붉은색 염료는 높은 상품적 가치를 지녔다.

　포르투갈인들이 브라질로 유입되기 시작했을 당시, 현지에 거주하던 원주민들은 몽골로부터 넘어온 유목민의 후손이었다. 기원전 3만 년 전 지구에 빙하기가 도래하자 몽골인들은 얼어붙은 베링 해협을 건너 아메리카 대륙으로 건너왔고, 그들의 일부가 바로 오늘날 브라질 원주민의 조상이 되었다. 기원후 1500년경 원주민 공동체의 규모는 약 600만 명이었을 것으로 추산되며, 주 종족은 투피-과라니tupi-Guarani족이었다. 현재 원주민은 80만 명 정도가 생존하나 거의 멸족 단계에 이르렀다고 볼 수 있다. 오늘날 원주민의 대다수가 현대사회에

그림 9-2 브라질이라는 이름이 유래된 파우-브라질

적응해나가며 살고 있지만, 흥미로운 점은 아직도 문명사회를 피해 아마존 밀림에서 유목생활을 하는 원주민들이 80여 개 부족에 달한다는 사실이다.

브라질 사회에 이들이 남겨놓은 유산은 주로 언어에서 많이 발견되는데, 이구아수 폭포의 지명이 단적인 예이다. '이구'라는 단어는 원주민어로 '물'이라는 뜻이고, '아수'는 '엄청난 양'을 의미한다. 그리고 두 단어로 엄청난 양의 물을 뜻하는 이구아수라는 단어를 합성해낼 수 있다. 이들이 숨겨놓은 유산은 비단 언어뿐만 아니라 청결문화에도 남아 있다. 유럽인들이 신대륙을 탐사하기 전인 14~15세기에 흑사병이 창궐해 유럽 전역을 강타했다. 그들은 쥐 혹은 물을 통해 흑사병이 전염된다는 믿음하에 목욕을 일절 하지 않았다. 그러나 브라질 원주민들은 하루 중 상당 시간을 아마존 물속에서 살며 자연스럽게 청결을 유지했고, 이들의 모습이 오늘날 브라질 사람들이 매일 샤워하는 습관의 모태가 되었다.

원주민들은 여기서 그치지 않고 음식에까지 영향을 주었다. 브라질 사람들이 즐겨먹는 음식들 중 옥수수를 갈아서 주먹밥처럼 만든 파몽냐pamonha와 카사바 가루로 반죽해 송편처럼 만들어먹는 타피오카tapioca는 그들에게서 유래된 대표 음식이다.

사탕수수 주기　　기존의 원주민들은 일반적으로 밝은 정서의 민족이 아니었다. 오늘날 브라질 사람들의 낙천적인 정서는 바로 사탕수수 농업을 위해 아프리카에서 끌려온 흑인들에게 뿌리를 두고 있다. 플랜테이션 농업을 계획하던 포르투갈인들은 인도로 향하는 길목에 식민지로 삼아두었던 콩고와 앙골라, 모잠비크 지역에서 다수의 흑인 노예들을 끌고 왔다. 그리하여 브라질 식민사회는 백인 농장주와 아프리카 흑인 노예로 이분화되고 가부장적인 사회구조를 이루게 되었다. 이 과정에서 자연스럽게 흑인들은 브라질 사회에 측정하기도 어려운 많은 유산을 물려주었다. 앞에서 언급한 낙천성이 대표적인 예이다. 아이러니하게도 백인 농장주들은 아프리카의 흑인들이 부족사회에서 관습화된 노예제도에 익숙했고, 중노동을 강요해도 낙천적인 태도로 잘 버텨냈던 민족이었기 때문에 그들의 상품 가치를 굉장히 높이 평가했다. 낙천성이라는 유산의 이면에 흑인 노예들의 비애와 슬픔이 공존하는 셈이다.

보통 18세 전후의 나이에 브라질로 끌려온 흑인 노예들의 평균 수명이 고작 8년이었다는 점은 그들이 얼마나 열악한 환경에 처해 있었는지를 잘 보여준다. 몇몇은 견디지 못하고 끝내 자살을 택하거나 도망을 하곤 했는데, 붙잡히면 나무에 묶인 채 구타당한 뒤 죽으면 버려졌고, 살면 계속 일하는 식의 비참한 생활이 이어졌다. 도주에 성공한 흑인들은 밀림 속에 마을을 형성하고 위협해오는 백인들로부터 스스로를 지키고자 무술 카포에이라capoeira를 연마해 유산으로 남기기도 했다. 또한 이들은 브라질로 넘어올 때 본토의 타악기 리듬인 바투키 batuque를 전수했는데, 이 리듬이 바로 오늘날 전 세계적으로 유명한 삼바의 뿌리가 되었다.

금 주기   1700년대에 브라질에서는 엄청난 양의 금이 채굴되기 시작한다. 유럽인들이 내세운 신대륙 개척의 주 명목은 가톨릭 전파였지만, 실질적으로는 금에 있었다고 해도 과언이 아니었다. 18세기 초, 안데스산맥 일대에서 금맥이 발견되자 브라질에서도 포르투갈인들이 내륙탐험대를 발족하고 탐사를 시작했다. 그리하여 1720년대에는 연간 25톤의 금이 포르투갈로 실려나갔고, 금의 유출은 비단 포르투갈뿐만 아니라 식민지였던 브라질에도 사회적 격변을 몰고 오게 된다. 대농장주와 노예로 이분화되어 있던 사회구조에서 금을 통해 부를 축적한 중산층이 새로이 등장했고, 그들은 경제력을 바탕으로 자녀들을 프랑스로 유학 보내기 시작했다. 귀국 후 이 자녀들은 자연스레 프랑스 혁명

그림 9-3 브라질의 전통 무술 카포에이라

의 도화선이 되었던 근대 시민 사상의 영향을 받아 브라질의 독립을 꿈꾸기 시작한다.

독립 이후 현재까지

1700년대 초, 아마존 이북 지방에 위치한 프랑스령 기아나로부터 커피 묘목이 브라질로 건너오게 되었다. 그리고 커피는 불과 100년이 지난 시점인 1800년대 초에 들어서자, 사탕수수를 제치고 독립 브라질의 제1위 수출 품목으로 등장한다. 그 이후 오늘날까지 브라질은 세계 최대의 커피 생산국으로 그 명맥을 이어나가고 있다.

독립에 대해 설명하기에 앞서 유념해야 할 부분은, 브라질의 독립이 라틴아메리카 전체의 독립과 비슷한 양상으로 전개되었다는 점이다. 먼저 유럽 대륙에서 프랑스 혁명에 이어 등장한 나폴레옹의 이야기가 주 배경을 이룬다. 포르투갈 왕실은 1806년 대륙봉쇄령을 앞세운 나폴레옹의 최후통첩을 피해 1808년, 식민지 브라질의 수도였던 리우데자네이루로 거처를 옮기게 된다. 그러나 시간이 흘러 나폴레옹이 실각한 후에도 포르투갈 왕실은 귀국할 의사가 없었고, 그 사이에 포르투갈 본국에서 시민혁명이 발생한다. 그 여파로 9세 나이에 브라질로 왔던 왕세자 동 페드루가 전면에 나서게 되는데, 그는 시민혁명 세력의 요구에 굴복하여 먼저 귀국한 아버지의 뜻을 어기고 식민지 브라질의 독립을 선언했다.

수차례의 투쟁 끝에 독립을 쟁취한 브라질이었지만, 독립의 한계는

그림 9-4 독립을 선언하는 왕세자 동 페드루의 모습

여실히 드러났다. 백인들이 브라질에서 구축한 지배 구조는 전혀 바뀌지 않았고, 소수의 백인이 여전히 상류층으로 군림하면서 다수이자 하층민이었던 혼혈인과 흑인들을 착취했다. 특히 브라질의 독립은 식민지 브라질에서 태어난 백인들이 본토 백인들의 압도적 지배에 대한 불만을 동기 삼아 추진된 것이었기에, 결국 본토 백인들에서 식민지 백인들로 단순한 인적 교체가 된 것에 불과했다.

1820년 독립 이후 브라질은 국군을 창설하고자 했으나 비용과 인력 문제로 인해 사탕수수·커피 농장주들이 양성하던 사병들을 모두 국군으로 흡수했고, 사병 우두머리들에게는 대령(코로네우coronel) 직책을 하사했다. 그리하여 이들이 군인의 신분으로 정치권에 개입하면서 농장주들이 정치와 경제를 동시에 쥐락펴락하는 시스템이 구축되었는데, 이것을 코로넬리즈무coronelismo라고 한다.

그다음엔 일명 주지사들의 정치Política dos Governadores가 이어졌다. 독립 이후 브라질은 여러 주로 분할되었지만 광활한 지리적 요건에 비해 통신과 교통시설의 미비로 중앙집권제가 힘을 쓰지 못했다. 그리하여 중앙권력은 주지사들과 결탁하기에 이르는데, 그 결과 왕실과 주지사들 간에 정권과 경제를 나눠먹고 이권에 개입하는 기형적인 정치 구조가 탄생하게 된다. 이러한 주지사들의 정치 시스템은 1930년대까지 지속되었다.

흑인 노예해방 이듬해인 1889년부터 1929년까지 구공화국 시대를 특징짓는 또 다른 정치적 시스템은 카페콩 레이치Café com Leite(밀크커피)라고도 불린다. 여기서 'Café(커피)'는 상파울루주州를, 'Leite(밀크)'는 미나스제라이스주를 상징한다. 즉 북동부 지방이 사탕수수산업으로 누렸던 정치 · 경제 · 사회 · 문화의 헤게모니가 이제는 낙농업과 커피 산업 위주의 미나스제라이스와 상파울루, 그리고 리우데자네이루로 대표되는 남동부 지방으로 이동한 것이다.

20세기 초, 그러니까 1929년 미국의 대공황은 브라질 경제에 큰 혼란을 몰고 왔다. 당시 브라질은 커피 산업이 호황이었고, 미국은 브라질에서 생산되는 커피의 50퍼센트에 달하는 양을 수입하고 있었다. 그런데 미국 경제가 무너지면서 브라질 경제도 파국을 맞았고, 결국 이듬해 혁명으로 새 정권이 들어섰다. 그동안 정치권에서 소외되었던 남부 출신의 제툴리우 바르가스가 정권을 장악하면서 권위주의 정권인

그림 9-5 2003~2010년에 집권한 룰라 대통령

신국가 체제Estado Novo(1937~1945)가 탄생했다.

　1964년부터 1985년까지 군부독재 시절을 겪은 브라질은 1985년에 드디어 민주화를 획득했다. 그러나 그 이후에도 험난한 과정의 연속이었다. 20년에 걸친 독재 기간 동안 억눌려 있던 욕구불만이 사회 전반에 산발적으로 터져 나오면서 브라질은 일대 혼란에 휩싸였고, 인플레이션으로 인한 물가 상승률이 한때 연간 2,000퍼센트를 넘기도 했다. 이에 흔히 1980년대를 '잃어버린 10년'이라고 지칭하기도 한다. 성장통을 거치면서 사회학자였던 카르도주가 정권을 잡은 데 이어 선반공 출신인 룰라 대통령과 호세프 대통령이 차례로 집권하면서 브라질은 큰 변화를 겪었다. 특히 호세프 대통령의 탄핵 이후 우파의 득세 속에 테메르Michel Temer 정부가 집권하는 등 브라질에는 많은 우여곡절이 있었다. 하지만 그만큼 브라질 국민의 정치의식은 높아지게 되었다.

식민지배의 유산

　　　　　　　　　　다인종 사회인 브라질의 화려하고 역동적인 문화의 뿌리는 다름 아닌 혼혈에 있다. 먼저 혼혈의 출신 배경을 알아보기 위해선 그 유산을 낳았던 식민지배 시절로 돌아가야 한다. 식민지 브라질을 구성하던 인종들의 남녀 성비의 차는 흑인 노예, 백인 할 것 없이 무려 9대 1에 육박했다. 성비의 불균형에 의해 다른 인종과 뒤섞일 수밖에 없는 구조였고, 다른 역사와 문화·언어·전통을 가진 민족들과 공존했던 이베리아반도 자체의 식민지배 역사도 브라질의 혼혈에 한몫했다.

두 번째 유산은 1950년대 중공업이 발달하기 전까지 브라질의 경제 모델이 커피, 사탕수수, 철광석 등 1차 산품에 치중된 구조를 갖고 있다. 혹여 국제 시장에서 커피 가격이 불안정하게 요동치면 그대로 브라질 경제 전체에 여파가 미치곤 했다.

부의 양극화도 식민지배가 남긴 지울 수 없는 유산이자 낙인이다. "라틴아메리카의 부자는 미국의 부자를 부러워하지 않는다. 하지만 라틴아메리카의 가난한 사람은 미국의 가난한 사람을 부러워한다"라는 농담조의 말이 현실을 어느 정도 반영하고 있다. 미국의 경우 사회보장제도와 실업 보험의 혜택으로 실업 상태를 이겨낼 수 있는 반면, 브라질을 포함한 라틴아메리카 국가들은 아직도 사회안전망이 허술하기 짝이 없다는 뜻을 내포하고 있다. 그러나 부유층들은 법의 사각지대에서 탈세 등을 통해 서민들이 평생 가져보기 힘든 막대한 부를 굴리고 있다.

물론 경제적 불평등과 빈부격차는 2003년부터 2010년 룰라 대통령의 집권 시기 동안 서서히 해소되었으나 문맹률을 보면 이야기가 조금 다르다. 실질적이고 효율적인 신분상승은 교육을 통해서 이루어지는데, 백인들의 문맹률이 7.18퍼센트인 반면, 흑인들의 문맹률은 두 배인 15퍼센트에 달한다. 소득분포도에서도 백인들이 상위 소득층의 43.4퍼센트를 차지하는 데 반해, 흑인들은 7.55퍼센트밖에 되지 않는다.

사회계층 간의 갈등도 식민시대부터의 고질적인 문제이다. 2006년 브라질의 최대 일간지 중 하나인 「우 이스타두 지 상파울루O Estado de São Paulo」지에 실린 여론조사에서 브라질에 인종차별이 있느냐라는 질문에 대하여 백인 답변자 100명 중 87명이 '그렇다'고 답했으나, 그들이 직접 인종차별을 하느냐는 질문에는 단지 4명만이 '그렇다'고 대답했다. 이 모순적인 결과는 아직도 브라질 사회에 인종차별의 뿌리가 깊다는 것을 암시한다.

그다음 유산으로는 가부장적이고 권위주의적인 사고방식이다. 외적인 모습으로 브라질이 굉장히 개방적인 사회라고 생각하기 쉬우나, 상파울루나 리우데자네이루를 벗어난 내륙 지방에는 농장주와 농노로 대표되는 과거 식민시대의 폐쇄적인 사회 모습이 남아 있다. "흑인은 자신이 어디에 있어야 할지 잘 안다. 여자가 있을 곳은 부엌이다"라는 표현이 이를 단적으로 보여 준다.

앞에서 언급했지만 포르투갈어와 가톨릭은 가장 대표적인 브라질 식민지배 시절의 유산이다. 브라질 사람들이 스페인어나 영어와 같은 외국어에 배타적이고, 개신교의 약진 속에서도 가톨릭 신자들이 종교 인구의 큰 부분을 차지하는 것도 포르투갈이 남긴 현재 브라질의 모습이다. 사회적 · 경제적 모순들도 식민 역사를 거쳐 오늘날 브라질이 안게 된 자화상이며, 이러한 모습들은 카니발이나 축구, 삼바와 같은 사회문화적 현상을 이해하는 데 많은 도움을 준다.

📖 권장 서지

릴리아 모리츠 쉬바르츠 외(2014), 『브라질 어젠다: 브라질인의 눈으로 본 현대 브라질의 48가지 모습』(박원복 옮김), 세창미디어.

박원복(2014), 『룰라, 소통의 리더십을 보여줘』, 탐.

박원복, 양은미 엮음(2014), 『브라질: 변화하는 사회와 새로운 과제들』, 한울아카데미.

보리스 파우스투(2012), 『브라질의 역사: 식민화에서 민주화까지, 커피의 땅 브라질의 역사를 읽는다』(최해성 옮김), 그린비.

주경철(2005), 『문화로 읽는 세계사』, 사계절.

예기치 않은 제국의 수확

라티노 인구와 이민의 원인

　　　　　　　　　라틴아메리카에서 미국으로 온 이민
자를 라티노latino 또는 히스패닉hispanic이라고 부른다. 2016년 인
구조사에 의하면 이들 이민자의 수는 5,800만 명에 달하며 멕시코
계·푸에르토리코계·쿠바계 이민자가 주요 구성 인구로서 캘리포니
아, 텍사스, 뉴욕, 플로리다 등에 집중되어 있다. 이들의 지속적 이동
으로 인해 북미와 남미를 종단하는 반구적 움직임과 유기적 연결이 강
화되고 있다.

　멕시코계 이민자는 19세기 중반부터 계속 국경을 넘나든 반면, 푸에
르토리코계 이민자는 1950년대에, 쿠바계 이민자는 쿠바 혁명 이후에
대규모로 이주해 정착했다. 1980년대 중미에서 발발한 내전과 1990년
대 라틴아메리카의 경제 위기로 인해 이 지역 출신 이민자가 급증하면
서 라티노 인구의 국적이 한층 더 다양해졌다. 세대별 차이나 영어 사
용도, 문화적 동화도, 거주지역이 이전에 비해 다변화되면서 라티노
는 현재 미국 사회 전반에 걸쳐 유례없는 영향력을 드러내고 있다.

라티노 이민의 역사를 이해하기 위해서는 미국의 영토 확장과 제국주의적 팽창을 잘 살펴보아야 한다. 특히 미국이 19세기 중후반부터 중미와 카리브에서 시도한 정치 개입과 경제 수탈은 투자자와 은행가, 농장주, 특히 설탕 플랜테이션 지주의 독점을 유발하였고, 그곳에서 지극히 종속적인 경제 체제를 만들어낸다. 그곳의 노동자들은 미국 회사와 다국적 기업에 저임금 노동력을 제공하면서 현재의 번영을 이룬 기반의 일부가 된다. 이 지역 국가가 더 이상 일자리를 제공하지 못하자, 그곳 국민들은 목숨을 걸고 북으로 이동하게 된다. 그래서 라티노에게 이민은 더 나은 삶의 기회라기보다는 생존을 위한 불가피한 선택이었다.

멕시코계 미국인과 노동이민

미국의 남서부 지역은 원래 멕시코 땅이기 때문에 멕시코계 인구 중 소수는 이민자가 아닌 이 땅의 적자라고 할 수 있다. 1848년 미국-멕시코 전쟁 이후 리오그란데강이 두 국가의 국경이 되었고, 멕시코는 1,500만 달러라는 헐값에 오늘날의 뉴멕시코주, 애리조나주, 캘리포니아주, 유타주, 네바다주, 콜로라도주, 와이오밍주의 일부를 미국에 팔아야만 했다. 이를 계기로 이곳의 멕시코 거주민은 원치 않게 미국의 이등 시민이 되어 정치적 · 경제적 소외를 경험하게 된다.

16세기 스페인 사람들이 남서부 지역을 탐험하면서 수도원을 설립했고, 그곳에 신부, 군인, 지배 귀족층이 이주해 살았다. 1820년대를 기점으로 미국은 영토를 팽창하면서 스페인으로부터 플로리다를, 프 랑스로부터 루이지애나를 매입한다. 1836년경 텍사스가 멕시코로부 터 독립해 공화국을 건설하자, 1845년 이곳 또한 병합한다. 미국은 1848년 과거 멕시코 땅인 텍사스와 캘리포니아 지역을 전부 다 차지 하고, 1853년 개즈던 지역까지 매입한다. 멕시코 입장에서 본다면 영 토의 40퍼센트를 상실하고 풍부한 광산물과 목축업까지 빼앗기는 결 과를 맞은 것이다. 19세기 후반, 이 지역에 살던 멕시코 사람들은 경제 적으로 완전히 몰락하면서 하층 노동인구로 전락하고 인종차별을 받 게 된다.

　1836년 텍사스의 공화국 선언은 멕시코 측에서 본다면 지방 반란에 해당된다. 멕시코의 산타 아나Antonio López de Santa Anna 장군은 군인들을 이끌고 가서 샌안토니오에 있는 알라모 요새의 반란군을 전

그림 10-1 1783~1853년 미국의 영토 확장 지도

멸시키는데, 당시 이 성에 있던 앵글로 이주자들과 멕시코 주민 130여 명이 결사항전의 자세로 저항을 펼치다가 죽음을 맞이한다. 미국에서는 이 전투가 우국충정의 한 예화로 회자되지만, 이곳이 원래 멕시코 땅이었다는 사실은 정확히 강조되지 않는다. 미국의 지원을 받은 텍사스는 알라모 패배 이후 샌저신토 전투에서 승리를 거두고 공화국으로 독립한다. 1848년 미국의 포크James Polk 대통령은 멕시코와 명분 없는 전쟁을 일으켜 수도까지 점령한 후 멕시코의 항복을 받아낸다.

합병 후 남서부 지역에서 농장(란초rancho)을 경영하던 대농장주들은 법률상 농토 소유권을 방어하지 못한 채 골드러시 이후 들어온 백인들에게 밀려 영토를 상실하고 만다. 그로부터 20~30년이 채 지나지 않아 이 지역에 남아 있던 멕시코계 후손 대다수는 미국의 저임금 노동자로 전락하게 된다. 멕시코계 인구가 크게 증가한 것은 1910년에서 1917년 사이에 발발한 멕시코 혁명에 의해서이다. 혁명을 거치면서 사회 소요를 두려워한 멕시코 국민이 대거 남서부 지역으로 이주한 때문이다. 1850년대에서 1920년대까지의 역사를 보면 농업뿐 아니라 철도, 광산, 제조업, 서비스업 등 다양한 분야에서 멕시코 이민자가 저임금 노동력을 제공했다는 사실을 알 수 있다. 1930년대까지 멕시코인이 지속적으로 이주하지만 1930년대에서 1940년대 사이에 약 100만 명의 이민 인구가 대폭 감소하는데, 이는 미국이 대공황으로 인해 자국민의 실업이 늘면서 대규모 이민자 송환 정책을 펼쳤기 때문이다.

제2차 세계대전으로 인해 유럽에서 건너온 이민 노동력이 줄어들자 미국은 멕시코와 브라세로 프로그램Bracero Program이라는 임시농업노동협정을 맺는다. 미국 내 여러 정치적 논란에도 불구하고 1942년부터 1964년까지 이 제도가 유지된다. 이 기간 동안 멕시코에서 약 500만 명의 노동자가 한시적으로 미국으로 들어와 노동에 가담하지만, 멕시코 측의 요구와는 달리 노동조건의 개선이나 최저임금제 등은 지켜지지 않았다. 미국은 노동력이 필요할 때마다 멕시코의 노동자들을 불러오고 국내 정세가 불리할 때는 무자비하게 돌려보내는 역사를 반복한다. 노동자 규모가 커지고 불법이민자에 대한 반감이 불거지자, 1954년 또 다른 송환 정책인 '젖은 등 작전Operation Wetback'을 펼쳐 약 130만 명의 노동자를 멕시코로 송환시킨다.

브라세로 프로그램이 종료된 이후에도 불가피한 노동력 수요로 인해 새로운 형태의 단기 노동 프로그램을 운영했지만, 불법이민자 또한 지속적으로 증가했다. 1986년 이민법 개정으로 약 230만 명의 불법이민자들이 합법화되었으나, 국경을 통제하고 강화하면서 멕시코인의 유출입이 어려워진다. 멕시코는 1980년대 외환 위기, 1990년대 페소 위기를 겪으면서 경제 상황이 크게 나빠진다. 1994년 북미자유무역협정을 통해 해외투자를 유치하고 제조업을 활성화함으로써 불법이민자

그림 10-2 브라세로 노동자들의 모습

를 감소시키겠다는 포부를 드러냈으나 실제로는 반대의 효과를 거두게 된다. GDP의 상승에도 불구하고 양극화 현상이 심화되고 농업, 소규모 상공업, 은행업 등에서 일자리가 소실되면서 실직자들이 미국으로 불법 월경하는 사례가 급증한다. 이것은 거시적으로 본다면 1990년대 이후 가속화된 글로벌 자본의 이동과 신자유주의적 경제 시스템으로 인해 라틴아메리카가 치러야 하는 희생의 한 실례라고 할 수 있다.

이후에도 멕시코 이민이 지속적으로 증가하지만, 2005년 이래 미국의 경제 위기가 심화되면서 이민자의 수가 감소하는 추세로 바뀐다. 그래서 지금은 미국으로 유입되는 인구보다 멕시코로 귀환하는 인구가 더 많은 것으로 드러났다. 2016년 현재 멕시코계 인구는 3,600만 명으로 이 중 1,200만 명이 멕시코 태생 이민자이다. 또한 1,100만 명이 넘는 불법이민자의 50퍼센트 이상이 멕시코 출신으로 추산된다.

푸에르토리코인: 시민권자의 이민

푸에르토리코는 다른 국가와 달리 비자 없이 미국 출입이 가능한 독특한 자치령이기 때문에 주민들이 비교적 손쉽게 이주해왔다. 푸에르토리코의 신식민적 상황이 만든 왜곡된 경제 시스템과 미국에 대한 과도한 의존이 이민을 촉발하고 부추겨왔다고 하겠다. 1898년 미국-스페인 전쟁 이후 미국은 푸에르토리코의 행정부 임명권뿐 아니라 통상·외교·국방 등 거의 모든 권한을 차지하고, 미국인이 사탕수수 플랜테이션을 손쉽게 소유하도록 법을 개정한다. 또한 1917년 존스 법안을 만들어 섬 주민들에게 미

그림 10-3 『1948~1998년 뉴욕시의 푸에르토리코 선구자들 II
Pioneros II Puerto Ricans in New York City 1948~
1998』책의 표지

국 시민권을 강제로 부여함으로써 독립의 기운을 억누르고 군대 징집권을 획득한다. 푸에르토리코의 루이스 무뇨스 마린Luis Muñoz Marín 총독은 1940년대부터 '부츠스트랩Bootstrap'이라는 산업자립화 정책을 펼치지만 대부분 실패로 돌아가고, 푸에르토리코의 현 위기를 야기한 본질적 문제점들을 잉태시킨다. 이에 무뇨스 마린 정권은 경제 실리를 위해서는 독립보다는 자치권이 낫다고 판단했고, 섬 주민들로 하여금 '미연방'이라는 지위를 선택하도록 만든다.

1930년대에 이르면 푸에르토리코는 거의 단일 농산품인 설탕 생산국으로 변모하는데, 설탕 값과 양을 미국이 조정하면서 의존적인 경제 체제를 갖게 된다. 심각한 허리케인과 경제 대공황으로 설탕 값이 폭락하면서 실업자가 대량으로 양산된다. 따라서 정부는 섬 내부의 제조업으로는 충분한 일자리를 제공할 수 없다는 판단하에 실업률 해소를 위해 이민을 독려하는 정책을 펼친다. 이로 인해 1950년대 섬 주민들은 저가의 항공비와 시민권이라는 역설적 혜택을 통해 약 50만 명이 산후안에서 뉴욕으로 건너가게 된다.

그러나 뉴욕시에 밀집해 거주한 푸에르토리코 사람들은 또 다른 실직과 가난에 직면한다. 1960년대로 접어들면서 미국이 본격적으로 후기 산업시대를 맞아 제조업 분야의 전반적 재편을 진행했기 때문이다. 또한 1970년대부터 다른 카리브 및 아시아 출신 이민자 인구가 뉴욕에 급증하면서 저임금 노동 경쟁에서도 밀리게 된다. 뉴욕시가 재정 위기로 인해 복지예산과 공공정책을 축소하자, 새로운 일자리를 구하지 못한 푸에르토리코 이민자들은 결국 연방 복지제도에 의존하게 된다. 이것은 그들을 가난에 가두는 이중의 굴레가 되면서 중산층으로 진입하는 데 장애로 작용한다.

　현재 푸에르토리코 사람들 중 530만 명이 미국의 본토에, 340만 명
이 섬에 거주하며, 인구 규모에 비해 예술 분야, 특히 음악 분야에서
상당한 두각을 나타낸다. 이민 초기에는 뉴욕 맨해튼 14번가 근처의
로어 이스트 사이드, 흔히 '로이사이다'라고 불리는 지역과 이스트 할
렘으로 알려진 스패니쉬 할렘 지역, 사우스 브롱스 지역에 밀집해서
살았다. 이들은 미국 시민권자이지만 이류 시민으로 취급받았고, 특히
흑인계 푸에르토리코인의 경우 검은 피부색으로 인해 극심한 인종차
별에 시달렸다. 그러나 점차 정치의식의 성장과 함께 시민운동 및 노
동운동에 참여하게 되었고, 1958년부터 '푸에르토리코 날 퍼레이드'와
같은 공동체 행사를 개최하면서 문화적 응집력을 드러내고 있다.

그림 10-4　2014년 푸에르토리코 날 퍼레이드 모습

푸에르토리코는 지난 수십 년간 연방세 면제라는 혜택을 통해 미국 기업을 유치시켜 제약사업을 비롯한 제조업 분야의 발전을 이뤘으나 2006년 이 조항이 완전히 폐지된 후 더욱 급속한 경기침체를 겪고 있다. 독특한 국가 지위로 인해 미국 경제 정책에 따라 급격한 부침을 겪지만 그렇다고 미연방의 재정적 도움을 받을 수 있는 합법적 여건을 갖춘 것은 아니다. 현재 푸에르토리코 정부는 예산 적자를 메울 정책도, 외채 상환을 할 방안도 찾지 못한 채 극복하기 어려운 재정위기 상태에 빠져 있다. 이런 위기 상황으로 인해 최근 들어 매년 섬을 떠나는 인구수가 급증하고 있다. 미국 본토 내 이동 또한 큰 편으로, 1980년대 이후 북동부 밀집지역에서 남부로 많이 이주한다. 이들의 이주는 플로리다의 라티노 인구 구성과 가난한 집단이라는 기존 이미지에 큰 변화를 주고 있다. 이민자 중 전문 직업군이 30퍼센트를 차지하고 있어 앞으로 이 지역의 경제적 위상, 비즈니스, 그리고 선거 결과에도 영향을 미치게 될 전망이다.

쿠바계 이민자: 정치 난민

쿠바계 미국인은 다른 라티노와 달리 정치 난민이라는 이민사를 가지고 있다. 이들은 현재 약 210만 명으로 쿠바 출생이 57퍼센트, 미국 출생이 43퍼센트이다. 이 수치만 보아도 초기 쿠바 이민자들이 지닌 반공산주의적인 정서가 많이 감소했으리라는 것을 짐작할 수 있다. 인구의 65퍼센트가 플로리다에 살며, 이 중 45퍼센트가 마이애미에 거주한다는 점이 중요한데, 이것이 다른 카리브 출신 인구와는 달리 강력한 공동체를 기반으로 단기간 내 경제적으로 급부상할 수 있었던 요인이기 때문이다.

쿠바인들은 미국-스페인 전쟁 이전부터 담배 사업이나 정치적 목적으로 인해 뉴욕이나 플로리다로 건너와 살았다. 19세기에는 플로리다의 키웨스트, 탬파와 아바나를 연결하는 증기선이 많이 운행될 정도로 이 지역의 무역이 활발했다. 그러나 이민 인구가 폭발적으로 늘어난 계기는 바로 쿠바 혁명으로, 카스트로에게 동조하지 않는 친바티스타들이 대규모로 망명을 떠났기 때문이다. 당시 이주한 21만 명 중 많은 수가 중상류층에 속한 지배계층과 전문직, 즉 백인 엘리트들이었다. 반공산주의라는 정치적 이유로 미국은 이들에게 정치 난민의 지위를 주면서 정착 지원 서비스라는 특혜를 제공한다. 그러나 1962년 미사

그림 10-5 마이애미 박물관에 전시되어 있는 자유 비행 관련 기사

일 위기 이후 항공 노선이 취소되고 다시 교류가 단절된다.

1965년에서 1973년 사이에는 자유 비행과 황금 난민으로 불리는 제2의 이민 물결이 생겨난다. 카스트로가 항구 개방과 항공편 재개를 허가하자 26만 명 정도가 이주하는데, 미국 측에서는 이를 '자유 비행'이라고 명명했다. 미국의 재정착 프로그램의 도움을 받은 이들은 마이애미시 남부 리틀 아바나Little Havana 지역에 밀집해서 거주하게 된다.

미국은 카스트로의 패망을 간절히 원했기 때문에 쿠바 난민들에게 은행 대출, 의료 및 교육 서비스, 이중언어 프로그램 등 가능한 모든 혜택을 제공하면서 정착을 도왔다. 그래서 이들을 '황금 난민'이라고 명명한다. 이민자들 또한 높은 교육수준과 자본 덕분에 금융업, 건설업, 의류제조업 등의 분야에서 곧바로 성공을 거두었다.

그림 10-6 마이애미시 남부 리틀 아바나 지역의 카예 오초 풍경

그러나 1970년대 중반부터 카스트로가 관광객을 불허하고 이민을 금지했기 때문에 쿠바인들은 주변 국가를 통해 탈출을 시도한다. 급기야 카스트로는 1980년 마리엘 항구를 개방해 일부 희망자들에게 이주를 허가했고 정신질환자, 죄수, 동성애자들 또한 쿠바를 떠나게 만들었다. 당시 배를 타고 떠난 12만 5,000명이 제3의 이민 물결에 해당한다. 이들은 마리엘 보트를 타고 왔으므로 '마리엘리토marielito'라고 불렸는데, 과거와는 달리 가난한 흑인이 많았기 때문에 공동체 내부에 쉽게 정착하지 못했고, 미국인들 또한 이들을 향한 적대감을 감추지 않았다.

1990년대 미국이 금수조치를 한 후 쿠바가 심각한 경제 위기를 겪게 되자 보트로 탈출을 감행하는 사람들이 증가한다. 1994년 클린턴 대통령은 보트피플인 '발세로balsero'가 몰려오자 쿠바계 이민자들에게 더 이상 특별 난민 대우를 하지 않겠다고 선언한다. 더구나 탈출한 사람들 중 많은 수가 흑인이었기 때문에 쿠바 공동체 내에서도 계급 간 갈등이 생기고 네트워크가 단절되는 등 과거 공동체가 누렸던 연대적 분위기와는 거리가 먼 풍경이 연출되었다.

현재 마이애미 공동체는 1960년대 공동체와는 확연히 다른 모습을 보인다. 전체 이민자의 50퍼센트가 1990년대 이후 이주한 사람들로서 과거에 비해 반카스트로적 · 반공산주의적 성향이 감소되었고, 민주당 지지자가 증가했으며, 쿠바와의 관계에 상당히 우호적인 입장을 표명한다.

라티노의 인구분포

[그림 10-7]을 보면 라티노 인구 밀집지역이 1836년 미국-멕시코 국경을 가르던 경계선 안쪽에 분포함을 알 수 있다. 라티노 인구의 60퍼센트 이상이 멕시코 출신이기 때문에 미국의 남서부 지역 전반에 걸쳐 멕시코계 인구가 두루 거주한다고 볼 수 있다. 이를 보고 '레콩키스타reconquista', 즉 '영토 재정복'이라고 부르기도 한다.

1980년 이후 중미와 카리브의 정치적 · 경제적 위기가 심화되면서 미국으로의 대규모 이민이 이루어진 결과, 도미니카공화국 출신 180만

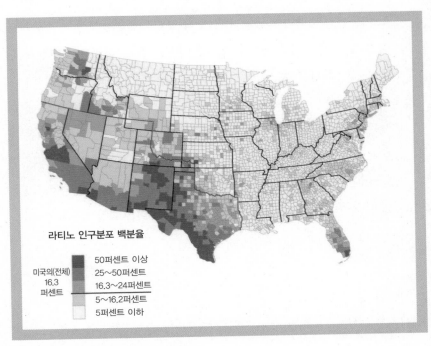

라티노 인구분포 백분율

미국의(전체)
16.3
퍼센트

50퍼센트 이상
25~50퍼센트
16.3~24퍼센트
5~16.2퍼센트
5퍼센트 이하

그림 10-7 2010년 라티노의 인구분포도

명, 엘살바도르 출신 210만 명, 과테말라 출신 140만 명 등 다양한 국
적의 라티노 인구가 증가했다.

　이들 라티노 인구는 제국주의적 팽창과 수탈을 펼쳐온 미국의 예기
치 않은 수확으로 볼 수 있다. 이민을 떠나온 수많은 라티노의 현재
를 역사적 맥락에서 고찰하다 보면 미국과 라틴아메리카 사이에 존재
해온 제국주의적 위계질서를 이해하게 된다. 후안 곤살레스Juan
Gonzáles는『미국 라티노의 역사*Harvest of Empire*』에서 지난 200년
간 남에서 북으로 이전한 대규모 부의 증가와 미국으로 향하는 라틴아
메리카인들 사이의 질긴 연줄을 추적해야 한다고 역설한다. 한쪽이 다
른 쪽 없이는 결코 존재하지 못했으리라는 것이다. 따라서 이러한 인
구 이동에 연대책임이 있는 미국은 거대한 경제 공동체적 운명에 가담
해온 합법 혹은 불법 라티노 이민 인구에 대해 근본적으로 다른 시각
을 가져야 한다고 주장한다.

　최근 들어 이민 추세가 다소 주춤하지만, 높은 출산율로 인해 큰 성
장세를 보이는 라티노 인구가 미국의 미래 사회에 큰 변화를 가져올 것
으로 예상된다. 2050년에는 미국 인구의 3분의 1에 이를 것이라는 연
구기관의 예측에서 알 수 있듯이, 라티노 인구는 특정 도시와 문화의 한
계를 넘어 현재 사회의 모든 부문에서 그 영향력을 확장해가는 중이다.

권장 서지

강준만(2010), 『미국사 산책 2』, 인물과사상사.

김현균, 이은아 엮음(2013), 『라티노/라티나: 혼성문화의 빛과 그림자』, 한울.

임상래(2013), 『라티노와 아메리카: 라티노, 히스패닉, 치카노, 그들은 누구인가?』, 한국학술정보.

주종택(2013), 『라틴아메리카의 국제노동이주와 초국가적 공동체』, 한국학술정보.

후안 곤살레스(2014), 『미국 라티노의 역사』(이은아, 최해성, 서은희 옮김), 그린비.

Part 2

라틴아메리카 깊게 읽기

콜럼버스의 '신대륙 발견'에서
안데스 '행복론'까지: 종으로 푸는
라틴아메리카의 사회와 문화

'신대륙 발견'과 라틴아메리카

"1492년 신대륙을 발견했다"?

　　　　　　　　라틴아메리카와 라틴아메리카의
문화를 잘 이해하려면 이른바 '신대륙 발견'과 관련된 담론을 분석하고
그 의미를 살펴보는 것이 필요하다. 우리가 자주 들었던 "1492년 콜럼
버스가 신대륙을 발견했다"라는 말에 라틴아메리카에 대한 편견과 오
해가 많이 내재되어 있기 때문이다. "1492년 콜럼버스가 신대륙을 발
견했다"에 담겨 있는 다양한 의미는 라틴아메리카를 폭넓게 이해하는
데 도움을 준다.

　먼저, '발견'이라는 표현을 살펴보기로 하자. 이 말에는 발견자들이
그 전에는 존재하지 않았던 것을 찾아냈고, 이렇게 발견한 것은 자신
들의 소유라는 생각이 담겨 있다. 그래서 "1492년 콜럼버스가 신대륙
을 발견했다"라고 쓴 것은, 유럽인들의 입장에서 아메리카 대륙에 존
재했던 원주민 문화를 폄하하고 아메리카 대륙에 대한 자신들의 소유
권을 주장하고 있는 셈이다. 물론 이런 소유권의 신학적·법률적 토대
에 관한 학자들의 논쟁도 치열하게 전개되었다. 다른 한편으로 유럽인

들의 관점이 내재되어 있는 '발견'이라는 표현 대신에 정복, 발명, 만남 등의 용어가 사용되기도 한다.

'정복'으로 보는 시각은 라틴아메리카 입장에서 1492년에 벌어진 이 사건을 이해하는 방식이다. 아메리카 대륙이 발견된 것이 아니라, 1492년 유럽 정복자들이 아메리카 대륙을 정복하고 식민화했다는 것 이다. '발명'이라는 말에는 1492년 콜럼버스가 도착해서 실제 아메리 카 대륙의 모습과는 전혀 다른 허구의 아메리카 대륙을 만들었다는 의 미가 들어 있다. 정복 이후에 아메리카에 대한 왜곡된 정보를 통해 유 럽인들의 환상을 자극하는 이국적인 대륙을 만들어냈다는 것이다. 1992년 신대륙 발견 500주년을 기념하기 위해 사용된 '만남'이라는 표

그림 11-1 콜럼버스의 신대륙 도착

현은 다소 중립적인 관점이다. 그렇지만 '만남'이라는 말에서는 정복과 억압이라는 역사적 사실이 사라진다. 이에 엔리케 두셀Enrique Dussel 같은 학자는 '은폐'라는 표현을 통해 이 사건이 갖는 의미를 새롭게 해석한다. 1492년 콜럼버스가 신대륙에 도착했을 때 존재했던 테노치티틀란이라는 도시를 예로 들 수 있다. 기록에 따라 다르기는 하지만, 이 도시에는 당시 약 20~25만 명에 달하는 인구가 살고 있었다. 이 시기에 이 정도의 인구 규모를 가진 지역은 베이징과 테노티치틀란 두 군데에 불과했을 만큼 거대한 도시였다. 즉 아메리카 대륙에는 유럽보다 훨씬 더 높은 수준의 문명과 도시가 존재했던 것이다. 그러나 정복자들의 기록 속에는 이 도시의 놀라울 정도로 높은 수준의 문명이 아니라, 미개한 원주민과 이국적인 자연이 과장된 형태로 나타날 뿐이다. 정복과 식민이 손쉽도록 아메리카 대륙에 있던 높은 수준의 문명과 정치 체제를 의도적으로 은폐시킨 것이다.

이렇게 "1492년 콜럼버스가 신대륙을 발견했다"는 말에는 당시 발전된 아메리카 대륙과 원주민 문화를 무시하는 태도가 숨어 있다. 따라서 유럽적인 시각이 들어 있는 '발견'이라는 표현보다는, 보다 적절하게 당시의 상황을 드러내는 용어를 선택하는 것이 필요하다. 우리나라의 경우에도 최근 '신항로 발견'이라는 용어를 많이 사용하고 있다.

아메리카 대륙을 구대륙인 유럽과 비교하여 신대륙이라고 부르는 것도 주의 깊게 생각해볼 필요가 있다. 이 시기의 유럽인들이 아메리카 대륙을 신대륙이라고 했을 때는 지금 우리가 갖고 있는 긍정적인 느낌보다 다소 부정적인 의미가 담겨 있다. 헤겔이 『역사철학강의』에서 말한 것처럼 "유럽은 완성된 역사이고 나머지는 미개하거나 아직

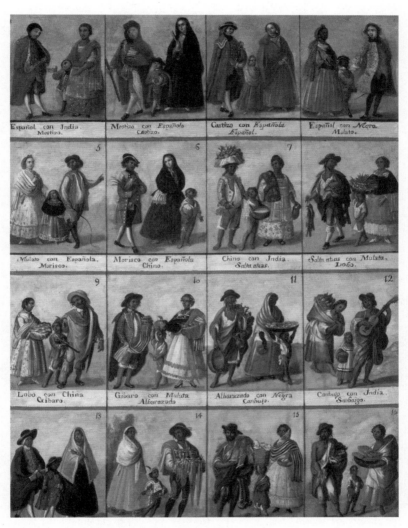

그림 11-2 식민시기의 다양한 인종 구분을 보여주는 그림

미성숙한 대륙"이라는 것이다. 따라서 아메리카 대륙을 신대륙이라고 부를 때에는 아메리카 대륙이 아직 미성숙하기 때문에 성숙한 유럽 문명의 지배를 받아야 한다는 생각이 내포되어 있다. 이처럼 신대륙 발견은 유럽의 우월성을 증명하고, 이른바 유럽 중심주의가 만들어지는 배경이 되었다. 유럽 중심주의가 유럽인들이 우월하다는 주장이라면, 자신들과 비교해 열등한 타자가 필요했던 것이다. 결국 이 타자를 아메리카 대륙에서 살고 있던 원주민들에게서 발견하고 자신들의 우월성을 주장했다. 따라서 1492년 아메리카 대륙의 발견은 타자가 만들어지고 유럽 중심주의가 작동하는 계기가 되었다고 할 수 있다.

유럽인들이 자신들의 우월성을 강조하는 태도는 자연스럽게 인종주의로 이어진다. 특정 인종이 다른 인종보다 신체적 · 지적 · 종교적으로 우월하다고 생각하고, 열등한 인종에 대한 지배를 당연시하는 것이 인종주의이다. 유럽뿐만 아니라 라틴아메리카에서도 이런 인종주의가 뿌리를 내리면서 식민지배가 정당화되었다. 라틴아메리카에서도 인종주의는 크게 보아 백인, 메스티소, 원주민, 흑인 사이의 권력관계로 나타났다. 인종별 권력 구도에서 최상위에는 백인이, 가장 밑바닥에는 원주민과 흑인이, 가운데에는 원주민과 백인 사이의 혼혈인 메스티소가 위치했다. 이렇게 유럽에서 건너온 백인이 메스티소, 원주민, 흑인들을 지배하던 사회가 식민지 사회였다. 식민지배가 무려 3세기 동안 지속되었는데, 여기에 인종주의가 매우 큰 영향을 끼쳤던 것이다. 식민지배가 안정적으로 유지되기 위해서는 메스티소 계층이나 원주민, 흑인 등이 백인들의 지배에 저항하지 않아야 했다. 군사력과 정치권력을 통한 강제력뿐만 아니라 인종주의를 통해 백인들의 우월성을 내면

화했던 것이 백인들의 식민지배를 강화하는 주요 요소였다. 물론 지역과 시기에 따라 백인들의 지배에 대한 산발적인 저항이 있었지만, 엄격한 인종 구분과 인종주의가 식민지를 운영하는 데 중요한 근거로 작동했던 것은 사실이다.

마지막으로 콜럼버스Colombus라는 이름을 살펴볼 수 있다. 콜럼버스는 이탈리아 제노바 태생의 탐험가로 원래 이름은 콜롬보Colombo였다. 그가 원래 이름인 콜롬보나 스페인식 이름인 콜론Colón이 아니라 영어식 이름인 콜럼버스로 흔히 불리는 것은, 영어를 사용하는 사람들이 만든 세계사를 우리가 배우고 익숙하게 받아들인 까닭이다. 라틴아메리카 대륙도 마찬가지라고 할 수 있다. 우리가 알고 있는 라틴아메리카 대륙도 어떻게 보면 누군가가 자신들의 입맛에 맞게 만들어낸 이미지를 받아들이고 이를 소비하고 있을 가능성이 크다. 콜럼버스라는 이름을 통해 우리가 알고 있는 세계사가 특정 세력의 입장에서 쓰인 것이 아닌가 하는 비판적인 질문을 던질 수 있다. 나아가 이 질문을 라틴아메리카에 대해 던져보는 것은 라틴아메리카를 보다 사실적으로 이해하는 첫걸음이 될 것이다.

라틴아메리카의 다양성

우리가 흔히 라틴아메리카라고 부르는 이 지역은 히스패닉 아메리카, 이베로아메리카, 라틴아메리카라는 이름을 통해 좀 더 자세하게 분류된다. 스페인의 옛 명칭인 이스파니아 Hispania에서 유래한 히스패닉 아메리카Hispanic America는 아메리카 대륙에서 스페인어를 쓰는 지역만을 따로 분류할 때 사용한다. 이 지역의 33개 독립국 중에서 18개국이 히스패닉 아메리카에 속한다. 이베로아메리카Ibero-America는 이베리아반도의 언어를 쓰는 나라들을 지칭한다. 즉 스페인어와 포르투갈어를 사용하는 나라들로, 앞서 말한 스페인어 사용 국가들에 포르투갈의 식민지였던 브라질을 더하면 된다. 히스패닉 아메리카나 이베로아메리카보다 더 자주 사용하는 라틴아메리카라는 용어는 19세기 중엽 이 지역에서 확대되고 있던 미국의 영향력에 맞서 자국의 이익을 보호하기 프랑스가 만들어낸 개념이다. 프랑스는 미국 중심의 앵글로색슨과 대립되는 라틴이라는 개념을 사용하여 라틴아메리카라는 새로운 분류의 범주를 만들었다. 라틴아메리카에 속하는 국가들의 결속을 통해 이 지역에서 자신의 헤게모니를 강화하려고 했던 것이다. 라틴어 기원의 로망스어인 스페인어, 포르투갈어, 프랑스어를 사용하는 국가들을 묶어서 라틴아메리카라고 부른다. 물론 식민시대 영국의 영향으로 카리브 지역의 경우에는 영어를 사용하는 자메이카나 트리니다드토바고 같은 작은 나라들이 존재한다. 이 지역은 라틴아메리카에 엄격하게 포함되지 않기 때문에, '라틴아메리카와 카리브 지역Latin America and the Caribbean'이라는 개념을 사용하는 것이 최근 서구 학계의 추세이다.

라틴아메리카는 하나의 공통된 문화를 가진 지역으로 생각된다. 그러나 라틴아메리카는 언어의 차이에서 드러나는 것처럼 다양한 문화가 공존하는 지역이다. 라틴아메리카 문화는 칠레·아르헨티나·우루과이와 같이 유럽의 영향이 아주 강한 지역, 안데스산맥의 볼리비아나 에콰도르와 같이 원주민 문화가 강하게 남아 있는 지역, 카리브 지역과 같이 아프리카 문화의 영향이 강한 지역, 그리고 멕시코처럼 메스티소 전통이 강한 지역으로 크게 나눠볼 수 있다. 이들 지역의 특색은 인종 구성에서도 잘 드러난다. 우루과이는 백인이 78퍼센트에 달할 정도로 인구의 절대다수가 백인이다. 멕시코는 53퍼센트 정도가 백인과 원주민의 혼혈인 메스티소로 이루어져 있다. 안데스 지역 국가들의 경우에는 상대적으로 원주민 인구의 비율이 매우 높다. 또한 카리브해에 있는 도미니카공화국은 흑인계 인구가 다른 나라에 비해서 상대적으로 많다. 이렇게 지역별로 인구 구성이 다른 것처럼 지역마다 음식, 음악, 복식 등 문화적인 정체성에서도 많은 차이가 있다.

그럼에도 불구하고 식민과 독립이라는 공통의 역사적 경험과 가톨릭과 스페인어가 많은 국가에서 주류 문화임을 고려하여 라틴아메리카를 동일한 문화권으로 파악하기도 한다. 라틴아메리카 공통의 문화적 특징을 강조하는 경향과 달리, 개별 국가들의 문화적 특징을 강조하면서 공통의 문화권으로 보는 것을 비판하는 입장도 있다. 따라서 라틴아메리카로 일반화하기보다는 몇 개의 권역으로 나누어 라틴아메리카가 가지고 있는 다양성을 살펴보는 것이 적절할 수도 있다. 지역별로 존재하는 문화의 차이들이 라틴아메리카를 서로 겹치면서 다양한 문화를 조형해내는 혼종성hibridity의 공간으로 만들기 때문이다.

마콘도주의와 혼종성

라틴아메리카 문화와 관련해 주의해야 할 점은 라틴아메리카와 관련된 스테레오타입이 존재한다는 것이다. 게으

름, 혼란, 부패, 서부 악당 등 라틴아메리카와 관련된 많은 부정적인 스테레오타입은 라틴아메리카를 부정적으로 보게 만든다. 이런 부정적인 스테레오타입 중 대표적인 것이 마콘도주의(마콘디즘macondism)라고 할 수 있다. 이것은 가브리엘 가르시아 마르케스Gabriel García Márquez의 작품으로 라틴아메리카를 대표하는 소설 『백년의 고독 Cien años de soledad』의 배경인 마콘도Macondo에서 유래했다. 이 마콘도에서는 비현실적이고 환상적인 일들이 굉장히 많이 일어나는데, 『백년의 고독』이 엄청나게 큰 상업적 성공을 거두면서 널리 알려져 라틴아메리카를 마치 마콘도처럼 보려는 태도가 나타난다. 이렇게 라틴아메리카를 서구와 달리 환상적이고 비현실적인 어떤 공간, 즉 마콘도처럼 바라보는 입장을 마콘디즘이라고 한다. 마콘디즘에 따르면 라틴아메리카는 여전히 과거에 머물러 있고, 서구인들의 이국적인 취향을 만족시키는 화석화된 곳이다.

따라서 라틴아메리카를 지나치게 일반화하고 스테레오타입화하는 마콘디즘에서 벗어나는 것이 라틴아메리카의 문화를 이해하는 데 매우 중요하다. 라틴아메리카를 일반화해서 이국적으로 소비하는 태도인 마콘디즘에서 벗어나는 것은 "1492년 신대륙을 콜럼버스가 발견을 했다"라는 말을 비판적으로 읽는 맥락과 동일하다. 라틴아메리카에 대해 가지고 있는 이미지들을 천천히 되짚어봄으로써 라틴아메리카에 조금 더 가깝게 다가서려는 시도라고 할 수 있다.

라틴아메리카를 '혼종성의 대륙'이라고 한다. 혼종이라고 하는 말에서 알 수 있듯이 라틴아메리카에는 다양한 요소가 섞여 있다. 정복 이전에 아메리카 대륙에 존재하던 고유의 것, 정복 이후에 유럽에서 유입된 유럽적인 것, 그리고 노예들을 통해 유입된 아프리카적인 것들이 섞여서 새로운 무엇인가를 끊임없이 만들어내고 있는 것이다. 혼종성의 시작은 콜럼버스의 도착이다. 콜럼버스가 아메리카에 도착하면서 유럽과 아메리카가 서로 자신들의 것을 교환하게 된다. 사람뿐만 아니라 동물, 식물, 질병 등 다양한 것이 유럽에서 아메리카로, 아메리카에서 유럽으로 넘어가는데, 이것을 '콜럼버스의 교환'이라고 한다. 이후

그림 11-3 가르시아 마르케스의 사망 소식을 전하는
「엘파이스El país」지 1면 머리기사

그림 11-4 코르테스와 원주민 사이의 대화를 통역하는 말린체

식민지배가 지속되는 과정에서 흑인 노예들이 가지고 온 아프리카적인 것들이 서로 섞이게 된다. 이렇게 서로 다른 문화적 요소들이 끊임없이 교환되면서 새로운 것들을 만들어낸다. 물론 이 과정이 평등하고 자의적이지 못한 폭력적인 방식으로 진행되었지만 말이다. 이러한 혼종성을 통해 아메리카 대륙은 문화적 다양성을 잘 보여주게 되었다.

콜럼버스의 교환은 인종 간의 섞임을 가져왔다. 인종 간의 다양한 섞임이 있는데, 이 중 백인과 원주민의 혼혈이 앞서 말한 메스티소이다. 식민지 사회 구조에서 메스티소는 백인과 원주민 사이에 위치했고, 원주민과 함께 백인에 비해 열등한 인종으로 간주되었다. 그러나 20세기에 들어와 메스티소를 라틴아메리카의 문화적 정체성으로 주장하는 흐름이 나타난다. 즉 유럽에서 건너온 백인이 아니라, 여러 혈통이 섞인 메스티소야말로 라틴아메리카의 정체성이라는 것이다. 나아가 메스티소에게 다양한 인종이 섞여 궁극적으로 도래할 '보편적 인종 raza cósmica'이라는 표현을 쓰기도 한다.

메스티소 혹은 보편적 인종이 만들어지는 과정에 말린체Malinche라는 상징적인 여성이 존재한다. 말린체는 정복자인 에르난 코르테스의 정부이자 통역사 역할을 하면서 오늘날 멕시코 지역에 존재하던 아스테카 정복에 기여했다. 말린체와 코르테스 사이에 혼혈 아이가 태어나는데, 이 때문에 말린체에 대한 혼혈의 어머니이자 배반자라는 양면적인 평가가 공존한다. 즉 아스테카 제국의 멸망을 도운 배반자이자, 혼혈을 통해 현대 멕시코를 낳은 어머니라는 평가이다. 말린체의 경우에서 보는 것처럼 라틴아메리카 대륙은 다양한 요소가 섞여 새로운 문화를 만들어내는 다양성의 공간이자 혼종성의 공간이다.

근대성/식민성과 라틴아메리카

라틴아메리카를 이해하는 데 중요한 개념 중 하나가 근대성/식민성이다. 근대를 어떻게 정의하고 또 그 기점이 언제인가를 두고 학자들마다 입장이 다르다. 엔리케 두셀은 근대의 시작을 1492년 신대륙 정복에서 찾고 있다. 유럽의 근대를 만들고 유지해줄 물적 기반이 아메리카 대륙에서 나왔다고 본 것이다. 근대가 유럽에서 자생적으로 시작되었다기보다는 아메리카 대륙의 수탈에서 기인했다는 지적이다. 포토시Potosí 지역의 은광 사례에서 보는 것처럼, 원주민들이 광산에서 변변한 도구 하나 없이 채굴한 은이 유럽으로 건너가 근대의 토대가 되었다. 결국 유럽의 근대가 출현하여 하나의 패러다임을 만드는 데 라틴아메리카 원주민들의 노동

그림 11-5 _ 식민시기 대표적인 은광이었던 볼리비아의 포토시 광산

력과 원주민들에 대한 비인간적인 착취가 있었던 것이다. 이런 측면에서 보면 근대성의 밑바닥에는 식민성이 은폐되어 있다. 근대성 아래 은폐된 식민성을 드러냄으로써, 근대성과 식민성이 동전의 앞뒷면에 불과하다는 것을 밝히고 유럽인들에 의한 아메리카 대륙의 수탈과 식민의 역사를 보다 세계사적인 맥락에서 이해할 수 있다.

이처럼 근대는 유럽에서 자생적으로 나타난 것이 아니라, 1492년 정복과 그 뒤를 이은 식민화의 결과이다. 역사적으로 식민주의가 제2차 세계대전이 끝나면서 종결되었다고 말하지만, 라틴아메리카에서는 정복 이후 만들어진 사회경제적 구조가 변화하지 않고 유지됨으로써 여전히 식민성이 지속되고 있다. 근대의 이면에 식민성이 놓여 있다면, 라틴아메리카에서 근대성/식민성은 여전히 극복해야 할 역사적 과제인 셈이다. 따라서 라틴아메리카 대륙에 깊게 뿌리내린 식민성을 극복하기 위한 투쟁이 시대적 상황에 따라 활발하게 진행되었다. 가장 대표적인 사례로 20세기 말 멕시코에서 발발한 사파티스타 운동과 안데스 지역에서 등장한 원주민운동을 들 수 있다. 근대를 넘어 탈근대를 말하는 21세기에도 원주민들의 저항운동이 여전히 격렬하게 진행되고 있다는 사실은 라틴아메리카에서 여전히 식민성이 해결되고 있지 않다는 것을 보여준다. 식민시대의 원주민 수탈에 근간한 사회경제적 구조가 독립 이후에도 여전히 변화하지 않고 유지되고 있는 상황에서 원주민운동은 이런 착취 구조의 근본적인 변화를 요구할 수밖에 없었다.

그러므로 원주민운동은 혼란스러운 라틴아메리카의 정치 상황을 보여주는 사례가 아니라, 뿌리 깊은 식민성의 현실을 보여주는 상징인 셈이다. 라틴아메리카 원주민들은 1492년 정복 이래 지속되어온 식민 상태가 여전히 변화하지 않았기 때문에, 이를 해결하기 위한 수단으로서 저항을 선택했던 것이다.

라틴아메리카와 아메리카

아메리카라는 표현은 흔히 미국을 지칭하여 사용된다. 아메리카가 미국과 동일한 의미로 사용되고 있는 현실은 아메리카 대륙에서 미국과 라틴아메리카 사이의 힘의 관계를 잘 보여준다. '아메리카'와 관련해 라틴아메리카의 지식인들은 자신들이 아메리카 대륙에 속해 있기 때문에 원래 그들의 이름이었다고 주장한다. 즉 아메리카는 지금처럼 미국만을 얘기하는 것이 아니라 북아메리카, 중앙아메리카, 남아메리카 전부를 모두 합친 개념이라는 것이다. 이 주장은 아메리카 대륙을 지금처럼 미국과 기타 라틴아메리카 지역으로 분리된 땅이 아니라, 서로의 존재를 인정하고 서로 공존하는 지역으로 바꿔나가자는 의미이다.

원래 신대륙이 발견되었을 때는 아메리카라고 하는 커다란 하나의 단위였다. 그런데 어느 순간에 아메리카는 미국만을 지칭하는 용어가 되고, 라틴아메리카는 아메리카가 아닌 차별적인 어떤 공간으로 인식하게 되었던 것이다. 이렇게 보면 라틴아메리카는 빼앗긴 아메리카 구성원으로서 자기 정체성을 되찾을 필요가 있다. 그러나 미국 입장에서는 라틴아메리카 지역을 왠지 자신들에게 도움이 되지 않는, 오히려 부담이 되는 지역으로 은연중 받아들인다. 그러나 영어도 잘 못하는 게으른 사람들이 혜택을 얻기 위해 끊임없이 불법적으로 이주해오는 낙후된 지역이 아니라, 서로 공존하는 땅으로 인식할 때 아메리카 대륙은 보다 미래 지향적인 대륙으로 발전해갈 것이다.

이렇게 아메리카 대륙을 '아메리카'와 '라틴아메리카'로 분리하지 않고 하나의 아메리카로 이해하기 위해서는 먼저 과거의 이야기로 돌아가볼 필요가 있다. 정복 이전 지금의 멕시코에 아스테카 혹은 메히카라고 불리는 종족이 자리 잡았다. 이들이 떠나온 곳은 아스틀란이라는 상상 속 공간이다(그런데 많은 사람이 미국의 남서부 지역을 아스틀란이라고 추정하고 있다). 아스틀란에 살고 있던 아스테카족은 남쪽으로 내려가 독수리가 선인장에 앉아 뱀을 잡아먹고 있는 곳에 머물라는 신의 계시를 받고 그곳을 떠났던 것이다. 이들이 원래 자리 잡고 있던 지금 미국 남서부 지역은 미국-멕시코 전쟁 이후에 미국의 영토가 되었지만 원래는 멕시코 땅이었다. 지금은 미국 땅이 되어버린 캘리포니아 지역을 중심으로 한 남서부 지역은 대표적인 히스패닉 밀집지역이다. 히스패닉은 미국에서 살고 있는 사람들 중 통상 스페인어를 쓰거나 스페인어권 출신자들의 후손을 말한다. 이들을 히스패닉이라고 부르기보다는 라티노라고 부르자는 입장도 있다. 히스패닉이라는 말속에는 미국 사회에서 이들을 부정적으로 인식하는 태도가 강하게 배어 있기 때문이다. 따라서 라틴아메리카인들의 후손으로서 자신들의 자긍심과 정치적 결사를 강조하는 의미에서 라티노라고 부르자는 것이다. 미국 정부도 두 개의 명칭을 공식적으로 인정하고 있다.

이들 히스패닉이 현재 미국 인구의 약 20퍼센트를 차지하며, 2035년이 되면 미국 인구의 4분의 1 정도를 차지할 것으로 예측된다. 이들 히스패닉의 약 70~80퍼센트는 멕시코에서 건너온 이주자이거나 이주자의 후손들이다. 역설적이게도 아스틀란을 떠났던 아스테카족이 미국-멕시코 전쟁 이후 빼앗겼던 자신의 땅으로 돌아가 미국 인구의 상당 부분을 차지하게 된 것이다. 이 과정을 빼앗겼던 땅을 되찾는 과정이라고 풍자적으로 표현하기도 하지만, 원래 아메리카 대륙에서 살고 있던 사람들이 아메리카와 라틴아메리카로 분리되어 있다가 하나의 아메리카로 통합되어가는 과정으로 이해할 수도 있다. 아메리카와 라틴아메리카를 분리시켰던 과거의 역사에서 벗어나 새로운 아메리카 대륙을 만들어가는 또 다른 혼종의 여정인 셈이다. 아메리카 대륙은 신대륙 발견 이후로 유럽과 아프리카적인 것의 혼종을 통해 만들어진 대륙이었다. 이후 아메리카와 라틴아메리카로 분리되었던 이 대륙이 다시 하나의 아메리카 대륙으로 혼종되고 있는 것이다. 따라서 라틴아메리카만을 분리시켜 보기보다는 미래 아메리카 대륙과의 관계 속에서 살펴보는 것이 라틴아메리카가 갖는 미래적인 의미를 보다 잘 이해하는 방법이 될 것이다.

권장 서지

마스다 요시오(2003), 『이야기 라틴아메리카사』(신금순 옮김), 심산.

벤자민 킨, 키스 헤인즈(2014), 『라틴아메리카의 역사(상, 하)』(김원중, 이성
    훈 옮김), 그린비.

토머스 E. 스키드 모어, 피터 H. 스미스, 제임스 N. 그린(2014), 『현대 라
    틴아메리카』(우석균, 김동환 외 옮김), 그린비.

투우와 피라미드 위의 희생제의

스페인과 라틴아메리카 문화를 이해하는 두 상수

인간의 삶
은 복합적이고 중층적이며 횡단적이다. 그러나 사회질서에 편입되면
서 인간의 삶은 파편화되고 위계화된다. 삶의 본래적 모습을 이해하기
위해서는 인간 삶의 총체적 모습을 회복해야 하고, 문화를 위계화시키
는 권력을 해체해야 한다.

스페인과 라틴아메리카 문화에는 두 가지 상수常數가 존재한다. 첫
째, 인간 삶의 빛과 어둠이 공존한다. 스페인 문화는 반反종교개혁
과 종교재판소 같은 어두운 측면과 바이런George Byron이나 비제
Georges Bizet가 묘사했던 낭만적이고 현란한 밝은 측면을 동시에 보
여준다. 라틴아메리카 문화 역시 천문학이나 건축술을 통해 드러난
찬란한 원주민 문명과 수많은 사람을 제물로 바친 희생제의라는 어두
운 측면이 공존한다. 둘째, 스페인과 라틴아메리카의 예술적 성취에서
볼 수 있는 것처럼 주변적인 것, 일그러진 것, 배제된 것을 현실에 통
합시킴으로써 숨겨진 현실을 눈에 보이는 것으로 드러나게 하는 것이

다. 투우와 피라미드 위의 희생제의는 이러한 두 가지 측면을 잘 보여준다.

투우와 기독교

투우는 스페인과 라틴아메리카에서 볼 수 있는 독특한 문화이다. 투우를 동물학대로 인식하거나 투우사를 스포츠의 영웅이나 연예계의 스타와 동일시하는 것은 투우의 본래적 의미를 이해하지 못하기 때문이다. 투우는 성聖과 속俗, 자연과 문화를 아우르는 제의祭儀이다. 황소는 자연의 상징이다. 또한 황소는 자연의 풍요로움과 다산多産을 상징하기도 하고, 피카소Pablo Picasso의 그림 〈게르니카〉에서 볼 수 있는 것처럼 폭력의 상징이기도 하다.

그리스 신화에 등장하는 미노타우로스는 황소의 머리와 인간의 몸이 결합된 반인반우半人半牛의 존재이다. 미노타우로스는 자연과 인간, 야수성과 문화성이 합체된 존재이며, 두 영역 사이에서 갈등하는 존재이다. 투우는 자연과 인간이 하나가 되는 신화적 순간을 재현한다. 그러나 미노타우로스에 대한 그리스 신화는 지극히 인본주의적이다. 그리스 신화에서 미노타우로스는 크레타 왕국의 왕비인 파시파에와 황소의 수간獸姦으로 태어나 미로에 갇혀 있다가 그리스의 영웅인 테세우스의 칼에 쓰러지는 괴물이다. 미노스 왕의 딸인 아리아드네는 테세우스에게 반해 그가 미노타우로스를 죽이고 미로를 빠져나올 수 있도록 실타래를 주었다. 그리스 신화에서 자연은 인간과 공존하는 존재가 아니라, 인간이 정복해야 할 야만성의 대상이다. 야수野獸문학은 이러한 인본주의적 해석을 뒤집는다. 아르헨티나의 작가 훌리오 코르타사르Julio Cortázar의 해석에 따르면, 아리아드네가 테세우스에게 실타래를 준 것은 테세우스가 미노타우로스를 죽이고 미로를 빠져나오기를 바란 것이 아니라, 미노타우로스가 테세우스를 죽이고 미로에서 빠져나오기를 바랐기 때문이다. 또 다른 아르헨티나 작가인 호르헤 루이스 보르헤스Jorge Luis Borges는 미노타우로스가 반인반우의 괴물이 아니라, 영지주의에서 이야기하는 조물주(데미우르고스)라고 말한다. 보르헤스는 자신의 작품인 〈아스테리온의 집〉에서 미노타우로스가 테세우스의 칼에 죽는 것은 고독에서 탈출하기 위해 스스로 선택한 것으로 해석한다. 작품의 마지막에 보르헤스는 다음과 같이 말한다.

"아침 태양이 청동 칼에 반사되어 반짝였다. 칼에는 이미 피의 흔적조차 남아 있지 않았다. '정말 믿을 수가 있겠어, 아리아드네?' 테세우스가 말했다. '미노타우로스는 전혀 자신을 방어할 생각조차 하지 않았어.'"

미노타우로스에 대한 코르타사르와 보르헤스의 해석은 인본주의적 관점에서 벗어나 있다. 즉 자연과 인간의 결별을 확인하는 대신에 인간의 '자연-되기'를 보여준다. 마찬가지로 투우의 본래적 의미는 '황소(동물)-되기'이며 '자연-되기'이다. '-되기'는 자기동일성의 상태에서 벗어나 다른 것이 되는 것이다. 즉 '-되기'는 통상적인 이항二項적 대립에서 벗어나 이항적 선분을 깨고 이항적 대립을 해체한다. 여기서 이항은 인간이 특권적인 자리를 차지하고 있는 인본주의적 태도의 항과 인간과 대립되는 자연을 찬미하는 루소적 의미의 자연주의의 항이다. 따라서 이항적 선분을 깨고 이항적 대립을 해체한다는 것은 이중의 탈영토화 운동을 의미한다.

투우는 인간인 투우사의 변용과 자연인 황소의 변용을 통해 새로운 의미를 창조한다. 여기서 새롭게 창조되는 의미는 희생sacrifice이다. 투우는 승리와 정복이 아니라 죽음이고 희생이며, 희생을 통한 구원의 의미를 담고 있다. 이런 문화적 코드로 투우를 해석하면 투우는 종교적 의식이며, 투우사는 인간과 자연의 경계에서 그 경계를 해체하는 비극적 주인공이다. 그리스 비극의 주인공이 운명과 자유의지 사이에서 갈등하는 존재라면, 투우사는 인간 생존의 조건인 자연과 스스로의 생존을 위해 굴복시켜야 하는 자연 사이에서 갈등하는 존재이다. 투우는 청교도적 위선의 탈을 벗어던지고 자연에서 탄생한 인간의 기원과 자연의 희생 위에 생존을 유지해온 역사적 과정을 종교적 의식으로 변형시킨 것이며, 더 나아가 구원의 의식으로 변형시킨 것이다. 이런 맥락에서 멕시코 소설가 카를로스 푸엔테스Carlos Fuentes는 투우를 이단적 성향의 기독교 미사라고 정의한다. "기독교 미사와 투우는 희생이라는 공통된 의미를 가지고 있지만 행해지는 시간은 다르다. 하루중 미사는 아침에 행해지고 투우는 해질 녘에 행해진다. 미사는 중천에서 빛나는 태양 밑에서 이루어지는 투우이고, 투우는 이제 곧 어둠이 찾아올 석양에 행해지는 빛과 그림자의 미사이다."

기독교의 미사와 투우를 동일시하는 푸엔테스의 과감한 발언은 희생제의라는 맥락에서 가능한 것이다. 미사가 세상이 온통 빛으로 가득한 시간에 행해지는 것은 어둠을 정복한 빛의 승리이며 인간을 죽음으로부터 구원하는 신의 은총을 뜻하는 것이라면, 투우는 빛과 그림자, 삶과 죽음의 경계에서 행해지는 미사이다. 그리고 투우사는 민중을 대변한다. 민중은 투우장에서 투우사를 통해 자기 자신과 만난다. 투우사는 마을의 왕자, 즉 죽음의 위험에 노출된 황소를 죽이지 않으면 자신이 죽어야만 하는 운명에 처해진 왕자이다. 투우는 늘 인간의 주변에 머물러 있는 죽음과 마주하게 한다. 그러나 삶이 그렇듯 투우는 일련의 엄격한 규칙을 따른다. 투우사는 끊임없는 훈련을 통해 황소를 제어한다. 망토와 발과 몸의 동작을 통해 투우사는 황소를 움직이게 하고, 최종적으로 쓰러뜨릴 지점으로 황소를 유인한다. 이 과정에서 황소와 투우사는 한몸이 된 것처럼 움직이고, 이윽고 완벽한 파세 pase(가능한 한 황소와 가까운 거리를 유지한 채 몸을 순간적으로 돌려 황소의 공격을 피하는 것) 자세를 취한다. '진실의 순간', 하나의 조각상과도

그림 12-1 진실의 순간

같은 경이로운 순간, 황소와 투우사는 맨몸으로 만나 서로 힘과 아름다움, 위험을 동반하는 부동不動의 이미지와 동적인 이미지를 동시에 보여준다.

푸엔테스가 말하는 것처럼, 투우에서 또 하나 빼놓을 수 없는 것은 투우가 에로틱한 이벤트를 제공한다는 사실이다. "한 남성이 저렇게 도발적인 성적 포즈를 취할 수 있는 장소가 투우장 말고 또 어디에 있단 말인가? 번쩍이는 의상으로 보란 듯이 사람의 눈길을 끄는 저 뻔뻔스러움, 하반신을 꽉 죄는 바지, 뒤로 쭉 뺀 궁둥이, 옷 속에 조여져 있는 남성의 심볼, 어떻게든 보는 사람을 유혹하고자 하는 저 나르시스적인 발의 움직임, 피와 흥분에의 갈망, 투우는 이런 터무니없는 오만과 성적 노출을 용인한다." 앞서 언급한 것처럼 푸엔테스가 투우와 기독교적 미사의 동일화를 통해 세속적 투우를 종교적 신성으로 끌어올리는 한편, 성스러운 기독교적 미사를 세속으로 끌어내렸다면, 이때 세속의 성性과 종교의 초월적 성聖은 에로티시즘으로 합류한다.

원주민 문명의 피라미드: 시간의 공간적 형상화

메소아메리카 문명과 피라미드라는 주제도 인간 삶의 총체적 회복이라는 문제와 직결되어 있는 또 다른 예이다. 메소아메리카는 멕시코를 중심으로 과테말라까지 포함하는 지역이다. 메소meso는 중앙을 의미한다. 메소아메리카에는 아스테카와 마야 문명이 자리 잡고 있었다. 아스테카와 마야 문명에 공통적으로 존재하는 것은 피라미드이다. 각각의 문명과 역사는 지리적인 지형과 밀접한 연관이 있고, 지리적 지형은 기하학적인 상징을 통해서 드러난다. 피라미드는 메소아메리카의 중심이었던 멕시코의 지형을 기하학적 상징으로 잘 보여준다. 메소아메리카의 피라미드는 이집트의 피라미드와 달리 윗부분이 잘려 있다. 윗부분의 잘린 부분이 지금의 멕시코시티(해발 2,400미터)에 해당하며, 태평양과 대서양으로 점차 낮아지는 기하학적 모습이다. 간단히 말하면, 멕시코는 윗부분이 잘린 거대한 피라미드 형태로 태평양과 대서양 사이에 솟아 있다고 이해할 수 있다.

이런 맥락에서 피라미드는 공간의 상징이다. 전형적인 예가 치첸이사의 피라미드이다. 치첸이사의 피라미드는 완벽하게 대칭적이다. 피라미드의 네 변은 동서남북을 가리키고 높이에 따라 고도가 달라지는

그림 12-2 치첸이사의 피라미드

지형적 모습을 보여준다.

멕시코는 고도에 따라 지형과 기후가 달라지며, 수도인 멕시코시티는 1년 내내 온화한 날씨를 보이는 상춘常春의 도시이다. 피라미드의 가장 윗부분은 별과 태양의 집에 해당한다. 즉 이 피라미드는 메소아메리카 사람들의 우주를 상징한다.

메소아메리카 지역을 맨 마지막에 정복한 종족은 아스테카족이었고, 그들은 원래 유목민이었다. 신화에 따르면 유목민이었던 아스테카족이 남쪽으로 내려오면서 독수리가 뱀을 물고 선인장 위에 앉아 있는 곳에 도읍을 정했는데, 그곳이 지금의 멕시코시티이다. 아스테카인들에게 피라미드의 맨 꼭대기는 신들이 출현하는 장소를 의미했고, 그 때문에 그곳에서 제사를 지냈다. 피라미드의 꼭대기는 신의 세계와 인간의 세계가 만나는 곳이다.

피라미드는 공간의 상징이면서 시간의 상징이다. 마야인들은 음력과 양력의 두 가지 달력을 가지고 있었다. 음력에 해당하는 것을 마야어로 촐킨Tzolkin이라고 불렀고, 260일로 한 해가 이루어진다. 하아브Haab는 365일로 이루어지는 태양력이다. [그림 12-3]에서 보는 것처럼 바깥에 있는 바퀴가 260일로 이루어진 촐킨이고, 안쪽에 있는 바퀴가 365일로 이루어진 하아브이다. 이 두 개의 바퀴가 서로 맞물리면서 특정한 시간을 표시한다. 그러므로 피라미드는 정교한 캘린더인 셈이다. 치첸이사의 피라미드를 예로 들어 설명하면, 계단 한쪽이 91개이고, 4개의 계단을 곱하면 364가 되며, 꼭대기를 더하면 1년 365일이 된다($91 \times 4 + 1 = 365$). 아메리카가 스페인 사람들에게 정복되었을 무렵, 아스테카와 마야 사람들이 이용했던 달력이 당시 유럽에서 사용되었던 그레고리력보다 훨씬 정교했다는 것은 이미 증명된 사실이다.

메소아메리카의 촐킨과 하아브가 만나 이루어지는 시간 개념은 동양에서 사용되는 십간십이지와 비슷하다. 십간과 십이지가 맞물리면서 갑자년, 을축년 이런 식으로 시간을 표시하듯 260일로 이루어진 촐

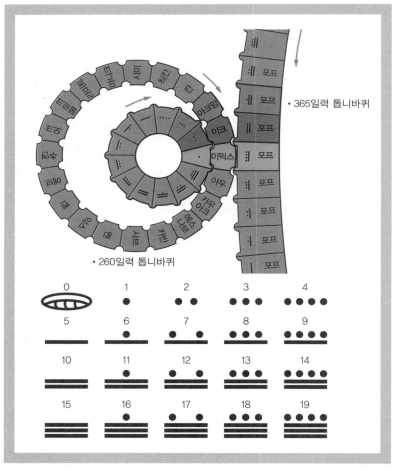

그림 12-3 마야의 달력

킨과 365일로 이루어진 하아브가 맞물리면서 시간을 표현한 것이다. 메소아메리카 사람들의 정교한 시간 개념은 고도로 발전한 천문학을 바탕으로 형성된 것이며, 피라미드는 시간의 공간적 형상을 통해 우주를 상징적으로 표현했다.

피라미드와 희생제의

　　　　　　　　　　피라미드와 연관되어 주목해야 할 것은 메소아메리카의 신관神觀이다. 메소아메리카의 피라미드는 희생제의를 치르는 제의의 장소였다. 희생제의를 이해하기 위해서는 그들의 세계관을 이해해야 한다. 메소아메리카 사람들이 생각하는 신은 '놀이하는 신'이다. 인간은 먹고살기 위해서 노동을 하지만 신은 창조하기 위해서 놀이를 한다. 신에게는 유희와 창조가 같은 개념이다. 인간에게는 창조와 파괴가 정반대 개념이지만 신에게는 똑같은 개념이다. 메소아메리카 사람들이 생각하는 우주는 신의 희생을 통해 창조되었다. 『포폴부』에 기록된 바에 따르면, 태초에 어둠만이 있었던 창조의 첫새벽에 거대한 화톳불 주위로 신들이 빙 둘러앉았다. 그리고 자신들 중 누군가 화톳불에 뛰어들어 자기 몸을 희생함으로써 천지를 창조할 수 있다고 생각했다. 그러나 신들도 죽음을 두려워했다. 보석을 몸에 두른 채 우쭐대던 신이 두려움에 머뭇거리고 있을 때 몸이 가래톳으로 뒤덮인 보잘것없는 신이 거침없이 화톳불 속으로 뛰어들었다. 그러자 하늘의 태양이 둥그렇게 떴다. 그걸 본 아름다운 신도 불속으로 뛰어들었다. 이렇게 달이 탄생했다. 그리고 그다음에는 별들이 차례로 창조되었다.

메소아메리카의 우주는 이렇게 창조되었다. 여기서 중요한 것은 메소아메리카의 신은 모든 것을 창조한 불멸의 존재가 아니라는 점이다. 메소아메리카의 신은 사멸하는 존재이다. 신이 자신을 희생함으로써 우주만물을 창조했다면, 우주만물의 생명을 지속하기 위해서는 인간도 희생해야 된다는 것이 메소아메리카 사람들의 신관이고 우주관이다. 즉 이 우주만물이 순환하며 건강하게 생명을 지속하기 위해서 인간도 자기 자신을 희생해야 된다는 의식이 메소아메리카 신관 밑에 깔려 있다.

피라미드는 희생제의를 통해서 인간과 우주의 삶이 계속 이어지는 장소이다. 그리고 메소아메리카 사람들에게 희생은 삶을 지속시키는 우주의 질서 그 자체이다. 기독교 신약성서의 메시지도 희생이다. 권능을 가진 존재가 보잘것없는 인간들에게 죽었다는 점은 희생이라는 메시지를 던진 것이다.

앞에서 말한 것처럼 메소아메리카 문명을 마지막으로 이어받은 제국은 아스테카이다. 아스테카 이전에도 많은 제국이 존재했다. 비유적으로 말하자면, 메소아메리카는 한 개의 피라미드만 존재했던 것이 아니라 피라미드 군락으로 이루어진 문명권이었다. 많은 피라미드가 존재한 만큼 메소아메리카 지역에는 여러 개의 권력과 여러 개의 종족 및 집단이 있었을 것이다. 마야족이 사멸된 이유는 지금도 잘 알려져 있지 않다. 대서양 쪽 밀림에 덮여 있는 곳에는 지금도 수많은 피라미드가 묻혀 있다. 발굴된 것은 소수의 피라미드일 뿐이다. 피라미드가 공통적으로 보여주는 것은 희생이다. 희생제의는 메소아메리카 문명에 공통적으로 존재했다.

메소아메리카 사람들의 달력에 의하면, 스페인인들이 아메리카를 발견하고 정복했던 1492년에 그들은 다섯 번째 태양에 살고 있다고 생각했고, 다섯 번째 태양이 곧 멸망할 것이라고 믿었다. 마야의 종말론은 지금까지도 어떤 힘을 발휘하고 있다. 이런 종말론적인 세계관은 아스테카의 정치에도 그대로 반영되었다. 신이 파괴를 통해 새로운 창조를 이루는 것처럼 인간도 희생제의를 통해 지상에서 새로운 창조를 이룸으로써 우주의 사멸을 늦추는 것이 필요하다고 생각한 메소아메리카 사람들은 희생제의에 바칠 포로를 잡기 위해 전쟁을 벌였는데, 이 전쟁을 '꽃의 전쟁'이라고 불렀다. 아스테카 사람들은 이렇게 희생제의가 치러지는 피라미드가 아스테카 국가를 상징한다고 믿었고, 그 희생제의를 통해서 우주 생명의 원천인 태양숭배 의식을 계속해나가는 것을 아스테카족의 의무라고 생각했다.

스페인인들에게 정복을 당했던 시기에 메소아메리카에는 우주의 종말과 가까워지고 있다는 종말론이 지배적이었다. 이 때문에 한 해에 적게는 2만 명에서 많게는 8만 명까지 희생제물로 바쳤다는 기록이 남아 있다. 종말론이 강력하게 지배하던 아스테카의 역사관은 비관주의에 빠져 있었다. 따라서 메소아메리카의 마지막 문명이었던 아스테카 문명은 웅장하면서도 음침하다.

메소아메리카의 종말론적 세계관을 상징적으로 잘 보여주는 것이 아스테카의 대지의 어머니 신인 코아틀리쿠에Coatlicue이다. 멕시코시티에 위치한 국립인류학박물관의 메히카 관에는 중요한 두 개의 유물이 전시되어 있다. 하나는 코아틀리쿠에이고, 또 하나는 태양의 돌 Sun Stone/Piedra del Sol이라고 불리는 달력이다. 둘 다 2미터가 넘

그림 12-4 멕시코시티 국립인류학박물관의 코아틀리쿠에

는 거석이다. 대지의 어머니 신인 코아틀리쿠에는 무섭고 흉측한 모습이다. 머리는 잘려 있고, 잘린 머리는 가슴에 붙어 있다. 잘린 머리 부분에는 뱀의 혀가 솟아 있다. 코아틀리쿠에의 치마는 뱀들이 똬리를 틀고 있는 모습이다. 대지의 어머니라고 하면 풍요롭고 자애로운 모습이어야 하지 않은가. 어째서 아스테카의 대지의 어머니 신은 이렇게 무서운 모습일까?

코아틀리쿠에는 1790년 12월 17일 공사를 하다가 우연히 발견되었다. 발굴되어 멕시코의 부왕령 대학에 놓여 있었던 코아틀리쿠에를 안토니오 데 레온 이 가마Antonio de León y Gama라는 학자가 스케치했고, 이 책자가 유럽에서 출판되었다. 그때 이 소책자를 본 사람이 유명한 인문학자인 훔볼트였다. 아메리카를 여행했던 훔볼트는 부왕에게 코아틀리쿠에를 볼 수 있게 해달라고 청했다. 코아틀리쿠에는 메소아메리카인들에게는 대지의 어머니 신이었고, 스페인의 사제들에게는 악마로 보였다. 그러나 계몽주의 인문학자였던 훔볼트에게는 예술작품으로 보였다. 코아틀리쿠에를 바라보는 이러한 관점의 변화는 전근대적 인식에서 근대적 인식으로의 이행을 보여준다. 중요한 것은 코아틀리쿠에의 무섭고 흉측한 모습에는 삶과 죽음이 한꺼번에 표현되어 있다는 점이다. 메소아메리카 사람들은 대지의 어머니 신인 코아틀리쿠에를 아름다움과 추한 모습을 모두 포함하는 자연의 어머니로 인식한 것이다. 생명은 아름다운 동시에 추한 것이고 삶과 죽음을 다 포함한다. 장엄하면서도 기괴한 모습의 코아틀리쿠에에는 메소아메리카 사람들의 우주관이 드러난다.

메소아메리카 문명에서 주목해야 할 것은, 그들이 뛰어난 천문학적 지식을 가지고 있었지만 그들이 보여준 기술 수준은 신석기에 머물러 있었다는 점이다. 이러한 비대칭적 현상의 배경에는 메소아메리카의 종말론적 시간관이 자리 잡고 있다. 그렇다면 마야의 종말론에 사람들이 매혹되는 이유는 무엇일까? 그것은 근대의 직선적 시간과 그것의 실천인 진보가 가져온 부정적인 결과 때문일 것이다. 발전과 진보가 가져온 부정적인 결과들을 경험하고 있는 현대인들은 메소아메리카의 시간 개념과 희생제의의 의미를 다시 생각해볼 필요가 있다.

📕 권장 서지

김창민 편(2013), 『스페인 문화 순례: 세비야에서 산티아고 데 콤포스텔라까지』, 서울대학교출판문화원.

옥타비오 파스(2011), 『멕시코의 세 얼굴: 고독의 미로』(황의승, 조명원 옮김), 세창미디어.

카를로스 푸엔테스(1997), 『라틴아메리카의 역사』(서성철 옮김), 까치글방.

호르헤 루이스 보르헤스(1996), 『알렙』(황병하 옮김), 민음사.

커피와 커피밭 사람들

ⓒ림수진

커피는 라틴아메리카를 이해하는 중요한 코드 중 하나이다. 오늘날 라틴아메리카 내 20여 개국이 전 세계 커피의 60퍼센트 이상을 생산하고 있고, 특히 브라질은 200년 이상 세계 커피 시장에서 줄곧 생산량 1위를 차지해왔다. 전 세계 커피의 약 35퍼센트가 브라질이라는 한 나라를 통해 생산된다. 그뿐만 아니라 세계에서 커피를 가장 많이 생산하는 10개국 중 6개국이 라틴아메리카에 속해 있다. 브라질은 물론 콜롬비아, 멕시코, 온두라스, 과테말라, 페루가 포함된다.

이 장에서는 커피라는 작물이 라틴아메리카와 세계 경제를 어떻게 연결하는지, 그로 인한 사회적 결과들이 어떠한 역사적 흔적으로 축적되었는지, 그리고 커피가 그곳 사람들의 삶에서 어떠한 의미를 지니는지 살펴볼 것이다.

커피와 라틴아메리카의 만남

일찍이 서양 기독교 세계에 포도주가 있었다면, 동양 세계에는 차가 있었다. 그리고 동양과 서양을 잇는 중간 정도 되는 지점에 이슬람 세계의 음료라고 할 수 있는 커피가 있었다. 술이나 차에 비해 상대적으로 역사가 짧지만, 그래도 1,000여 년 이상의 역사를 갖는다. 그러나 처음부터 지금과 같은 성격의 일상적인 음료는 아니었다. 10세기 이전에는 음료라기보다 의약품에 가까웠고, 10세기 이후로도 한참 동안 일반인들의 접근이 금지되었다. 오직 이슬람 수사들이 신과 더 가까워지기 위해, 졸지 않고 깊은 명상에 들기 위해 마시던 음료로 한정되었다. 그러다 15세기가 되어서야 커피가 일반 음료로 소비되기 시작했다. 비록 소비할 수 있는 사람들이 극소수 귀족으로 한정되었지만 메카에 커피하우스가 등장했고, 17세기에는 커피가 유럽 곳곳으로 전파되었다.

하지만 당시 유럽에서 소비되는 커피는 여전히 이슬람 세계의 통제 아래 있었다. 오직 예멘이라는 곳, 그곳의 모카 항구를 통해 수출되는 것이 유일했다. 당시 라틴아메리카는 커피가 전파되기 전이니 커피 소비뿐 아니라 커피 생산에서도 비껴 있었다고 볼 수 있다. 하지만 당시 유럽 기독교 세계가 이슬람 세계를 통해 커피를 사들이면서 지불했던 비용 중 상당 부분이 라틴아메리카에서 건너온 금과 은이었음을 감안하면, 간접적이긴 하지만 이미 세계 커피와 연결고리를 만들어가고 있었다고 볼 수 있다.

라틴아메리카가 직접 커피 생산에 참여한 것은 18세기 이후부터이다. 네덜란드 식민지였던 자바섬에서 유럽으로 들어간 커피나무의 어린 묘목이 다시 천신만고 끝에 대서양을 건너 라틴아메리카까지 도달한 여정은 전설처럼 구전된다. 라틴아메리카에 처음 커피가 당도한 곳은 수리남과 서인도제도의 작은 섬들이었다. 이 와중에 브라질 북동부 지역에 위치하는 파라Parra주까지 커피가 전파되었지만, 정작 브라질이 세계 커피 생산의 메카로 떠오른 것은 다시 100여 년의 시간이 흐른 19세기 이후의 일이다. 리우데자네이루에서 시작된 브라질 커피 붐은 파라이바Paraíba 계곡을 따라 남하하다가 상파울루고원에서 그 절정을 맞게 된다.

상파울루는 마치 커피를 생산하기 위해 이 세상에 존재하는 지역 같았다. 남회귀선상에 위치하면서 해발고도가 1,000미터에 가까웠고, 커피 생산에 가장 적합하다는 테라록사terra roxa 토양으로 가득 채워

그림 13-1 1870년 상투스 항구(마크 페레즈 촬영, 마리오 데 안드라데 도서관 소장)

진 충분한 내륙 고원이 있었다. 커피 생산을 위한 자연조건으로서는 더할 나위가 없었다. 게다가 당시 커피 수출을 전담했던 상투스 항구를 지척에 두고 있었으니, 가히 천혜의 조건이었다. 거기에 더해 외부적 요인까지도 상파울루고원이 커피 생산의 메카로 태동하는 상황을 도와주었다. 19세기 유럽 각국에서 산업화가 본격적으로 진행되면서 유럽 내 커피 소비가 빠른 속도로 증가하고 있었고, 19세기 후반에는 미국이라는 새로운 커피 소비 시장이 등장했다. 19세기 후반, 미국 동부의 산업화와 서부의 도시화가 본격화되면서 미국은 전 세계 커피 생산의 절반 이상을 빨아들일 만큼 거대한 시장으로 부상했다. 커피를 매개로 유럽으로 향하던 상파울루의 관심이 지리적 이점을 갖는 미국으로 전환된 것은 자연스러운 일이었다. 마침내 뉴욕과 상파울루를 잇는 해저 전신 케이블이 연결되었고, 뉴욕에 세계 최대 규모의 커피 거래소가 생겨났다. 이 즈음 브라질은 전 세계 커피 생산의 85퍼센트를 담당하고 있었다. 19세기 초 아시아와 아프리카에 밀려 겨우 2퍼센트를 점하던 때와는 완전히 다른 양상이었다. 상황이 이러하니 19세기 후반 커피의 역사는 곧 브라질의 역사라 할 만했고, 동시에 상파울루고원의 역사라 할 만했다. 자연스럽게 모카 커피와 자바 커피에 이어 브라질 상투스 커피가 세계 커피 시장의 제왕으로 떠올랐다.

브라질의 상파울루 지역이 세계 커피 생산의 메카가 되면서 커피는 브라질 사회에 무수히 많은 사회적 결과를 파생시켰다. 커피 생산 이전 브라질 경제는 설탕에 초점이 맞춰져 있었고, 지역적으로는 사탕수수 생산이 집중된 브라질 북동부 해안 지역이 중심이었다. 그러나 상파울루고원이 세계 커피 생산의 메카로 떠오르면서 브라질 경제의 축이 북동부 해안 지역으로부터 상파울루고원을 향해 남하하게 된다. 그뿐만 아니라 커피 수출을 위한 사회간접시설들이 상파울루고원을 향해 집중되기 시작했다. 커피 수출을 전담했던 상투스 항구와 상파울루고원을 잇는 도로망이 구축되기 시작했고, 커피에 경제적 기반을 두는 과두 세력들이 정치 중심에 등장했다. 그러나 무엇보다도 가장 큰 변화는 노동자들의 유입이었다.

19세기 상파울루고원에 커피가 확산되면서 인종 또한 다양해졌다. 19세기 초 상파울루고원의 커피는 아프리카에서 건너온 흑인 노예들을 끌어들였고, 이후 노예제가 폐지되면서 수많은 유럽 이주자를 받아들였다. 상파울루고원으로 이주한 유럽인으로는 19세기 후반 정치적·경제적 불안정에 시달리던 이탈리아인들이 우세했다. 이어 20세기 초에는 아시아계 이주자들까지 불러들이게 되는데, 특히 일본인의 이주가 적극적으로 이루어졌다. 물론 브라질 정부는 19세기 후반까지 백색주의를 내세우면서 유럽계 백인들의 이민만 받아들이겠다는 입장을 고수했으나, 커피 생산이 급증하면서 노동력 부족에 시달리던 농장주들의 끊임없는 건의를 받아들일 수밖에 없었다. 당시 상파울루고원에는 유럽인뿐 아니라 기존 아프리카 노예의 후손들이나 아시아인들의 이주가 적극적으로 이루어지면서 라틴아메리카 내 최대 규모의 다인종 사회가 구축되었다. 물론 이를 가능케 했던 것은 단언코 커피의 존재감이었다.

"가장 훌륭한 재상은 좋은 커피 가격이다"

커피는 상파울루고

원뿐 아니라 라틴아메리카 커피 생산국 곳곳에 '부'의 흔적을 남겼다. '커피의 세기'라고 불렸던 19세기는 라틴아메리카 국가들이 독립을 맞이한 시기이기도 하다. 커피 생산국들은 커피 수출을 통해 재정 기반과 인프라를 강화할 수 있었다. 도시 곳곳에 화려한 건물들이 들어섰고, 유럽으로 향하는 관문이 되는 자국의 항구들 역시 재정비되었다. 더불어 본국의 내륙과 항구도시들을 잇는 철도망 또한 구축될 수 있었다. 오랜 시간 유럽의 식민지로 있었던 라틴아메리카 곳곳에서 유럽을 모방하거나 혹은 유럽을 능가하려는 욕망이 커피를 통해 투영되던 시절이었다.

커피가 한 나라 경제성장에 어떻게 기여하고, 또한 흥망성쇠에 얼마나 직접적인 영향을 미쳤는가를 볼 수 있는 좋은 예가 코스타리카이다. 식민지배 시기 내내 이렇다 할 만한 경제활동이 진행되지 않았고, 독립 이후에도 인구 부족과 재정 빈곤에 시달리던 나라였다. 그러다가 19세기 초인 독립 직후 유럽의 커피 소비에 부응하면서 세계 커피 생산 대열에 진입할 수 있었다. 게다가 19세기 중반 이후 미국이라는 새로운 시장의 등장은 코스타리카 커피 수출에 호재일 수밖에 없었다. 특히 브라질이나 남미 다른 국가들에 비해 미국과 가깝다는 지리적 이점은 코스타리카가 세계 커피 시장에 적극적으로 진입할 수 있는 계기가 되었다.

당시 코스타리카에서 커피는 '황금 낟알'로 불렸고, "가장 훌륭한 재상은 좋은 커피 가격이다"라는 말이 통용될 정도로 국가의 모든 것이 커피와 긴밀하게 연결되었다. 브라질의 상파울루고원에서 그러했듯이 커피 수출을 위한 도로망이 확보되고, 도시에는 유럽을 본뜬 화려한 건물들이 들어섰다. 당시 코스타리카 수도 산호세는 '작은 파리'라고 불릴 정도로 유럽의 모든 것을 모방했는데, 그 정점이 프랑스 파리의 국립극장을 완벽하게 재현한 국립극장 건축물이었다. 이 모든 것이 커피 수출과 커피 생산에서 거두어들이는 세금을 통해 가능한 일이었다. 19세기 후반, 코스타리카 국가 재정의 90퍼센트 이상이 커피 생산과 연결되어 있었다. 그러다보니 세계 시장에서 팔리는 커피 가격이 좋으면 국가의 모든 현안이 순조롭게 풀렸고, 커피 가격이 나쁘면 그 반대의 현상으로 귀결되는 상황들이 전개되었다.

이러한 현상은 브라질이라고 크게 다르지 않았다. 브라질도 19세기 후반으로 가면서 커피에 대한 재정 의존도가 급격히 상승하기 시작했고, 1890년대에는 85퍼센트를 넘어서게 된다. 커피는 국가의 모든 것이라 할 만했다. 19세기 내내 세계 커피 시장에서 공급이 수요를 쫓아가지 못해 커피 가격의 고공행진이 이어졌고, 라틴아메리카 곳곳에 화려한 흔적을 남겼지만, 한 세기를 넘기지는 못했다. 유럽과 미국에서 산업화가 본격적으로 진행되면서 라틴아메리카에서 생산된 커피가 세계 공장노동자들의 자명종을 자처하고 각성의 연료를 공급하며 순항했지만, 결국 상파울루고원의 지속적인 커피 풍작에 역풍을 맞기 시작했다.

세계 커피 시장은 19세기 말 지독한 과잉공급의 덫에 걸리고 말았다. 그 와중에 야속하게도 몇 해째 상파울루고원의 풍작이 이어지자 세계 커피 가격은 곤두박질칠 수밖에 없었다. '녹색 황금' 혹은 '황금 낟알'로 불리던 커피는 더 이상 부의 상징일 수 없었다. 그토록 바라 마지않았던 커피 풍작은 곧 두려움이었다. 나라가 망할 수도 있다는 걱정 속에 브라질 정부가 할 수 있는 일이란, 상파울루고원의 커피를 내륙 깊은 곳에서 태워버리거나 바다에 싣고 나가 수장시키는 것밖에 없었다. 곤두박질치는 커피 가격과 텅 빈 국고 앞에서 생존을 위해 제 살을 깎아내는 형국이었다.

그림 13-2 코스타리카 국립극장 메인홀 천장화 〈커피와 바나나의 알레고리Alegoría del café y el banano〉.
1897년 이탈리아 화가 알레아르도 비쟈에 의해 완성되었으며 오늘날 코스타리카 국립극장 메인홀 천장화로 장식되어 있다. 이 그림은 오늘날까지도 코스타리카인이 자신의 정체성과 매우 긴밀히 연결시키는 작품이며, 20세기 후반 자국 화폐 5콜론짜리 지폐의 뒷면 그림으로 사용되기도 했다. 커피 수확이 가져다주는 부와 기쁨, 그리고 당시 커피를 수출하던 항구 기반 시설 등이 구체적으로 표현된 그림으로, 당시 코스타리카에서 커피가 지녔던 경제적·사회적·문화적 의미를 충분히 유추하게 해주는 작품이다.

라틴아메리카 커피 생산 국가들이 긴 혹한기를 견뎌내고 다시 커피를 통해 꽃피는 봄을 맞이한 것은 20세기 후반이었고, 그 시발이 된 사건은 아이러니하게도 지구 정반대편에서 발발한 한국전쟁이었다. 20세기 초반 연구 단계에 있던 인스턴트 커피가 한국전쟁에 참여한 미군들을 대상으로 상용화되었고, 1960년대와 1970년대의 유럽과 미국 내 TV 광고 및 슈퍼마켓의 등장이 맞물리면서 노동생산 현장에 집중되던 커피 소비가 각 가정으로 스며드는 현상이 발생했다. 다시 한번 세계 커피 수요가 공급을 넘어서기 시작했고, 라틴아메리카 커피 생산 국가들이 '커피의 세기'라 불렸던 19세기만은 못해도 소소한 커피 붐을 구가하게 되었다.

커피라는 작물이 '세기 말 신드롬' 징크스가 있는 것인지, 20세기 후반 그럭저럭 순풍이 유지되던 세계 커피 시장에 다시 한번 위기가 찾아왔다. 그간 커피 위기가 브라질 상파울루고원의 풍작에 의해 야기되었다고 한다면, 이번 커피 위기는 커피 역사에 혜성과 같이 등장한 베트남에 의해서였다. 20세기 말 커피 재배를 시작한 베트남이 10여 년 후 만년 세계 커피 생산 2위를 차지하던 콜롬비아를 제치고 브라질에 이어 2위에 올라선 것이다. 예기치 못한 곳에서 찾아온 변화는 다시 세계 커피 시장을 과잉공급의 늪에 빠져들게 했다. 그간 브라질 상파울루고원에 야간 서리 냉해가 수차례 발생했으나 20세기 말 곤두박질치기 시작한 커피 가격은 베트남이라는 막강한 공급원이 있는 한 다시 오를 기미가 보이지 않는다.

이 과정에서 라틴아메리카의 수많은 커피 생산 농가들이 커피 재배를 포기하는 지경에 이르렀다. 사정이 이러하니 라틴아메리카뿐 아니라 세계 커피 생산 국가들이 오직 바라는 바는, 역시나 21세기에 혜성처럼 등장한 새로운 소비국, 중국이 커피 소비 붐을 일으켜주는 것이다. 2015년 기준 중국인들의 1인당 커피 소비는 83그램이다. 커피 잔 수로 환산하면 연간 소비량이 5잔 정도에 불과하다. 우리나라가 이미 600잔을 넘어선 것에 비하면 지극히 미미한 양이다. 차 소비에 익숙한 중국인들이 만약 커피를 1년에 평균 10잔씩만 소비해준다면 세계 커피 시장의 판도가 어떻게 바뀔지, 세계 커피 가격 상승이 어떻게 전개될지는 불을 보듯 뻔한 일이다. 19세기 유럽 내 산업혁명의 본격화와 미국이라는 새로운 시장의 등장이 라틴아메리카 각국의 커피 도입과 생산에 직접적인 영향을 미쳤듯이, 앞으로 중국에서의 커피 소비가 라틴아메리카의 커피 생산과 그에 관련된 사람들의 삶에 어떤 영향을 미치는가는 지켜봐야 할 일이다.

커피밭 사람들

커피는 수확기에 노동력 수요가 집중되지만, 여전히 기계화가 힘든 작물이다. 한 가지에 달린 열매라 할지라도 붉게 익는 시기가 상이하기 때문에 양질의 커피를 원한다면 붉은 열매만을 골라서 따야 한다. 물론 일부 지역에서는 커피의 질에 크게 상관하지 않고 붉게 잘 익은 열매와 여전히 초록인 덜 익은 열매를 기계로 흔들어 떨어뜨리는 방식으로 한꺼번에 수확하기도 하지만, 대부분의 지역에서는 사람들이 직접 손으로 붉은 열매를 골라 수확한다. 따라서 커피는 노동력의 집약도가 매우 높은 작물이다. 콩이나 옥수수보다 3~5배가

량 높고, 면화나 사탕수수보다 20배나 높다. 더불어 흥미로운 사실은 라틴아메리카에 커피가 도입된 이후 지난 200여 년간 커피를 재배하고 운반하고 종국에 소비하는 과정에 엄청난 변화가 있었지만, 유독 커피를 수확하는 방식에는 거의 변화가 없었다는 점이다. 라틴아메리카 내 대부분의 커피 생산지에서는 200년 전이나 지금이나 동일한 방식으로 커피를 수확하고 있다.

라틴아메리카에서 커피 수확에 참여하는 인구는 8,000만 명에 달하고, 이는 라틴아메리카 전체 인구의 10퍼센트를 상회하는 숫자이다. 특히 라틴아메리카 내에서 20여 개국만이 커피 생산에 참여하고 있음을 감안한다면, 이들의 존재는 결코 가볍게 볼 수 없다. 앞에서 살펴본 커피뿐 아니라 라틴아메리카에서 커피 생산에 참여하고 있는 사람들에 대한 이해가 필요한 이유이다. 더욱이 커피 소비가 일상을 넘어 도무지 그 끝을 알 수 없을 정도로 폭발적으로 늘고 있는 대한민국에서라면, 우리 일상의 삶이 라틴아메리카에서 커피 생산에 참여하는 이들의 삶과 결코 무관하다고 볼 수 없다. 지리상의 거리뿐 아니라 커피의 생산과 소비라는 양극단에 각각 위치하지만 서로의 삶과 삶이 커피를 통해 긴밀하게 엮여 있음을 부인할 수 없다.

그러나 이러한 연결의 양 끝에서 커피가 갖는 이미지는 천양지차이다. 일반적으로 커피가 소비지에서 갖는 이미지는 여유, 세련됨 혹은 화려함 등이다. 일상의 음료임과 동시에 여전히 기호식품으로 자리하며, 나아가 사회적 문화 소비와도 관계를 맺으면서 진화해왔기 때문이다. 특히 1990년대 전문 커피숍을 중심으로 '스페셜티 커피Specialty Coffee'가 등장한 이후 이러한 이미지는 더욱 강화되었다. 그러나 애석하게도 커피가 생산지에서는 이와 같은 긍정적인 이미지를 담지 못한다. 커피가 소비되는 곳에서의 여유나 화려함과는 비교할 수 없을 만큼 열악한 삶이 커피 생산 현장 곳곳에 짙게 배어 있다. 가장 대표적인 현실은 빈곤이다. 오죽하면 세계 커피 생산 지도와 빈곤 지도를 겹쳐 보면 얼추 일치한다는 말이 있을 정도이다.

라틴아메리카에서 커피 생산은 분명 오랜 시간 부의 상징이었다. 해당 국가들의 근대사 면면에 커피가 있어 가능했던 부의 흔적들이 오늘날에도 역력하다. 국운의 성쇠가 커피 가격에 의해 좌우된다 할 만큼 커피에 대한 경제적 의존도 높았다. 물론 오늘날에도 커피는 세계 도처에서 엄청난 부를 만들어내고 있다. 다만 부가 만들어지는 곳이 생산 현장이 아닌 소비 현장이라는 점이 과거 19세기 라틴아메리카가 향유했던 '커피의 세기'와 다르다면 다르다고 할 수 있다.

커피로 연결된 그들과 우리

불과 몇 년 전만 하더라도 전 세계의 하루 커피 소비량이 17~18억 잔이더니, 2017년에는 25억 잔에 이른다. 이 중 20억 잔 정도는 생산지 밖에서 소비된다고 하니, 커피는 매우 긴 여정을 갖는 작물이라고도 할 수 있겠다. 또 최초 생

그림 13-3 커피를 수확하는 아이 ⓒ림수진

산지에서 최종 소비지에 이르기까지 무수히 많은 공정을 거치기도 한다. 물론 각 과정마다 새로운 부가가치가 만들어진다. 아쉬운 점은 오늘날처럼 커피 소비가 고급화될수록 커피가 만들어내는 대부분의 부가가치가 소비지에 집중되는 경향을 보인다는 사실이다. 일반적으로 커피가 만들어내는 가치의 총량 중 커피 생산 현장에 남는 것은 10퍼센트 정도를 최대치로 본다. 그 10퍼센트에 커피를 생산하기 위한 모든 비용이 포함되며, 그 안의 일부, 즉 아주 작은 부분이 커피를 수확하는 노동자들에게 돌아간다.

반면에 이미 커피 소비 대국이 되어버린 우리나라뿐 아니라 세계 곳곳에서 커피 소비가 만들어내는 부의 가치는 사상 유례없는 기록들을 갈아치우고 있다. 우리나라에서만 8조 원 시장이라고 하니 그야말로 커피가 만들어내는 '부의 세기'의 르네상스이다. 그럼에도 커피 생산지 곳곳에는 갈수록 빈곤

그림 13-4 커피를 수확하는 엄마와 아이들 ⓒ림수진

이 짙어진다. 라틴아메리카에서 커피가 본격적으로 재배된 지난 두 세기 동안이 역사에서 가장 혹독한 시기일 것이다. 이러한 문제들에 직면하여 20세기 말 '공정거래'라는 개념이 등장하기도 하고, '유기농'이나 '열대우림' 혹은 '친조류' 등과 같은 수식이 커피 앞에 붙기도 한다. 커피 생산지에 조금이라도 더 많은 부가가치를 잡아두고자 하는 노력들이 있었음을 부인할 수 없다. 그러나 세계 커피 시장 규모에 비추면 그 비중이 지극히 미미하여 생산지에 충분한 효과를 만들어내지 못하는 것이 현실이다.

커피가 만들어내는 부의 이면에 내재하는 슬픔은 또 다른 측면에서 목격되기도 한다. 커피라는 작물이 가진 특성, 즉 열매가 너무 가벼운 탓이다. 일반적으로 플랜테이션 방식으로 운영되는 사탕수수나 바나나 등과 같은 작물에 비하면 커피 열매는 매우 가벼운 편으로, 커피 열매 하나가 앵두알 정도 크기이다. 게다가 커피 수확 작업은 다른 작물과 달리 기계나 칼과 같은 연장을 쓰지 않기 때문에 비교적 안전하고 쉬운 일이기도 하다. 그런데 바로 이와 같은 작업 환경으로 인해 커피가 생산되는 곳이라면 부녀자들과 아이들이 커피 수확 노동에 동원되는 상황이 어김없이 목격된다. 대부분의 커피 생산 농가에서 아동 노동은 일상화되어 있다. 부녀자들이 아주 어린 자녀를 등에 업은 채 커피를 따는 경우도 흔한 풍경이다. 차라리 조금 더 무겁고 조금 더 위험한 작업이라면, 애초부터 이들이 동원될 일은 없었을 것이다. 특히 아동들이 커피 수확 작업에 동원되거나 커피 수확철을 따라 옮겨다니는 부모와 함께 이주한다는 것은 그들이 교육받을 기회를 잃을 수 있음을 의미하기에, 이들 삶의 미래까지도 빈곤과 슬픔이 내재될 수밖에 없는

그림 13-5 커피밭 사람들 　　　　　　　　　　　　　　©림수진

상황이다.

이들의 삶이 이어지는 라틴아메리카 곳곳의 커피밭은 분명 대한민국과 전혀 별개의 공간이다. 하지만 라틴아메리카에서 생산되는 커피가 전 세계 커피 생산량의 60퍼센트 이상을 차지한다는 점과, 대한민국 내 커피 소비가 지난 수년간 가히 놀라울 만한 속도로 증가해왔음을 감안한다면, 라틴아메리카에서 커피를 생산하는 이들의 삶과 대한민국에서 커피를 소비하는 우리의 삶이 결코 분리되어 있다고 할 수 없다. 우리가 매일매일 소비하는 한 잔의 커피 속 어딘가에는 그들의 녹록지 않은 삶이 녹아 있을 수밖에 없다. 도무지 상상하기 힘들 만큼의 물리적 거리와 심정적 거리가 있다고 하지만, 라틴아메리카 어느 나라의 커피밭에서 붉은 커피 열매를 골라 따며 하루의 일상을 이어가는 그들의 삶이 이곳 대한민국에서 하루의 일상을 이어가는 우리의 삶과 결코 멀리 떨어져 있다고 말할 수 없다.

📖 권장 서지

박영순(2017), 『커피 인문학: 커피는 세상을 어떻게 유혹했는가?』, 인물과
사상사.

우수이 류이치로(2008), 『커피가 돌고 세계史가 돌고: 역사를 돌아 흐르는
이슬람의 검은 피』(김수경 옮김), 북북서.

임수진(2011), 『커피밭 사람들: 라틴아메리카 커피노동자, 그들 삶의 기
록』, 그린비.

케네스 포메란츠, 스티븐 토픽(2003), 『설탕, 커피, 그리고 폭력: 교역으로
읽는 세계사 산책』(박광식 옮김), 심산.

하인리히 에두아르도 야콥(2013), 『커피의 역사 : 세계 경제를 뒤흔드는 물
질의 일대기』(남덕현 옮김), 자연과생태.

(해당 도서는 박은영이 옮긴 『커피의 역사』(우물이있는집, 2005) 판본도
있음)

볼리바르의 꿈과
차베스의 '21세기 사회주의'

미와 풍요의 땅 베네수엘라

　　　　　　　　　　　　공식 명칭이 베네수엘라 볼리바르 공화국인 베네수엘라는 남아메리카의 맨 위쪽에 위치해 있다. 지도상 으로는 상대적으로 작아 보이지만, 우리나라 면적의 9배가 넘는 영토 를 가지고 있다. 경제적으로도 2000년대 들어와 멕시코를 포함한 라틴 아메리카 국가들 중에서 다섯 손가락 안에 드는 경제 대국이기도 하다.

　베네수엘라 하면 많은 사람이 미인의 나라임을 떠올린다. 실제로 베 네수엘라는 다수의 국제 미인선발대회에서 많은 수상자를 배출한 세계 최고의 미인의 나라라고 해도 과언이 아니다. 특이한 점은 단순히 베 네수엘라에 미인이 많다는 점이 아니라, 이것이 하나의 큰 산업을 형 성하여 국가의 주요한 경제 부문으로서의 역할을 담당하고 있다는 점 이다. 베네수엘라 내에는 2만여 개가 넘는 미인대회가 성행하고 있다. 우리나라에서는 서너 살짜리 아이들이 영어유치원에 가지만, 베네수 엘라에서는 어린아이들이 미인선발대회 1등이라는 꿈을 이루기 위해 미인양성학원과 모델학원에 다닌다. 또 미인대회 출전을 겨냥한 미용

산업과 성형산업도 크게 성장했다. 상당히 독특한 현상이기는 하지만, 주요 미인대회 수상자들이 가난에서 벗어나 한순간에 부와 인기를 얻는 것은 많은 베네수엘라 사람에게 매력적인 일이 아닐 수 없다.

한편, 베네수엘라는 라틴아메리카에서도 대표적인 자원 부국이다. 여러 가지 자원 중 특히 석유가 매우 풍부한 나라로, 현재 석유 매장량이 세계 1위다. 일반적으로 중동의 사우디아라비아가 석유 매장량이 제일 많을 것이라고 생각하기 쉬운데, 사우디아라비아는 베네수엘라에 이어 2위를 차지하고 있다. 2000년대 초반까지만 해도 사우디아라

그림 14-1 남아메리카의 맨 위쪽에 위치한 베네수엘라

비아가 석유 매장량 1위였는데, 기술의 발전으로 베네수엘라의 초중질유가 생산성을 인정받으면서 순위가 역전되었다. 초중질유는 점성이 매우 높고 불순물을 다량 함유하고 있어서 채굴 및 경질화를 위한 고도의 기술이 필요하고 생산단가도 높다. 따라서 예전에는 초중질유를 상업화가 가능한 자원으로 취급하지 않았다. 하지만 근래 들어 기술의 발전으로 인해 초중질유의 채산성이 증가했고, 베네수엘라는 가

그림 14-2 시몬 볼리바르 초상화 앞에서 연설하는
우고 차베스

장 큰 수혜자가 되었다. 하지만 안타깝게도 석유 매장량에 비해 베네수엘라의 석유 생산량은 아직 10위권대에 머무르고 있는 실정이다. 석유산업에 대한 투자 부족으로 인해 생산능력이 정체되어 있기 때문이다.

베네수엘라에서 또 한 가지 유명한 것이 바로 독특한 정치, 또는 전前 대통령 고故 우고 차베스Hugo Chávez의 존재이다. 차베스는 1999년 초부터 집권하여 2013년 초 암으로 사망하기까지 만 14년간 베네수엘라를 권위적으로 통치했다. 그는 중산층이나 중상류층보다 빈민들과 노동자들의 적극적이고 전폭적인 지지를 받았다. 차베스는 사실 노동자 출신이나 빈민 출신이 아니라 군부 출신이다. 1990년대에 들어와 베네수엘라에 도입된 신자유주의적 정책이 베네수엘라 경제를 악화시킴에 따라, 차베스가 쿠데타를 일으켜서 나라 경제를 회복시키고 빈민들이 더 잘 사는 나라를 만들고자 정치에 입문했다. 차베스는 1992년 쿠데타를 시도했으나 실패하고 2년간 투옥되었다. 그 후 1998년 대통령 선거에 출마하여 빈민층의 지지를 업고 56퍼센트가 넘는 압도적인 득표율로 당선되었다.

'21세기 사회주의' 혁명의 특징과 전개

차베스가 집권을 시작하면서 정치경제적·사회적 기치로 내건 것이 바로 '21세기 사회주의' 혁명으로 차베스주의 또는 차베스식 포퓰리즘이라고도 일컬어진다. 21세기 사회주의는 민주적 사회주의를 표방하며 시민들의 자율적인 성장을 통한 점진적인 과정으로서의 혁명을 추구했다. 가장 중요한 특징으로, 상반되는 이념인 산업자본주의와 20세기 사회주의에 대해 동시에 반기를 들었다는 점이다. 먼저, 못 가진 자들이 자본가에 의해서 억압받는 정치 · 경제 · 사회 형태를 비판했는데, 특히 신자유주의와 미 제국주의에 반대했다. 동시에 레닌주의와 같은 20세기 사회주의에서 만연했던 국가사회주의와 계획경제도 반대했다. 21세기 사회주의는 이념적으로 두 양극에 있는 정치경제 패러다임을 조합하거나 또는 그에 대한 대안으로 차베스가 제시한 것이다. 한편, 21세기 사회주의는 차베스가 군부 출신이라는 배경을 잘 반영했는데, 행정부 · 사법부 · 입법부 모두에서 군부 세력과 민간 세력이 긴밀한 연합관계를 유지했다. 차베스를 옹호하는 군부 세력들이 국가의 전 부문에 포진해 차베스의 집권을 지탱한 것이다.

21세기 사회주의는 상향식의 참여민주주의를 추구하여 지역 주민들이 자신들의 권익을 직접 찾을 수 있도록 했다. 이와 함께 발전에 대한 초점을 인간개발에 두었다. 현대사회에서 일반적으로 말하는 발전은 국가의 국민총생산GDP이 얼마나 성장했느냐와 같은 거시적인 경제 지표에 초점이 맞추어져 있다. 하지만 차베스의 21세기 사회주의는 그러한 국가 경제의 성장보다 국민들의 삶의 질, 더 나아가 국민들이 그들이 원하는 행복을 얼마나 잘 추구할 수 있는가에 초점을 맞추었다.

이 21세기 사회주의, 즉 차베스주의는 좌파 정부에 의한 포퓰리즘이었다. 또한 20세기 중반에 아르헨티나와 브라질 등에서 유행했던 고전적 포퓰리즘과 달리 사회적으로 완전히 소외되어 있던 빈민들을 주 대상으로 행해졌다. 고전적 포퓰리즘이 주로 노동조합에 소속된 노동자들, 즉 어느 정도 특권을 지닌 노동자들을 주요 대상으로 이루어진 정책이었다면, 차베스주의는 노동조합에도 속하지 못한 노동자들, 즉 진짜 빈민들을 주요 대상으로 복지나 혜택을 주는 구조였다.

21세기 사회주의의 중요한 요소 중 하나는 바로 복지 정책이다. 차베스는 석유를 해외에 수출해서 벌어들인 오일머니를 집중적으로 사회복지에 투자했다. 그는 집권 기간 동안 오일머니의 60퍼센트 이상을 사회복지에 쏟아부었다. 오일머니를 통해서 사회복지를 추진하는데는 세 가지 중요한 메커니즘이 있었는데, 바로 볼리바르 미시온Misiones Bolivarianas이라는 사회복지 프로그램, 볼리바르 미시온을 심화시킨 대大사회 미시온, 그리고 주민들의 적극적인 참여를 유도하기 위한 주민자치위원회라는 제도이다.

먼저 볼리바르 미시온은 2003년부터 시행되었다. 차베스의 임기가 시작된 1999년 초부터 주요 정책적 관심사로 신경을 써오던 사회복지 정책을 볼리바르 미시온이라는 큰 틀로 제도화한 것이다. 인간개발이라는 궁극적인 목적하에 사회에서 소외된 빈곤계층을 사회의 중심으로 끌어들이기 위한 제도였다. 보건의료, 빈곤, 식량, 원주민, 교육, 토지개혁, 과학기술, 문화, 여성, 산림, 환경 등 정치·경제·사회 전 분야를 아우르는 포괄적인 복지 시스템이었다.

볼리바르 미시온이라는 큰 틀 아래에 각 분야에서 추진된 여러 미시온 중 첫 번째이자 가장 대표적인 것이 보건의료 프로그램인 '미시온 바리오 아덴트로Misión Barrio Adentro'였다. 2003년 수도인 카라카스에서 처음 시작하여 같은 해 말 전국으로 확대 실시된 미시온 바리오 아덴트로는 빈민들이 모여 있는 지역이나 외진 시골 지역 등 기존의 의료시설에 대한 접근성이 떨어지는 지역에 소규모의 1차 의료시설들을 설치하여 의료진을 상주시키고 지역 주민들에게 무료 보건의료 서비스를 제공하는 프로그램이다. 더 나아가 이 보건의료 미시온을 통해 2차 및 3차 의료기관을 신설 또는 강화하기도 했다. 보건의료 미시온을 위한 의료진의 공급에는 쿠바의 협력이 있었다. 차베스는 쿠바의 피델 카스트로 및 라울 카스트로 형제와 매우 긴밀한 관계를 유지하고 있었는데, 이들이 국가적 차원에서 쿠바의 의사들을 베네수엘라에 보내주었다.

2011년 베네수엘라 독립 200주년을 맞이하여 차베스는 기존의 볼리바르 미시온을 심화시켜 대사회 미시온을 발족했다. 특히 5개 분야, 즉 보건 · 고용 · 주택 · 사회보장 · 농업 분야에 초점을 맞추었는데, 의료 혜택을 위해 미성년자나 장애인이 있는 가정, 저소득 가정에 금전적인 지원을 해주는 프로그램, 특화된 교육을 통해서 구직의 기회를 제공하는 프로그램, 무주택자를 위해서 영구임대 주택을 건설하는 프로그램, 모든 노인에 대한 연금 보장 프로그램, 그리고 영세농민들에게 영농이나 유통을 지원해주는 프로그램 등을 시행했다.

21세기 사회주의 복지 정책의 또 한 가지 중요한 요소는 주민자치위원회라는 제도이다. 2006년에 주민자치위원회법이 통과되면서 지역 주민들은 주민자치위원회를 통해 자체적인 프로젝트를 착안하고 수행할 수 있는 실질적인 통로를 가지게 되었다. 대부분의 사회복지는 일반적으로 국가가 주도적으로 복지 프로젝트를 시작하고 국민이 수동적인 수혜자가 되는 구조이다. 이에 반해, 우고 차베스의 21세기 사회주의는 주민자치위원회를 통해 복지의 수혜자가 직접 필요한 프로젝트를 발의해 추진해나가는 구조를 가지고 있다. 자신이 필요로 하는 복지를 자신이 직접 만들어간다는 참여민주주의적 성격이 매우 강하다. 물론 자금은 국가로부터 나온다. 그러다보니 결국 돈을 받는 빈민이나 노동자들이 정부를 정치적으로 지지하는 후원주의적인 관계가 형성되는 것이 아니냐는 비판도 있었다. 하지만 상향식 의사결정 구조에 바탕을 둔 주민자치위원회는 정부와의 협력관계하에서 활성화된 시민 운영의 긍정적인 형태라는 평가를 받기도 했다. 또 지역 주민에 의한, 지역 주민을 위한 실질적인 사회 제도 또는 사업을 개발하는 긍정적인 요소로 평가받기도 했다.

'21세기 사회주의'의 성과와 한계

차베스의 21세기 사회주의는 다양한 사회복지를 빈민들에게 제공하며 주목할 만한 성과들을 이루어냈다. 그중 먼저 빈곤의 감소를 들 수 있는데, 집권 초기부터 말기까지 빈곤율은 5분의 3 정도로 감소했고 극빈곤율 또한 반 정도로 떨어졌다. 더욱 눈에 띄는 성과는 바로 불평등의 개선이다. 차베스가 집권하기 전까지 베네수엘라는 여느 라틴아메리카 국가들처럼 불평등이 만연한 나라였다. 그런데 차베스가 집권하면서 기업가들은 차베스 정부로부터 여러 가지 통제를 받기 시작한 반면, 빈민들은 정부로부터 직접적인 원조를 제공받았다. 이를 통해 차베스 집권 말기에는 베네수엘라의 지니계수가 라틴아메리카에서 가장 낮은 수준까지 떨어지는 아주 놀라운 성과를 이루게 되었다. 보건의료 분야에서는 영아 사망률이 꾸준히 감소했다. 또한 대학 진학률이 향상되어 고등학교 졸업자의 대학 진학률이 2004년부터 5년 동안 급격히 증가했다. 그런데 이는 교육 정책의 성과라고 볼 수 있지만, 차베스가 전국 곳곳에 설립한 베네수엘라 볼리바리안 대학교라는 국립대학교 시스템 때문이기도 했다. 베네수엘라 볼리바리안 대학교는 고등학교 졸업장만 있으면 특별한 입학시험 없이 누구든지 입학할 수 있는 교육기관으로 기존의 대학과는 달리 차베스주의를 지탱하며 그 커리큘럼에 정치적·사상적 색채를 띤 교육을 포함했다. 다시 말해 교육이 개선된 면도 있지만, 차베스의 정책적 의도에 의해서 대학 진학률이 개선된 측면도 있다.

21세기 사회주의는 이런 긍정적인 성과들을 이룬 반면에 여러 가지 사회 불안을 야기하기도 했다. 첫째 이념적·계층적 양분화를 심화시켰다. 앞서 언급한 바와 같이 차베스는 빈민들과 노동자들의 전폭적인 지지를 얻어 정권을 획득·유지해나간 경우이다. 반면에 중상류층은 야당이 정권교체를 이루어 국가의 간섭이 심한 차베스식 경제 시스템을 개혁하기를 원했다. 그러다보니 계층 간 갈등이 점점 심해졌다. 이러한 계층 간의 갈등은 차베스의 네 번째 대통령 선거에서 분명하게 드러났는데, 상대적으로 부유한 계층이 많이 거주하는 지역에서는 야당이 우세했고, 빈곤계층이 다수 거주하는 지역에서는 차베스가 우세했다. 또 한 가지 주요한 부정적 영향은 치안 불안이었다. 일반적으로 생각하기에 불평등이 하락하면 범죄율, 살인율도 떨어지는 것이 보통이다. 하지만 베네수엘라는 차베스가 정권을 잡은 이래로 10년이 넘게 불평등이 점차 개선되고 빈곤이 감소했음에도, 치안은 점점 악화되어 살인율이 라틴아메리카에서 거의 최고 수준까지 치솟았다. 차베스 집권 전인 1998년 연간 4,550건이던 살인사건이 2011년 1만 9,336건까지 증가했고, 2011년에는 살인율이 인구 10만 명당 67명으로 남미 최고를 기록했다.

다음으로 베네수엘라 관료사회의 부패가 매우 심각해졌다. 한 정권이 오래 집권을 하다보니 기득권자들이 다양한 루트를 통해 권력과 부를 축적하여 현재 베네수엘라는 부패지수가 세계에서 가장 높은 국가 중 하나가 되었다. 국제투명성기구에서 발표한 부패인식지수에 따르면, 매년 베네수엘라는 170~180개의 조사 대상국 중 뒤에서 10번째에 위치할 정도로 부패가 만연해 있다. 또 한 가지 부정적 영향으로, 퇴보한 인프라 수준을 들 수 있다. 석유를 통해서 벌어들인 오일머니를 석유산업을 위한 인프라나 도로, 철도, 항만, 전력 등의 다른 기간산업의 구축에 투자하지 않고 과도하게 사회복지에 사용해 베네수엘라의 전반적인 인프라가 여전히 매우 부족한 상황이다.

포스트-차베스 베네수엘라

우고 차베스는 2013년 초 2년간의 암 투병 끝에 사망했고, 부통령이던 니콜라스 마두로Nicolás Maduro가 차베스의 뒤를 이어 대통령으로 등극했다. 마두로는 노동자계급 출신으로 차베스식 사회주의의 핵심 주창자였다. 반제국주의적 외교 정책을 지향했으며, 쿠바의 카스트로 형제와도 친밀한 관계였다. 차베스식 사회복지 정책 또한 적극 지지하여 취임 이후에도 베네수엘라의 사회복지 정책에는 큰 변화가 없었다. 마두로는 기존의 차베스식 복지 정책의 기조에 따라, 국가 사회주의 미시온 시스템이라는 새로운 이름으로 기존의 볼리바르 미시온, 5대 사회 미시온 등을 통합하고 심화시켰다. 그리고 최저임금을 꾸준히 인상해 2014~2015년에는 100퍼센트가 넘게 임금 인상이 이루어졌다. 한편 국민 대다수인 빈민이나 노동자들이 기존의 복지 정책을 지지하고 있기 때문에 포스트-차베스 정권이 차베스식 사회복지 정책을 포기하기란 쉽지 않다.

한편 포스트-차베스 베네수엘라의 정치경제는 매우 좋지 않은 상황으로 치달았다. 2014년 초 집권 여당은 야당과 실제적인 대화를 중단했고, 야당이 과반을 차지한 국회는 정부의 간섭으로 제 기능을 하지 못했다. 여전히 행정부와 사법부를 장악하고 있는 차베스주의자들이 국가의 정치를 주도했다.

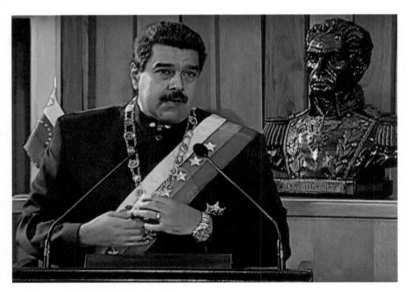

그림 14-3 연설 중인 니콜라스 마두로

경제적으로는 문제가 더욱 심각해졌다. 2000년대 들어서 전 세계 원자재 가격이 상승하면서 베네수엘라는 많은 이익을 보았다. 그런데 2010년을 전후로 원자재 가격 상승세가 둔화되다가 2014년 하반기부터 원자재 가격이 하락했다. 특히 석유 가격은 2014년 말 급락하여 수년 동안 회복되지 못했다. 오일머니에 경제 전반을 의존하고 있는 베네수엘라로서는 매우 큰 경제적 위기에서 벗어나기 어렵게 되었다. 국가가 석유를 수출해서 벌어들이는 돈으로 해외에서 식료품이나 생필품을 수입해오는 구조인 베네수엘라는 오일머니가 줄어들면서 생필품을 제대로 수입하지 못하는 상황에 처하게 되었다. 물가 상승은 통제를 벗어나 초인플레이션으로 치달았고, 국민들의 실질 소득은 나락으로 떨어졌다. 생필품을 사기 위해서 지폐 수천 장을 짊어지고 가야 했고, 그나마 슈퍼에 남아 있는 물건을 사기 위해서는 개장하기 전 아침 일찍부터 줄을 서서 기다려야 했다. 의료 서비스도 거의 붕괴 상태에 이르렀다. 의약품이나 의료기계 부품 등이 제대로 수입되지 못해 대부분의 병원이 제때 환자들을 치료하지 못하는 상황에 이르렀다. 또한 낮은 처우로 인해 의료진들마저 대거 다른 일자리를 찾아 나서면서 의료 서비스가 큰 위기에 처하게 되었다. 한때 라틴아메리카에서 가장 눈에 띄는 빈곤 및 불평등 개선을 이룬 베네수엘라는 차베스 사후 몇 년 만에 빈곤과 불평등이 극도로 악화되었다. 적잖은 국민이 식료품의 부족으로 체중 감소를 경험하기도 했다. 이러한 상황을 견디다 못한 많은 베네수엘라 국민이 야당 주도의 대규모 반정부 시위에 참여하는 등 베네수엘라 국내 정세는 더욱 큰 혼란으로 빠져들었다.

차베스가 없는 베네수엘라의 '21세기 사회주의'의 미래는 앞으로 어떻게 될 것인가? 마두로 대통령이 집권하고 있는 베네수엘라는 열악한 경제 상황에서 개선될 기미가 보이지 않는다. 국제유가가 큰 폭으로 상승하지 않는 한 특별한 해결책을 찾기 힘든 상황이다. 더욱이 마두로 대통령에게는 차베스가 지니고 있던 절대적인 카리스마가 없다. 과거 차베스를 열렬히 지지하던 대중, 즉 빈민들과 노동자들은 여전히 차베스를 그리워하지만 더 이상 마두로는 지지하지 않는다.

이러한 상황에서, 베네수엘라의 경제를 되살리기 위해서 차베스식 통제경제에서 벗어나 개방적이고 자유로운 경제 체제로의 전환이 필요하다는 의견이 있다. 하지만 그러기 위해서는 차베스주의가 추구하던 반反신자유주의, 반제국주의 기치를 포기해야 한다. 이는 그나마

그림 14-4 반정부 시위를 하는 베네수엘라 국민들

차베스의 옛 추종자들이 마두로에게 보내는 정치적 지지를 흔들 수 있다. 나아가 차베스가 10년 넘게 쌓아온 베네수엘라의 21세기 사회주의 정치·경제, 즉 마두로 자신의 정체성을 부인하게 되는 모순에 빠질 수 있다. 아직까지 베네수엘라는 차베스주의를 고수하기 위해 안간힘을 쓰고 있다. 베네수엘라의 혼란과 불안을 타개할 방안이 무엇일지는 정확히 알 수 없으나 국민들의 삶이 빨리 정상화될 수 있기를 바란다.

📖 권장 서지

김병권 외(2007), 『베네수엘라, 혁명의 역사를 다시 쓰다: 차베스의 상상력,
　　21세기 혁명의 방식』, 시대의창.

스티브 브루워(2013), 『세상을 뒤집는 의사들: 베네수엘라 공공 의료 혁명
　　바리오 아덴트로』(추선영 옮김), 우리교육 검둥소.

안태환(2012), 『차베스와 베네수엘라 혁명』, 한국학술정보.

조돈문(2013), 『베네수엘라의 실험: 차베스 정권과 변혁의 정치』, 후마니
　　타스.

조지프 추나라(2006), 『차베스와 베네수엘라 그리고 21세기의 혁명』(이수현
　　옮김), 다함께.

쿠바, 그 섬에 가고 싶다

〈부에나비스타 소셜 클럽〉 속 문화자본의 논리

기억하기recordar와 레코딩recording　　영화는 쿠바 근현대사의 질곡을 동시녹음할 의향이 없다. 음악은 캐스팅하지만 아바나 곳곳에 이명耳鳴처럼 떠도는 역사는 안중에도 없다. 악보에 각인된 사회나 그 집단의 문화적 기억을 해독하고자 애쓰지 않는다. 빔 벤더스Wim Wenders가 〈더 블루스: 소울 오브 맨〉에서 블루스 거장들의 삶과 음악을 탐사하며 견지한 나름의 역사 다큐멘터리 기법을 〈부에나비스타 소셜 클럽Buena Vista Social Club〉(1999)에서 찾아보기란 여간 힘든 일이 아니다. 비록 구색을 맞추려고 영화의 도입부에 혁명 이후의 정치적 정황을 담은 사진 몇 컷을 삽입해 놓았다고는 하지만, 그저 변죽만 울린 격이다. 다윗과 골리앗(링컨 동상 앞의 카스트로), 카스트로와 체 게바라(골프 치는 모습), 이 두 쌍의 역사적 함수관계와 그 함의를 한낱 웃음거리, 볼거리로 치부할 뿐이다. 쿠바 혁명 후 미국을 방문한 카스트로를 골프 라운딩을 핑계로 외면했던 아이젠하워, 쿠바 미사일 위기 직후 체 게바라와 골프 시합을 하며 케네디에게 골프 회동을 제의했던 카스트로의 유화적 제스처 등등, 사진 속의 구체적인 세부 묘사와 정치적 배경은 알베르토 코르다Alberto Korda에 의해 일제히 스크린 밖으로 밀려난다. 그리고 그 자리는 카스트로의 '승부욕'으로 가득 채워질 뿐이다.

아울러 영화는 1920~1950년대의 쿠바 음악의 수용 및 유통 패러다임에 대해서도 일절 언급하지 않는다. 미국계 마피아들과 그들의 대부였던 독재자 바티스타Fulgencio Batista-Zaldvivar 사이의 빅딜에 의해서 관리되던 아바나(일명 '라틴 라스베이거스')의 흑역사에 대해서도 함구한다. 스윙재즈와 갱, 그리고 여자, 이 삼박자가 영화 〈카튼 클럽〉속의 쇼 비즈니스를 꾸려나간다면, 〈부에나비스타 소셜 클럽〉이 '환대받던buena vista' 시대에 아바나의 밤무대를 주름잡던 '스카페이스'는 마이어 랜스키Meyer Lansky였다. 쿠바의 망명 소설가 기예르모 카브레라 인판테Guillermo Cabrera Infante가 시나리오를 맡은 〈로스트 시티〉뿐만 아니라 〈벅시〉, 〈대부 II〉, 〈원스 어폰 어 타임 인 아메리카〉, 〈자유시대〉 등에서도 자신의 존재감을 과시했던 마피아. 사실 〈부에나비스타 소셜 클럽〉의 도입부에 삽입된 첫 번째 사진 속의 '밀리언 달러 호텔' 아바나 리비에라도 이 마이어 랜스키의 현금지급기였다. 몽마르트르 나이트클럽, 몬시뇰 레스토랑, 호텔 나시오날 또한 랜스키의 '패밀리' 숙소이면서 음악(인)과 관광 및 향락 산업을 매개하던 그의 '나와바리'였다.

하지만 영화는 '매춘의 메카'이자 카리브의 소돔과 고모라로 통했던 아바나의 그 '화려했던 시절'에 대해서는 끝내 침묵한다. 더티댄싱과

섹스쇼, 핫룸바와 스트립쇼가 성행性行하고 '물랑루즈'식 나이트클럽 (1950년대의 아바나에는 90여 개의 나이트클럽이 있었고 그야말로 성황性況을 이뤘다)과 카바레들이 '성업性業'했던 시대의 음악의 소비 주체와 소비 패턴에 대해서는 모르쇠로 일관한다. 음악의 생산 조건과 사회문화적 콘텍스트에 대해서는 무지하거나 최소한 무관심하다. 그대신 카메라는 여섯 번째 자식을 욕망하는 아흔 넘은 콤파이 세군도Compay Segundo의 몽둥이만 한 시가를 장난처럼 잡을 뿐이다. 대표적인 섹스 휴양지였던 바라데로나 콜론 지역이 아닌 산티아고 데 쿠바 Santiago de Cuba의 홍등가를 전전하며 음악을 팔던 시절을 회상하는 엘리아데스 오초아Eliades Ochoa의 일회적이고 우회적인 진술이 결코 그 큰 부재의 알리바이가 될 수는 없는 노릇이다. 그는 그저 자기 키만 한 기타를 숟가락처럼 들고 다니던 '쿠바 음악의 황금시대'의 참담한 사회상을 설핏 들려줄 뿐이다.

검은 뮤지션들과 인종차별　　노장 피아니스트 루벤 곤살레스Rubén González가 스크린 밖에서 증언했듯이, 1950년대 말까지만 해도 쿠바에서는 일반인과 음악인을 상대로 한 노골적인 인종차별이 자행되었다("Don't you have anyone a little lighter"). 백인과 극소수의 쿠바 상류층만이 관객으로 입장 가능하고, 무대는 그 시대의 기쁨조였던 흑인과 물라토들 일색으로 꾸며진 카바레와 클럽들이 이른바 '물 좋은' 곳으로 차별화되던 시절이었다. 폴 매카트니Paul McCartney와 스티비 원더Stevie Wonder가 노래한 "에보니 앤 아이보리 리브 투게더 인 퍼펙트 하모니"는 적어도 당시에는 실로 가당찮은 일이었다. 그러나 이러한 사실을 아는지 모르는지 카메라는 그저 관광객-관객의 시선으로 월드뮤직의 흥행 보증수표로 통하는 뮤지션들의 검은 얼굴만을 묵묵히 클로즈업할 뿐이다. 쿠바와 미국의 민감한 역사, 그 치명적인 진실-늪에 발을 들여놓기엔 카메라와 기타가 너무 영리한 탓일까. 노장 뮤지션들의 카네기홀 공연과 뉴욕 투어만을 어린아이처럼 천진난만하게 좇을 뿐이다.

결국 〈부에나비스타 소셜 클럽〉은 쿠바와 쿠바 음악을 소재로 하지만 쿠바 또는 카리브의 역사성과 음악사회학적 시선을 배제하고 있다. 자크 아탈리Jacques Attali가 『소리: 음악의 정치경제학Noise: The Political Economy of Music』에서 논증했듯 '사회의 반영체'임과 동시에 '사회인식의 수단'인 음악은 정치적 · 사회적 · 경제적 변수와 불가분의 관계를 맺고 있음에도 불구하고 말이다. 극도로 예민하게 환지통幻肢痛을 앓으면서도 시간이 저질러놓은 사건에는 지나치게 덤덤하다. 이래저래 영상이 요동치거나 영사기가 흥분할 리는 만무해 보인다.

타자의 발명/발굴/(재)발견의 논리

문화자본의 마케팅 전략　그럼 이제 삐딱한 질문 몇 개 엇박자로 넣어보자. 정녕 빔 벤더스는 어떠한 감정에도 발을 담그는 법이 없는가? 과연 그의 말대로 "음악만 강물처럼 흐르게" 내버려두고 일절 영화 흐름에 개입하지 않는가? 발화 주체의 시각과 욕망, 그리고 선망을 카메라는 단속(짐작하겠지만 단속이 곧 노출인 경우도 있다)만 하고 노출시키지는 않는가? 일견 무뚝뚝하고 무덤덤해 보이는, 그래서 노련해 보이기까지 하는 이 카메라 핑거링fingering은 비예술적 잔향과 잔상을 깔끔하게 필터링하는가? 하여 이 영상 이미지 텍스트는 빔 벤더스의 표현대로 "이미지 셀링image selling"과는 정말 무관한가?

전혀 그렇지 않다. 그 이유는, 그 징후와 징표는 '뮤지큐멘터리 musicumentary' 곳곳에 음표처럼 코드화되어 있다. 우선, 타자의 발명/발굴/(재)발견의 논리가 유독 귀에 거슬린다. 문화자본의 이러한 논리 및 마케팅 전략은 내레이션 중간중간에 추임새처럼 삽입되어 있다. 영화의 홍보 문구와 영화 제작에 참여했던 당사자들(특히 〈파리 텍사스〉와 〈폭력의 종말〉 이후 다시 의기투합한 빔 벤더스와 라이 쿠더)의 인터뷰 곳곳에서도 발견된다. 가령 빔 벤더스는 영화에 곁들여 낸 책 *Companion Book to the Film*의 서문에서 "모든 것을 소비하는", "미래에서 온 사람들"에 의한 "이야기"와 "음악인"들의 "발견"을 누차 강조하고 있다. 흡사 대발견 시대(대항해 시대)의 서구와 '신대륙 간'의 일방적인 만남을 연상시키는 언술이자 상술이다. 월드뮤직의 베테랑 탐험가인 라이 쿠더Ry Cooder의 논법도 크게 다를 리 없다. 아닌 게 아니라 비서구적인 음악 찾기를 '보물 사냥'에 곧잘 빗댄다. 낙천적이며 선량한 칼리반들이 거주하는 이 신세계에서 카메라와 기타로 무장한 닉 골드Nick Gold(음반사 '월드 서킷'의 대표)를 비롯한 이들 '백인 문화 고고학자들'이 발견하고 도굴하는 황금 노다지, 곧 음악은 그들에게 시간이기도 하고 공간이기도 하다. 그래서 〈쿠반 타임〉이 배경음악처럼 흐르는 이 이국적인 게토(아바나)는 꿈과 "유년 시절을 상기시키는" 몽환적인 신천지로 그려진다. 네스토르 가르시아 칸클리니Néstor García

Canclini의 표현을 빌리면, "다시기적 이질성heterogeneidad multitemporal"이 지배하는 팔림세스트적 공간으로 한껏 부각된다. 자연스럽게 시간을 역류시키는 1940~1950년대산 뷰익, 시보레 벨에어, 닷지 킹스웨이, 프레이저 맨해튼 등이 맘껏 스크린을 부유한다. 그렇게 쿠바는 아련하고도 몽롱한 기억 속에 유폐된 앤디 가르시아 Andy García식 '잃어버린 도시The Lost City'로 회억回憶된다.

그렇다면 스크린 안팎에서 구축되는 타자의 발명/발굴/(재)발견의 논리에 쿠바 혁명은 어떤 기여(?)를 하는가? "상업주의에 물들지 않았기에 순수하다"며 쿠바 음악을 높이 평가했던 빔 벤더스와 라이 쿠더는 어떻게 쿠바 음악과 음악인을 시청각 상품 논리로 포장하는가? 대답은 의외로 간단하다. 영화에서 쿠바 혁명은 음악인들에게 재갈을 물리고 그들을 조기에 불명예 은퇴시킨 장본인으로 환기된다(쿠바의 평균 수명이 78세로 〈식코〉의 나라 미국을 추월한 선진국 수준이며, 스크린을 달구는 노장 뮤지션들이 대부분 70~90세라는 사실은 잠시 잊도록 하자). 부당하게 쿠바 음악(아프로-쿠반 재즈, 손, 단손, 볼레로 등)을 도태시켰을 뿐만 아니라, 대중음악에 철퇴를 가한 보이지 않는 손으로 지목된다. 예컨대 음악(인)이 쿠바 혁명에 '전속'되었다는 논리다. 이것은 빔 벤더스와 라이 쿠더가 쿠바 혁명에 붙이는 첫 물음표이자 느낌표다. 음악에 눈이 멀어 간과하기 쉽지만 선뜻 맞장구치기도 쉽지 않은 논리다. 왜냐하면 이것은 혁명 전후의 부단한 섞임과 접목 및 다양한 실험을 도외시한 채 쿠바 음악을 지극히 정태적으로 파악함으로써 빚어진 오해와 왜곡이기 때문이다.

쿠바 혁명 이후 실질적으로 크게 변한 것은 음악의 생산 시스템, 소비 방식, 유통 구조, 교육 체계, 대중의 예술 수용 및 참여 방식, 정부와 전문 음악인의 관계 설정(정부가 급료를 지급), 공연 메커니즘 등이었다. 특히 '문화의 집Casa de Cultura'을 위시한 새로운 문화 기구들의 설립 및 운영 등과 관련된 문화 정책의 기조가 확 달라졌다. 물론 "이념이 노래였던 시절"(『아나키스트』)에는 정치적으로 올바른 누에바 트로바류의 노래(정치음악 혹은 관변음악)가 널리 애창된 건 사실이다. 1960년대 중반부터 1980년대 중후반까지(팀바 열풍과 경제 위기가 닥치기 전까지) 정책적 · 재정적 후원을 받지 못한 댄스음악은 상대적으로 홀대를 당했다. 게다가 퇴폐적이고 과거 회귀적이며 부르주아적이라는 낙인까지 찍혔다. 대개는 음악 장르나 특정한 그룹 혹은 뮤지션의 문제라기보다는 가사의 체제 비판적 뉘앙스와 선정성(1997년의 차랑가 아바네라)을 빌미로 일부 곡들을 부당하게 금지곡 목록에 가두기도 했었다. 하지만 1974년 이후 쿠바 혁명 정부는 '음악의 코스모폴리탄적 다양성'을 수용했다. 서양의 전통 클래식, 아프로-쿠반 컬트뮤직, 민속음악은 물론이거니와, 펑크록을 제외한 국내외의 거의 모든 대중음악을 사실상 용인했다. 비록 저항 가요나 누에바 트로바가 쿠바 혁명의 '주제음악'을 담당했다손 치더라도, 앞에서 언급한 다채로운 음악 장르가 사실상 혁명 이후 쿠바 사회의 사운드트랙 구실을 했다.

발견과 은닉의 미학 실제로 〈부에나비스타 소셜 클럽〉에서 매파 역을 했던 후안 데 마르코스 곤살레스Juan de Marcos González가 갈파했듯이, "많은 사람들이 생각하는 것과는 달리 카스트로 이후에도 쿠바 음악은 지속되었다." 법고창신의 정신에 걸맞게 보다 더 '좋은 음악buena música'을 창조하기 위해 영미의 록과 안데스 음악을 두루 섭렵하고 쿠바의 전통음악에 젊은 피를 수혈하는 작업을 주도하고 있는 후안 데 마르코스 곤살레스 자신이 바로 그 산증인이다. 그의 존재는 〈부에나비스타 소셜 클럽〉에 '내재하는' 모순이 가장 돋보이는 증좌다.

빔 벤더스와 라이 쿠더는 이 노장 뮤지션들을 마치 쿠바 전통음악, 특히 손son의 마지막 전수자인 것처럼 분위기를 한껏 띄우지만, 이 또한 억지 몰아가기다. 시류에 떠밀린 건 맞지만, 세대교체와 맞물리기도 했지만, 손은 오히려 한결 더 싱싱해졌다. 낡은 형식에 감금당하지 않고, 변화를 적극적으로 수용하며 현대화의 길을 모색했다. 당연히 재능 많은 후세대 소네로sonero와 밴드들이 속속 그들의 뒤를 이었다. 쿠바 최고의 예술교육기관인 국립예술학교ENA 출신이자 '손의 신사El Caballero del Son'로 통하는 아달베르토 알바레스와 그의 밴드 Adalberto Álvarez y su Son 14가 그 좋은 예다. 세계적인 명성을 획득한 그는 1984년에 이미 오마라 포르투온도Omara Portuondo와 함께 앨범을 출시하기도 했다. 록과 재즈와 전자악기를 손에 접목해서 1970년대의 송고songo열풍에 불을 지폈던 로스 반 반Los Van Van의 후안 포르멜Juan Formell도 있다. 음반과 영화가 제작되던 그때나 지금이나 수많은 쿠바의 전설 중 한 명이다. 게다가 1970년대에 태어난 에키스 알폰소X-Alfonso나 오스달히아 레스메스Osdalgia Lesmes처럼 몸뚱이 속에서 북 가락이 펄떡거리는 쿠바의 제3세대 뮤지션 Golden Boys들은 아바나 거리에 야구 방망이를 든 아이들만큼이나 흔하지 않은가. 그래서 그런 것일까. 퍼커션 연주자이자 라이 쿠더의 아들인 요아힘 쿠더Joachim Cooder의 자리가 유독 억지스럽고 헐거워보인다. 그 숱한 창창하고 쟁쟁한 젊은 쿠바 뮤지션들을 제쳐두고 남의 집 잔치에서 북 치고 장구 치는 쿠더 부자父子의 넉살 좋은 '낯내기'가 좋게만 보일 리 없다.

라이 쿠더와 닉 골드가 '발견'했다는 피오 레이바Pío Leyva만 하더라도 이미 4개월간(1991년)의 서아프리카 순회공연을 통해 현지의 검은 형제들로부터 '열렬한 환대buena vista'를 맛본 살아 있는 전설이었다. 그런 그의 인지도와 상품성을 충분히 인지했기에 빔 벤더스는 〈부에나비스타 소셜 클럽〉의 후속편이라고 할 수 있는 자신의 영화 〈쿠바 음악música cubana〉(2004)의 주인공으로 다시 그를 호출하지 않았겠는가.

물론 음반 〈유니콘〉의 돌풍을 이어가며 8만 명이 운집한 칠레 국립 경기장에서 1990년대판 '우드스톡 페스티발'을 연출한 실비오 로드리게스Silvio Rodríguez도 있다. 쿠바 혁명에 다채로운 화음을 선사했던 파블로 밀라네스Pablo Milanés의 명성 또한 진즉에 쿠바를 벗어났다. 이유야 어찌 되었건 1990년 이후 이른바 쿠바의 '특별 시기'에는 쿠바 정부에 의해 뮤지션들의 해외 공연이 적극 권장되기도 했다. 그리고 뭐니 뭐니 해도 1992년 이후로 해마다 채택되는 유엔의 '대對쿠바 금수조치embargo 규탄 결의안'을 묵살한 채 미국이 50년 가까이 고수하고 있는 대쿠바 빗장과 어깃장에 관해서는 '엠바고' 사안인 양 일체 언급하지 않는 것은 앞에서 지적한 논리들의 빈약함을 참으로 돋보이게 만든다.

〈부에나비스타 소셜 클럽〉이 '발굴'했다는 이브라임 페레르Ibrahim

Ferrer의 경우도 예외일 수는 없다. 비움의 철학과 빈자의 미학을 체득한 그는 동료 뮤지션보다 대중과 더 친밀하게 소통했다. 그는 자타가 인정하던 과라차guaracha, 손son(〈찬찬〉이 여기에 해당한다), 볼레로 bolero(느린 템포의 낭만적인 발라드, 쿠바에서 멕시코를 비롯한 라틴아메리카 전역으로 확산되었다)의 대가 중 한 명이었다. '슈사인보이'이기도 했던 그는, 유명한 소네로였던 파초 알론소가 주도한 밴드 Pacho Alonso y sus Bocucos의 보컬리스트로, 쿠바 혁명 이후에도 활발하게 활동했다. '벙어리 가수'가 아니었다는 말이다. 쿠바 미사일 위기가 있던 해인 1962년에는 밴드 멤버들과 함께 프랑스와 프라하를 비롯한 동유럽 등지로 순회공연을 떠났고, 그해 10월에는 볼쇼이극장 무대에 올랐으며, 만찬장에서는 구소련의 흐루쇼프 서기장 바로 옆에 배석하

그림 15-1 이브라임 페레르(1927~2005)의 솔로 앨범에는 손, 볼레로, 구아구앙코(룸바의 하위 장르), 과히라(쿠바의 컨트리사이드 음악) 등에 속하는 11곡이 수록되어 있다.

기도 했다.

게다가 보쿠코스와의 칠레 공연을 끝으로 라이 쿠더가 쿠바로 오기 약 5년 전인 1991년(65세)에 공식적으로 은퇴했으니, 쿠바 혁명에 의해 철저하게 매장되어 음악 활동에 많은 제약을 받았다고 단정하는 것은 서구적 음악 산업 시스템에 근거한 단성單聲적인 해석이다. 혁명 이후 음악 관련 제도의 변화 및 문화 정책에 대한 몰이해와 거부감의 표출이 아닐 수 없다. 더군다나 쿠바뿐만 아니라 다른 모든 나라에서도 시간의 흐름에 따라, 취향과 감각의 변화에 의해, 자본을 위시한 여타 비예술적 논리에 떠밀려, 한 시대를 풍미했던 숱한 거장들이 대중

그림 15-2 '쿠바의 건반'으로 통하는 루벤 곤살레스.
저 '건반'이 정말 쿠바, 곧 피아노에 갇혀 있었을까.
피아노에 갇힌 건반?

의 망각 속으로 사라졌고 사라지는데, 왜 유독 쿠바의 경우에만 이례적인 의미를 부여하려고 애쓰는가. 정도의 차이는 있을지언정 세상 어디에도 '노인들을 위한 나라'는 없지 않은가. 지금 이 순간에도 숱한 노인들이 산업폐기물처럼 버려지는 게 부인할 수 없는 이 땅의 현실이지 않은가.

그리고 루츠 음악의 탁월한 발굴자인 라이 쿠더는 이브라임 페레르를 '쿠바의 냇 킹 콜Nat King Cole'이라고 명명하는데, 이 또한 당혹스럽기는 매한가지다. 어떻게 냇 킹 콜이 '잊혀진 존재'가 될 수 있겠는가. 비유 구문 자체가 비문이다. 하기야 1920~1950년대 쿠바 음악의 거장을 지목하는 것이 쿠바에서 '골초'를 찾는 일만큼이나 난망한 노릇일 테지만, 쿠바의 냇 킹 콜이라는 수식어는 단손과 손, 볼레로와 필링filin, 맘보와 룸바 등 거의 모든 쿠바 리듬에 통달했던 '리듬의 달인' 베니 모레Benny Moré에게 돌아갈 몫이 아니던가. 물론이다. 스킬과 기교가 아닌 날것의 음성으로 밑질긴 속슬픔을 잘 발효시켜 두 차례나 그래미상(비록 그래미상 수상을 위한 미국 입국이 미국 정부에 의해 거부되었지만)을 거머쥔 이브라임 페레르를 폄하할 이유는 전혀 없다. 슬픔을 따뜻하게 길어 올리는 그의 크루닝은 듣는 이들의 음악적 성감대를 자극하기에 손색이 없었다. "구두약처럼 검은 얼굴"에 구두코보다 더 광이 나는 눈과 자긍심을 가진 그의 삶과 신명(그는 자궁에서부터 춤추고 노래했다고 말하곤 했다) 및 종교(아프리카 기원의 산테리아), 그리고 쿠바 혁명에 대한 꼿꼿한 신심은 〈부에나비스타 소셜 클럽〉에서 단연 압권이었다. 그렇다고 혁명 가수나 문화 일꾼이었다는 얘기는 아니다. 그저 그를 '발굴' 혹은 '발견'했다고 부당하게 홍보하거나, 쿠바 혁명의 피해자로 과장하고 포장하는 것은 문화자본의 상품 판매 전략이자 차별화 전략이라고 지적하고 싶을 뿐이다.

이국적인 타자의 발명/발굴/(재)발견의 논리는 여기에서 그치지 않는다. 추초 발데스Chucho Valdés와 곤살로 루발카바Gonzalo Rubalcaba 등과 나란히 자타가 공인하는 쿠바의 최고 피아니스트 중 한 명인 루벤 곤살레스의 경우는 또 어떤가. 오죽했으면 쿠바의 음악학자인 엘리오 오로비오Helio Orovio가 느닷없이 "누군가 나타나서 루벤 곤살레스를 그들이 발견했다고 우긴다면 우스워 죽을" 것이라고 힐난했을까. 그의 말대로 루벤 곤살레스는 "항상 있어 왔다siempre ha estado." 1943년 아르세니오 로드리게스Arsenio Rodríguez와 함께 첫 앨범을 녹음한 데다 차차차Cha-cha-chá의 아버지 엔리케 호린Enrique Jorrín과는 25년 동안이나 동고동락했던 '쿠바의 건반'이었다. 이 피아노 치는 노인을 만나러 쿠바로 갔던 어느 시인의 표현처럼 "그의 손을 심장에 찔러 넣고 한 달쯤 울고 싶어 했던" 사람들이 어찌 1997년 이전이라고 없었겠는가.

앞서 언급했던 후안 데 마르코스 곤살레스와 짝을 이루며 〈부에나비스타 소셜 클럽〉의 자가당착적인 면모와 아바나 중심주의(음악과 시선과 동선의 쏠림 현상)를 폭로하는 또 다른 '드림팀' 멤버는 과히라guajira와 과라차의 대가 엘리아데스 오초아다. 노익장을 과시하는 다른 멤버들에 비하면 상대적으로 매우 젊은 축에 속하는 그는 1946년생이다. 1968년에 혁명 정부에 의해 산티아고 데 쿠바에 쿠바 최초로 세워진 '트로바의 집Casa de la Trova'에서 터줏대감 노릇을 했던 보컬리스트이자 기타리스트다. 그는 1978년 이래 수십 년간 쿠바의 전설적인 그룹 '쿠아르테토 파트리아Cuarteto Patria'의 리더로 왕성하게 활동하고 있다. 또한 그는 손son을 비롯한 숱한 쿠바 음악 장르의 성지聖地로 통하는 자기 고향 근방 산티아고 데 쿠바에서의 공연을 그리워할 정도로 숱하게 해외 공연(1989년의 워싱턴 공연을 포함해)을 다녔던 혁명 정부의 문화 관료였다. 게다가 불후의 명곡 〈찬찬Chan Chan〉을 가장 먼저 쿠바 민중에게 들려주었을 뿐만 아니라, 1996년에는 마코사 Makossa의 전도사인 카메룬의 마누 디방고Manu Dibango와 공동으로 음반 〈쿠바프리카Cubafrica〉까지 녹음한 행운아였다. 이쯤 되면 쿠바 혁명과 화음을 이루는 타자의 발명/발굴/(재)발견 논리의 상당 부분이 실은 보지 않고 은닉하는 카메라의 시각 문법에서 기인함을 어렵잖게 간파할 수 있다.

카메라가 그 은닉의 미학을 가장 노골적으로 드러낼 때는 오마라 포르투온도를 따라갈 때이다. 그녀는 유명한 '트로피카나Tropicana' 클럽의 댄서가 된 언니를 따라 음악을 시작했지만, 그녀를 따라 망명하지는 않은 쿠바의 디바다. 쿠바의 디바? 혹자는 공연 중간중간에 "설탕Azúcar!", "설탕Azúcar!"을 외쳤던 '살사의 여왕' 셀리아 크루스 Celia "Azúcar" Cruz를 먼저 떠올릴 수도 있겠다. 하지만 그녀는 혁명 직후 쿠바를 버리고 미국으로 망명함으로써 설탕 나라의 디바로 기억되기에는 왠지 모를 씁쓸한 뒷맛을 남겼다.

오마라 포르투온도 역시 1970년대부터 국내는 말할 것도 없거니와 프랑스, 일본, 벨기에, 핀란드, 스위스 등지에서 수차례 공연을 가진 이래 줄곧 쿠바 음악사의 한 페이지를 다채롭게 채워갔으니, 무명도, '한물간' 뮤지션도 될 수 없다. 쿠바 혁명으로 인해 재갈이 물렸다거나

그림 15-3 오마라 포르투온도

대중과 유리되었다고 속단해서도 곤란하다. 프랑스의 에디트 피아프 Édith Piaf에 곧잘 비유되는 그녀는 〈부에나비스타 소셜 클럽〉의 처 연하고 애잔한 페이소스에 갇히기에는 '음역'과 활동 폭이 너무 넓다. 카메라는 그녀가 1970년대 초반에 이미 엘레나 부르케Elena Burke 와 함께 누에바 트로바의 여성 대표주자들 중 한 명이었다는 사실을 외면한다. 쿠바 혁명 정부의 대표적인 문화기구로 라틴아메리카 문화 예술의 메카이자 누에바 트로바 운동의 요람이었던 '아메리카의 집 Casa de las Américas'과 맺은 30년 가까운 동지적 관계 역시 안중 에 없다. 혁명적 결기를 시적인 서정으로 풀어낸 〈소총 곁에 손 음악 Junto a mi fúsil mi son〉이라는 혁명 가요를 대중화시킨 장본인이 그녀라는 사실에도 애써 눈을 감는다. 근자에는 부쩍 〈생에 감사해요 Gracias a la vida〉라는 노래를 즐겨 부르는 쿠바의 에디트 피아프. 이래저래 〈부에나비스타 소셜 클럽〉에는 달콤한 이 쿠바의 흑설탕이 제대로 녹아 있지 않다.

권장 서지

박세열(2016), 『너는 쿠바에 갔다』, 숨쉬는책공장.

배영옥(2014), 『쿠바에 애인을 홀로 보내지 마라』, 실천문학사.

신현준(2003), 『신현준의 World Music 속으로: 레게에서 아프로비트까지 월드 뮤직을 이해하는 12가지 테마』, 웅진닷컴.

유재현(2006), 『담배와 설탕 그리고 혁명』, 강.

티아 데노라(2012), 『아도르노 그 이후: 음악사회학을 다시 생각한다』(정우진 옮김), 한길사.

부에노스아이레스의 열기와 탱고의 사회학

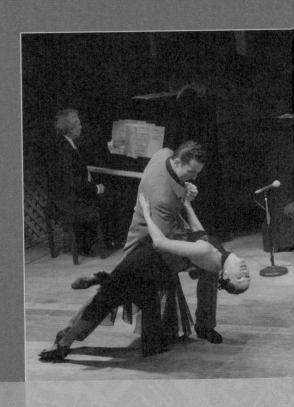

팜파가 일궈낸 아르헨티나의 번영

아르헨티나는 면적이 278만 제곱킬로미터로 세계 8위의 대국이고 인구는 약 4,300만 명이다. 아르헨티나 하면 흔히 떠오르는 것은 팜파pampa, 즉 드넓은 초원이다. 전 국토의 61퍼센트를 차지하며, 여기서 생산되는 소, 양, 밀, 대두 등이 바로 아르헨티나 부의 원천이다. 소의 경우 2015년 기준 5,100만 마리 이상 존재하며, 과거에는 한때 5,500만 마리를 상회했던 적도 있다. 사람보다 소가 많은 나라가 아르헨티나이다.

그러다보니 소에 얽힌 재밌는 일화가 많다. 가령 스테이크만 해도 그렇다. 아르헨티나의 전통 스테이크 하우스에서는 아직도 1인분이 무려 600그램이다. 국회의사당에 얽힌 일화도 유명하다. [그림 16-1]에 보이는 국회의사당 건축에 유럽의 최고급 자재들이 사용되었는데, 당시 최고로 여기던 이탈리아산 대리석을 수입하기 위해 대리석 한 장당 소 한 마리 값을 기꺼이 치렀다. 오른쪽의 조각상은 어디선가 본 적이 있을 것이다. 바로 오귀스트 로댕Auguste Rodin의 〈생각하는 사람

le Penseur〉(1888)이다. 이 작품은 물론 현재 프랑스에 있는 것을 진품으로 간주한다. 그러나 로댕은 애초에 이 작품의 주형을 이용해 작품 두 점을 더 만들었다. 그중 하나가 바로 아르헨티나가 사들인 사진 속 작품이다. 진품과 동일한 주형에서 나온 이 조각상도 아르헨티나의 어마어마한 부가 없었다면 결코 이 자리에 있지 못했을 것이다.

그림 16-1 부에노스아이레스의 〈생각하는 사람〉.
뒤편 건물은 국회의사당이다.

그러나 아르헨티나는 식민시대에는 변방이었다. 스페인의 식민통치가 거의 끝나가는 1776년에야 상업적인 중요성을 어느 정도 인정받아 멕시코, 페루, 콜롬비아 지역에 이어 네 번째로 부왕령으로 승격되었을 뿐이다. 또 19세기 초 독립 이후에도 아르헨티나는 오랫동안 그다지 중요한 나라가 아니었다. 아르헨티나인들 스스로도 팜파가 약속하는 장밋빛 미래에 대한 인식조차 없었다. 가령 19세기 아르헨티나뿐만 아니라 라틴아메리카 전체로 봐도 중요한 지식인으로 꼽히는 도밍고 F. 사르미엔토Domingo F. Sarmiento의 경우만 해도 마찬가지였다. 사르미엔토는 1845년에 『파쿤도: 문명과 야만*Facundo: Civilización y barbarie*』이라는 책을 간행했다. 파쿤도는 팜파를 기반으로 하던 지방 토호이자 군벌의 이름으로, 사르미엔토는 파쿤도 같은 무지한 이들이 있는 한 아르헨티나는 야만 상태를 벗어나 문명화된 국가가 될 수 없다고 보았다. 그래서 팜파를 야만의 동의어로 생각했다. 이러한 인식은 19세기의 다른 지식인들도 마찬가지여서 팜파는 문명의 불모지라는 의미에서 사막이나 바다에 비유되곤 했다.

1880세대, 〈엄마 찾아 삼만 리〉, 남미의 파리

아르헨티나의 전성기는 1880년대에 시작되어 20~30년 정도 지속된다. 이 전성기를 이끈 세대가 속칭 1880세대이다. 아르헨티나가 1950년대에는 세계 5위 내지 7위의 부국이었다는 이야기가 마치 전설처럼 회자되지만, 사실 그때는 이미 전성기가 한참 지난 다음이었다. 그럼에도 불구하고 여전히 세계 상위권에 위치할 정도로 부국이었으니 전성기 때 아르헨티나의 부는 대단했을 것이다.

1870년대 하나의 '사소한' 발명과 또 하나의 '굉장한' 발명이 아르헨티나의 국운을 바꾸는 데 결정적인 기여를 했다. '사소한' 발명품은 가시철조망이다. 미국의 한 목장에서 어떤 사람이 그냥 밋밋한 철조망을 쳐두니까 자꾸 가축이 도망가서 골머리를 앓다가 아이디어를 내어 만든 것이 가시철조망이었다고 한다. 그리고 1870년대에 가시철조망이 도입되면서 아르헨티나에서 대규모 목축이 본격적으로 시작되었다. '굉장한' 발명이란 냉동 설비이다. 이 발명 덕분에 아르헨티나는 쇠가 죽이나 육포 대신 쇠고기를 유럽에 대량 수출하게 되었다. 1880년대에 개막된 아르헨티나의 전성기는 이 두 가지 발명으로 가능했다.

이 시기에는 이른바 '사막 정복'도 이루어졌다. 그것은 1878년에서 1885년 사이의 일이었고, 미국의 서부 개척처럼 원주민들을 몰살시키면서 새로운 땅을 대규모로 확보한 사건이었다. 여기서 말하는 사막은 우리가 일반적으로 생각하는 사막이 아니라 건조한 팜파 지대와 남부의 파타고니아 지방을 지칭한다. 사막 정복은 오늘날의 아르헨티나 국경이 거의 확정된 사건이었으며, 그 결과 아르헨티나는 독립 무렵보다 두 배 이상 영토를 늘렸다.

그 당시 아르헨티나의 부가 얼마나 대단했는지 짐작할 수 있는 것이 우리에게도 친숙한 이탈리아 아동문학 작품 〈엄마 찾아 삼만 리〉(1886)이다. 익히 알다시피, 12세의 이탈리아 소년이 자기 어머니를 찾아 아르헨티나로 가는 이야기이다. 작품 속에서 소년의 아버지는 의사인데도 어머니가 가사도우미 일을 하러 아르헨티나로 떠난다. 즉 의사

사모님이 머나먼 땅에 가서 허드렛일을 감수할 정도로 아르헨티나의 부는 이탈리아인들 사이에서 굉장히 매력적으로 여겨졌던 것이다. 실제로 당시 수많은 이탈리아 이민자가 아르헨티나로 건너갔다.

그 전성기 시절에는 아르헨티나인들의 자부심도 대단해서 아르헨티나가 미국 같은 나라가 될 수 있으리라고 생각했다. 그러면서 처음에는 유럽 문화를 갈망했다. 아르헨티나의 유일한 콤플렉스는 미국과 마찬가지로 자신의 나라가 '역사 없는 나라', '문화 없는 나라'라는 것이었다. 얼마나 유럽 문화를 동경했는지, 유럽의 문화 수도 혹은 예술 수도라고 일컬었던 파리의 도시계획을 그대로 부에노스아이레스에 적용하기도 했다. 부에노스아이레스를 남미의 파리로 만들고 싶었던 것이다.

유럽 문화를 향유하기 위해, 나아가 자식에게 유럽식 교육을 시키기 위해 유럽에 장기 체류하는 부호들도 많았다. 물론 대다수는 파리를 선택했다. 아르헨티나 부호들이 한번 움직이면 배를 통째로 전세 내어 수많은 하인은 물론이고 심지어 소까지 싣고 갔다. 항해 중 신선한 고기와 우유를 얻기 위해서였다. 그리고 파리에 도착하면 유명 호텔의 한 층 전체, 때로는 몇 개 층에 장기 투숙하기도 했다. 그래서 당대 파리의 유명 호텔에서 가장 큰 고객은 아르헨티나 부호들이었다. 그 시대가 이른바 '벨 에포크belle époque'('아름다운 시절'이라는 뜻) 시대, 즉 프랑스가 가장 번영을 구가하던 시대인데도 아르헨티나 부호들의 위상은 대단했던 것이다.

1910년부터 1916년까지 무려 6년에 걸쳐 각종 독립 100주년 기념 행사를 대대적으로 치르면서 아르헨티나 사람들, 특히 부에노스아이레스 사람들의 자부심은 점점 높아졌다. 파리보다 부에노스아이레스가 더 낮다고 생각하는 이들까지 생겨났을 정도였다. 자부심의 일단은 몰라보게 달라진 도시경관에서 비롯되었다. 프랑스의 소설가 앙드레 말로는 젊은 시절인 1923년에 부에노스아이레스를 방문한 적이 있는데, 그의 눈에도 이 도시는 "존재하지 않았던 제국의 수도"였다. 세계적인 대문호 호르헤 루이스 보르헤스의 시집 『부에노스아이레스의 열기El ferver de Buenos Aires』(1923)나 전설적인 탱고 가수 카를로스 가르델Carlos Gardel의 〈내 사랑하는 부에노스아이레스Mi Buenos Aires Querido〉는 부에노스아이레스에 대한 이러한 자부심 덕분에 탄생할 수 있었다.

그림 16-2 아르헨티나 전성기의 상징, 콜론 극장(1908년 개관)

부에노스아이레스의 열기와 탱고의 사회학 **307**

서구 지성인의 스승 보르헤스

세계적인 대문호 호르헤 루이스 보르헤스Jorge Luis Borges(1899~1986)야말로 아르헨티나의 문화적 자부심의 절정이다. 그는 독창적이고 형이상학적인 성찰들로 가득한 단편집 『픽션들Ficciones』(1944)과 『알렙Aleph』(1949)으로 전 세계적으로 문학은 물론 사상에 커다란 영향을 끼쳤다. 움베르토 에코, 미셸 푸코, 질 들뢰즈 같은 유명한 서구의 석학들이 보르헤스를 정신적 스승으로 여겼다. "성경은 환상문학 작품이다", "독창적인 문학은 『성경』과 『일리아드』밖에 없다", "작가는 자신의 선구자를 창조한다"와 같은 기발한 사유들을 접하면 가히 보르헤스의 천재성을 짐작하게 된다.

보르헤스의 유명한 어록 중 하나가 "『쿠란』에는 낙타가 없다"이다. 무슬림의 경전인 쿠란에 '낙타'라는 단어가 등장하지 않는다고 해서 『쿠란』을 아랍인들의 책이 아니라고 주장할 수 있겠냐는 뜻에서 한 말이다. 이는 평생 아르헨티나가 아니라 서구 작가 같다는 비판을 받은 보르헤스의 비유적 반박이었다. 『부에노스아이레스의 열기』를 비롯한 1920년대 작품들은 아르헨티나 냄새를 물씬 풍겼지만, 1930년대 초반부터 보편적 주제의 작품 집필에 전념했기에 이른바 민족문학을 금과옥조로 여기던 이들에게 보르헤스는 마땅찮은 존재일 수밖에 없었다. 하지만 이 문제에 대해 보르헤스는 당당했다. 자신이 아르헨티나 사람이고, 아르헨티나 정신을 지니고 있는데 작품에 아르헨티나가 등장하지 않는다고 서구 작가라고 비판하는 것은 온당하지 않다는 것이 "『쿠란』에는 낙타가 없다"라는 말의 기저에 깔린 보르헤스의 주장이었다. 그 배경에는 서구에 대한 문화적 열등감을 극복한 보르헤스의 자신감이 작용했다. 그는 아르헨티나인을 유대인과 아일랜드인에 비유했다. 서구 문화권이면서도 변방에 속하는 유대인과 아일랜드인의 문화적 위치가 아르헨티나인의 그것과 비슷하다는 것이다. 그리고 보르헤스에게 변방이라는 위치는 문화적 저주가 아니라 축복이었다. 아르헨티나인들이 서구와 비서구의 경계에 있다는 사실은 서구와 비서구의 문화와 전통을 자유롭게 섭렵할 수 있는 자유를 의미했고, 이 자유야말로 창조적 문화 생산의 원천이 될 수 있다고 보았기 때문이다. 변방성이 저주가 아니라 축복이라는 발상의 전환 덕분에 보르헤스는 아

그림 16-3 호르헤 루이스 보르헤스(1969년)

르헨티나도 세계의 문화 중심으로 격상될 수 있다고 확신했고, 그랬기 때문에 유럽을 갈망하면서 모방하는 대신 자신만의 독특한 사유와 문학 세계를 개척할 수 있었다.

탱고의 사회학

아르헨티나의 번영이 낳은 또 다른 대표적인 문화 산물이 바로 탱고이다. 탱고는 우리가 흔히 알고 있는 라틴아메리카 기원의 댄스에 비하면 다소 예외적인 춤이다. 강렬하지만 절제된 시선 처리, 표정, 동작 등을 특징으로 하고 있기 때문이다. 가령 탱고에서 가장 관능적인 장면은 남녀 댄서가 서로의 다리 사이로 자신의 다리를 재빨리, 그리고 스치듯이 집어넣었다가 빼는 동작으로 구성되어 있는데, 이런 동작 때문에 탱고를 일명 '다리 사이의 전쟁'이라고도 한다. 전쟁이라고는 하지만 살사salsa나 메렝게merengue의 흐드러짐이나 열정적이고 농밀한 밀착 동작들과 비교하면 탱고의 관능성은 '은폐된 열정' 수준이다.

탱고의 이색적인 매혹 하나를 더 언급하자면 단연 반도네온 bandoneón이다. 탱고 연주에서 멜로디 파트를 선도하는 악기로, 외관이나 음색이 아코디언을 연상시키지만 음색이 더 진중해서 한이 서려 있는 듯한 느낌을 준다. 우리나라에서는 유럽이나 미국을 거친 변형된 탱고를 훨씬 더 많이 접하기 때문에, 반도네온이 아닌 피아노나 바이올린이 멜로디 전개를 주도하는 탱고 음악에 익숙한 측면이 있다. 하지만 반도네온의 역할이 축소된 탱고 연주는 그 맛이 떨어지기 마

그림 16-4 부에노스아이레스의 탱고 공연 한 장면

련이다.

탱고의 기원은 1880년대로 추정된다. 발상지가 확실치 않아서 아르헨티나와 우루과이 모두 자국에서 탱고가 발생했다고 주장한다. 하지만 탱고가 완전히 꽃을 피운 곳은 아무래도 아르헨티나이다. 1911년 파리에서 왈츠와 함께 크게 인기를 끌면서 탱고는 일찌감치 세계화의 길을 걸었다. 왈츠가 경쾌하면서도 우아한 춤인 반면, 탱고는 그 당시 기준으로 봤을 때 굉장히 에로틱한 춤이었다. 교황이 나서서 탱고 금지령을 내렸을 정도였다. 그래도 아무 소용이 없었는데, 탱고는 요코하마나 상하이 같은 아시아 도시까지 흘러들어갔을 뿐만 아니라, 천박한 춤이라는 아르헨티나 중상류층의 시각까지 바꾸어놓게 되었다. 그리고 1917년 국민가수 카를로스 가르델의 등장과 함께 아르헨티나에서도 확고한 전성기에 접어들었다.

오늘날 아르헨티나에 가면 탱고의 발상지를 카미니토라고 소개하는 것을 심심치 않게 들을 수 있다. 카미니토Caminito는 '골목'이라는 뜻이고, 보카 지구에 위치한 관광객들이 많이 찾는 장소이다. 앞서 말했듯이, 사실 탱고의 발상지를 정확히 알 수 없기 때문에 카미니토를 그렇게 소개하는 것은 관광객을 끌어들이기 위한 수단일 뿐이다. 하지만 보카 지구는 탱고가 어떤 사회적 맥락에서 확산되었는지 알 수 있는 중요한 곳임이 틀림없다.

아르헨티나는 건국 당시부터 인구 부족이 골칫거리였다. 그래서 19세기 중반부터 이민을 국시國是로 삼았다. 그러던 중 1870년대부터 경제가 비약적으로 발전하자 실로 어마어마한 이민자가 유입되었다. 1914년 통계에 따르면 이민자가 아르헨티나 인구의 42.7퍼센트를 차지했다. 거기에 이미 아르헨티나 국적을 획득한 이들을 포함하면 외국계 인구는 훨씬 더 많았다. 부에노스아이레스의 경우에는 1914년 무렵, 시민의 70퍼센트가 1세대 이민자 혹은 2, 3세대 이민자였을 정도이다. 문제는 이들 대부분이 이탈리아 등 저발전 국가에서 온 농업 이민자들이었다는 사실이다. 원래 아르헨티나에서 원한 사람은 영국 등 발전된 국가에서 제대로 교육받고, 전문기술이 있으며, 투자 여력이 있는 인력이었는데, 이와는 다른 부류의 이민자들이 주를 이루었던 것이다. 이민자들은 괄시받을 수밖에 없었다. 게다가 아이러니하게도 아르헨티나같이 넓은 나라에서 이들이 농사를 지을 땅이 없었다. 왜냐하면 아르헨티나는 과두계층이 지배하는 사회였으므로 소수의 사람 손에 토지가 집중되어 있었기 때문이다. 대다수 이민자는 생계를 위해 도시에 정착할 수밖에 없었다.

이 보카 지구는 새로운 이민자들이 계속 쏟아져 들어오고 이미 부에노스아이레스에 정착한 이민자들까지 북적이는 곳이었다. 보카 항구가 당시 아르헨티나의 관문이었기 때문이다. 보카에 이민자들이 많다 보니 타향살이의 애환을 달래주기 위한 선술집도 적지 않았고, 탱고는 이를 무대로 급격히 저변을 확대해나갈 수 있었다. 아르헨티나 중상류층이 초기에 탱고를 탐탁하게 여기지 않았던 이유가 바로 여기에 있다. '미천한' 이민자 집단과 보카의 선술집들이 진원지인 춤이 달가울 리 없었던 것이다. 그래서 탱고가 파리에서 성공을 거둔 뒤에야 기존 아르헨티나인들의 인식을 바꿀 수 있었다. 이러한 사회학적 측면 때문에 탱고는 아르헨티나 근대국가 형성기의 거울이라고 할 수 있다.

아르헨티나의 뒤안길

　　　　　　20세기가 진행될수록 아르헨티나의 번영은 신기루처럼 사라졌다. 페론주의, 군부독재, 신자유주의 등은 모두 아르헨티나 사회에 치유되기 어려운 상처를 남겼다. 여러 가지 원인이 있겠지만 과두지배 사회의 추악한 민낯, 특히 경제적·사회적 불평등이 그 시발점이었던 것은 분명하다.

　수많은 이민자로 인해 도시화가 급격히 진행되고, 도시빈민이 엄청나게 증가하자 여러 가지 문제가 발생할 수밖에 없었다. 그러면서 1916년 과두계층은 정치권력을 상실한다. 이민자들에게 투표권을 주는 것을 골자로 하는 새로운 선거법 등의 영향으로 소수의 과두계층이 선거에서 다수의 불만을 잠재우고 이길 방법이 없어진 것이다. 그렇지만 경제권력만은 여전히 굳건하게 유지했다. 그러던 중 1929년 미국의 대공황으로 경제적 혼란이 발생하자, 그 여파로 아르헨티나에서는 이듬해 군부 쿠데타가 일어난다. 그리고 그때부터 무려 60년이 흐른 1989년까지 현역 장성 혹은 군 출신들이 통치하는 시대가 계속되었다.

　아르헨티나 현대사의 가장 문제적 정치인인 페론도 군 출신이다. 그리고 그의 아내가 바로 그 유명한 에비타Evita(에바 페론Eva Perón의 애칭)이다. 페론과 에비타에 대해서는 포퓰리스트, 파시스트, 사회 갈등 유발자라는 비판이 끊이지 않았다. 심지어 2001년과 2012년의 경제 위기, 다시 말해 21세기의 경제 위기마저 페론과 에비타가 남긴 부정적 유산 때문이었다고 주장하는 이들도 있었다. 하지만 경제권력이 소수의 손에 집중되고 빈부격차가 극심한 현실이 이들의 집권을 야기했다는 점을 지적하지 않을 수 없다. 페론주의, 페론, 에비타 등을 희생양으로 삼을 것이 아니라 아르헨티나의 구조적인 문제, 이에 대한 근본적인 성찰이 필요하다.

1960년대가 되면 전 세계적인 냉전 체제 속에서 아르헨티나에서는 더 복잡한 국면이 전개된다. 기존의 과두계층, 페론 추종자들, 페론에게 실망하여 혁명을 논하는 이들이 극단적인 대립으로 치닫고, 불행하게도 아주 잔인한 군부독재 정권이 들어선다. 단순히 군인이 권력을 잡은 시대가 아니라 국민을 학살하는 그런 시대였다. 1976년부터 1983년까지가 가장 엄혹한 시기였고, 이 시기에 일어난 학살극을 일명 '추악한 전쟁'이라고 부른다. 무려 3만 명 이상의 사람들이 죽거나 실종되었다. 그리고 자식의 생사를 알 수 없었던 많은 어머니가 대통령궁 앞 오월 광장에서 매주 집회를 열었다. 이들의 모임을 '오월 광장

그림 16-5 300만 명이 운집한 에비타의 장례식

어머니회'라고 부른다. 하지만 이들은 '오월 광장 할머니회'라고 이름이 바뀔 때까지 오랜 세월 집회를 계속 열어야만 했다. 그러고도 여전히 생사여부가 확인되지 않는 실종자가 많이 남아 있는 상황이다.

21세기 아르헨티나의 경제 위기 주범은 사실 페론이 아니라 신자유주의였다. 1990년대 아르헨티나는 글로벌 스탠더드로 여겨지던 신자유주의 모델을 도입해 공기업의 민영화에 열을 올렸지만, 많은 정치인이 공기업의 매각대금을 착복했을 뿐만 아니라 다른 부작용도 발생했다. 이런 가운데 2001년 경제 위기가 닥치자 아르헨티나 정부는 할 수 있는 일이 별로 없었다. 돈이 되는 공기업을 팔아서 그 매각대금으로 재정 건전화를 꾀하거나 실업 대책을 마련할 수 있었다면 경제 위기의 파장이 훨씬 더 작았을 텐데, 급진적인 민영화로 그럴 수 있는 수단을 이미 상실한 뒤였던 것이다. 아르헨티나의 사례를 보면 글로벌 스탠더드가 반드시 정답이 아니며, 오히려 사회정의 없는 글로벌 스탠더드는 위험하기 짝이 없음을 알 수 있다.

📖 권장 서지

도밍고 파우스띠노 사르미엔또(2012), 『파꾼도: 문명과 야만』(조구호 옮김), 아카넷.

우석균(2005), 『바람의 노래 혁명의 노래』, 해나무.

조영실(2007), 「탱고, 빈곤의 애환과 에로티시즘의 만남」, 서울대학교 서어서문학과 엮음, 『차이를 넘어 공존으로: 스페인어권 세계의 문화 읽기』, 서울대학교출판부, 319~358쪽.

호르헤 루이스 보르헤스(2011), 『픽션들』(송병선 옮김), 민음사.

축구와 카니발

브라질 축구의 역사

브라질 축구의 현황　브라질의 사회와 문화를 이해하는 데 빼놓을수 없는 두 가지 사회현상은 축구와 카니발이다. 브라질에서 축구는마치 종교와도 같다. 맹목적으로 신뢰하며, 열정적으로 몰입하고, 경기 내내 공의 향방에 일희일비하는 모습을 보여준다.

2012년 기준으로 브라질의 축구 클럽 수는 총 2만 9,208개로 집계된다. 한편 한국의 경우 1부 리그인 K-리그에 겨우 14개 팀이 있고,프로 2부에 8개 팀, 그리고 실업 축구에 10개 팀이 있으며, 그다음 챌린저리그의 20개 팀을 다 합쳐야 50여 개의 팀이 구성된다. 축구 인프라에서 브라질과 한국의 체급은 하늘과 땅 차이다. 축구협회에 등록된선수들을 살펴보아도 브라질은 호나우지뉴 가우슈Ronaldinho Gaucho를 비롯하여 약 210만 명으로, 우리나라의 2만 4,000여 명과극명한 대조를 이룬다. 심지어 브라질의 비등록선수는 1,120만 명으로 한 국가의 인구수로도 부족함이 없다. 주 챔피언전도 27종류가 있고, 분류 등급도 a, b, c, d로 나누어 세리에 A, B, C, D, E식으로 쭉 나열되어 있다. 프로축구의 경기 수는 연간 약 5,000경기에 이른다. 즉 브라질은 1년 52주 중 49주간, 연말연시 및 카니발 등의 3주만을 제외하고 49주간 하루 평균 15경기가 벌어지는 나라이다. 등록된 심판 수는 6만 1,000명으로, 앞에서 언급한 우리나라 선수 수보다도 많다. 이 같은 각종 수치와 통계만으로도 과연 축구가 브라질 사회에서 어떤 의미인지 감을 잡을 수 있다.

브라질 축구의 역사　　이 광적인 열풍의 중심인 브라질 축구의 기원에 대하여 일반적으로 두 가지를 거론한다. 첫 번째는 포르투갈인들이

그림 17-1 브라질 축구의 영웅이자 우리 국민에게 외계인으로 불리던 호나우지뉴 가우슈

아마존에 처음 도착했을 당시 원주민 꼬마들이 고무나무의 송진으로 만든 공을 갖고 놀았다는 기록이다. 그 원주민들이 기원전 3만 년 전부터 베링 해협을 건너 브라질에 도착했으니, 추정컨대 이 기록은 브라질의 축구 역사가 굉장히 오래되었음을 보여준다.

하지만 공식적으로는 영국계 부친과 브라질계 모친을 둔 찰스 밀러 Charles Miller라는 꼬마가 영국에서의 귀국길에 축구화 한 벌, 공 두 개 그리고 축구 규정집을 가져온 1894년을 브라질에 축구가 들어온 공식 연도로 보고 있다.

이어 1900년에는 순수 축구 클럽인 히우그란지Rio Grande가 탄생한다. 이를 신호탄으로 상파울루, 바이아, 리우데자네이루, 미나스제라이스 등 남쪽 주까지 거의 모든 주에서 축구 클럽이 탄생하고, 더불어 챔피언전이 열리게 된다. 그리고 독립 100주년을 맞은 1922년에는 각 주 챔피언들 간의 왕중왕전도 개최되었다.

이러한 축구의 태동기에 축구 역사에 한 획을 긋는 사건이 발생했다. 일명 '포 지 아호스pó de arroz'(쌀가루)라고 불리는 사건이다. 쌀가루 사건의 전말은 다음과 같다. 1888년 노예해방이 이루어지고 브라질의 흑인들이 완전하지는 않지만 자유로운 신분이 되면서 축구 열풍에 합류해 자연스럽게 축구를 즐기게 되었는데, 그 과정에서 순발력이 좋고 탄력성이 뛰어난 흑인들이 백인들보다 축구를 더 잘한다는 사실이 공공연히 알려졌다. 그러나 당시 사회의 주류는 백인이었고 인종차별이 만연한 시기였기에, 흑인들이 백인들과 함께 그라운드에 서는 것에 대한 부정적인 시선이 지배적이었다. 하지만 경기에서 이겨야 하는 축구팀들의 입장은 사뭇 달랐다. 리우데자네이루의 어느 축구 구단에

서는 카를루스 아우베르투Carlos Alberto라는 이름의 흑인 선수를 영
입했는데, 관중들의 야유를 걱정한 구단이 백인처럼 보이게 하려고 선
수의 얼굴에 쌀가루를 바른 후 경기에 내보냈다. 하지만 경기 중에 선
수가 땀을 흘리면서 결국 본연의 피부색이 드러나자, 관중들이 일제히
야유와 욕설을 퍼부었다. 이는 축구에서도 인종차별이 비일비재했음
을 보여주는 단적인 사례다.

1950년 자국에서 개최한 월드컵에서 우루과이와의 결승전을 앞
둔 브라질은 입석까지 포함해 20만 명을 수용할 수 있는 마라카낭
Maracanã 경기장을 꽉 채웠다. 그러나 우루과이를 상대로 수월하게

그림 17-2 브라질의 마라카낭 축구경기장

승리를 거두리라는 국민적 기대와 달리, 2대 1로 브라질은 역전패를 당했다. 마라카낭 경기장을 가득 메웠던 20만 명의 군중이 모두 눈물을 흘렸고, 그날은 브라질 축구 역사의 국치일로 불리게 되었다. 브라질인들의 축구에 대한 애정이 어느 정도인지 보여주는 대목이다.

그런데 1990년대로 들어서면서 브라질 축구계에 변화의 바람이 불었다. 자국 축구선수들이 대거 해외로 이적하기 시작한 것이다. 1993년부터는 브라질 축구에서 본격적인 공동화 현상이 나타났는데, 이에 대한 찬반 의견이 분분했다. 찬성 측에서는 선수들의 유출을 통해 구단의 재정이 상당 부분 호전된다는 근거를 들었고, 반대 측에선 훌륭한 축구선수들이 다 빠져나가면서 자국 리그가 재미를 잃었다고 했다. 그러나 스타 선수들이 나가면 유망주들의 성장 환경이 조성되는 측면도 있기 때문에 치열하게 갑론을박하는 일은 차차 줄어들고 있는 추세이다.

브라질 사회에서 축구의 의미

축구가 브라질 사회에서 어떤 의미를 가지는가를 살펴볼 때 제일 먼저 떠오르는 사건이 하나 있다. 1994년 미국 월드컵에서 펠레 다음으로 손꼽히는 브라질 축구선수는 호마리우Romário de Souza Faria였다. 그는 펠레에 이어 프로선수 활동 기간 중 1,000골을 넣은 걸출한 선수이기도 했다. 그런데 월드컵 시작 일주일 전에 그의 부친이 납치를 당했고, 납치범들은 호마리우에게 부친의 몸값으로 700만 달러를 요구했다. 호마리우는 사건을 해결하기 위해 당시 리우데자네이루의 마피아들과 협상을 진행하기에 이르렀다. 그러나 협상도 경찰수사도 별다른 진전을 보이지 않자, 호마리우는 월드컵이 임박한 가운데 기자회견에 모습을 드러내어 다음과 같이 말했다. "납치범 여러분, 저의 아버지를 24시간 이내에 풀어주십시오. 만일 24시간 내에 아버지를 풀어주지 않으면 저는 월드컵에 나가지 않겠습니다." 그러자 그의 부친이 정말 24시간 내에 풀려나 아들의 품으로 돌아왔다.

축구로 인해 전쟁도 벌어지는 곳이 라틴아메리카 지역이고, 중요한 경기에서 자살골을 넣은 선수를 살해하는 사건이 벌어진 곳도 라틴아메리카 국가인 콜롬비아다. 이는 브라질도 예외가 아니기 때문에, 납치범들도 호마리우와 국민들의 압박에 굴복해 그의 부친을 풀어주었을 것으로 추정된다. 그만큼 축구라는 스포츠가 브라질에서 차지하는 비중이 절대적임을 보여준다. 이처럼 모든 브라질 국민의 열정과 애환이 담긴 축구를 통해 브라질 사회와 문화의 키워드를 살펴보면 다음과 같다.

우선, 신성과 이단이 있다. 브라질 사회가 가톨릭의 영향을 받은 부분도 있지만, 선수들은 보통 성호를 그리며 경기장에 입장한다. 그러고는 자기 팀과 나라를 위해 목숨을 건 전사처럼 경기에 임하는 모습에서 신성을 엿볼 수 있다. 그러나 막상 경기가 시작되면 그라운드 안과 밖은 폭력이 난무하는 아수라장으로 변한다. 그리고 축구선수 각자가 브라질 국민의 우상으로 발돋움하는 과정에서 가톨릭과 맞지 않는 이단의 모습도 눈에 띈다.

평화와 폭력도 축구경기에서 읽을 수 있는 흥미로운 양면이다. 성호를 긋고 예를 갖춰 상대 팀과 인사하며 조용히 식을 치르고는, 경기 중에 선수들끼리 깨물거나 차거나 때리는 등 온갖 종류의 반칙을 자행한다. 애초에 발로 찬다는 것 자체가 서구에서는 큰 폭력으로 여겨진다. 평화와 폭력이 공존하는 곳이 그라운드, 넓게는 축구라는 공간이다.

팬들의 입장에서 천국과 지옥이라는 두 양극을 왔다갔다 하는 경우도 비일비재하다. 자신이 응원하는 팀이 승리하면 흥분에 겨워 총까지 쏘고, 팀이 패배하면 마라카낭 경기장의 20만 명뿐만 아니라 전 국민이 눈물을 흘리고 입을 꼭 다문 채 국치일을 정하는 나라가 바로 브라질이다.

이러한 키워드 외에 흔히 브라질을 얘기할 때 '대비되는 것들이 공존'하는 나라라고 말한다. 흑백의 피부색만큼이나 축구에서도 극과 극을 달리는 모습은 바로 브라질 사회의 한 단면을 보여주는 것이기도 하다. 또한 축구를 통해서 폭력성과 더불어 남성 우월주의도 읽어낼 수 있다. 애초에 축구는 남자들의 전유물로 시작되었기 때문이다.

그다음으로는 현재주의가 있다. 내가 좋아하는 선수, 내가 좋아하는 팀이 저번 경기에서 잘했는지 못했는지는 아무 의미가 없다. 무조건 오늘 승리해야 한다며, 마치 다음 경기는 없는 듯이 선수와 팀을 응원한다. 이러한 모습 때문에 브라질 사람들은 예수 그리스도만 믿고 미래를 생각하지 않는다고 농담조로 얘기하기도 한다.

또한 축구를 통해 엿볼 수 있는 브라질 사회와 문화의 특징은 계층 간의 자리바꿈이 발생한다는 것이다. 오랜 세월 동안 농장주와 노예만 존재했던 백인 위주의 수직적 사회에서 예전부터 혼혈이나 흑인은 사회 중심부에서 겉돌았다. 노예해방 이후에도 소외된 인종 취급을 받으며 변두리에 머물러야 했지만, 축구는 바로 이들이 스포트라이트를 받을 수 있는 기회를 제공한다. 그래서인지 라틴아메리카 전체가 그렇듯 브라질도 개인기 위주의 축구를 구사한다. 신분상승의 기회를 얻기 위해 그들은 자신이 돋보일 수 있도록 팀워크보다 개인플레이에 더 치중한다. 이것은 백인들이 장악하고 있는 사회에서, 그들이 사회 중심부로 나아가 최소한 백인과 동등한 정치적·경제적 권리와 명예를 확보하는 방법이 매우 제한적임을 방증한다.

브라질의 카니발

카니발의 역사　축구와 더불어 브라질의 사회와 문화를 가장 잘 대변하는 건 아마도 카니발일 것이다. 카니발은 인류사에서 유구한 역사를 자랑하고 있다. 공식적으로 카니발은 약 7,000년 전 나일강 주변의 농경사회에서 실시되던 풍요 기원제에서 유래했고, 그것을 가톨릭에 접목하면서 오늘날과 같은 사육제로 변모하게 되었다. 그래서 브라질의 카니발은 예수의 40일간 고행을 기리고자 항상 사순절 전 3박 4일 동안 전역에서 화려하게 열린다.

　카니발을 정의하기 위해서 그 어원부터 알아볼 필요가 있다. 포르투갈어로 카르나바우carnaval라고 하는데, 이는 사전적 의미로 'carrum novalis' 혹은 'carro naval', 즉 '배 모양의 차'라는 뜻이다. 서구 유럽이나 빈과 같은 도시에서 카니발 가장무도회를 열 때 배 모양의 무대를 활용한 모습을 모티프로 삼은 것으로 보인다. 그리고 또 다른 언어적 기원은 가톨릭과 연관해서 carnem levare, 즉 adeus, carne라는 말에서 유래한 듯 보인다. 이는 '고기여, 안녕'이라는 뜻으로, 사순절에 들어가기 전에 금식해야 했던 과거의 풍습에서 영향을 받은 것으로 보인다.

이제 브라질 카니발의 역사를 살펴보면, 오늘날 전형적인 리우 카니발은 1641년에 포르투갈인들이 즐겼던 엥트루두Entrudo 축제에서 시작했다고 볼 수 있다. 엥트루두는 본디 스페인의 토마토 축제처럼 양쪽 길을 막고 지나가는 행인들에게 토마토를 던지거나, 때때로 구정물

그림 17-3 리우데자네이루의 전통 삼바스쿨인 망게이라의 행진 모습

을 부으면서 노는 광란의 축제였다. 여기에 콩고나 앙골라 지방 출신의 흑인들이 가져온 타악기 리듬이 결합되면서 리우 카니발이 탄생했다. 1888년 노예해방 이후, 그동안 음지에서만 존재하던 흑인 음악과 문화가 본격적으로 양지로 진출하면서 삼바스쿨과 카니발 그룹이 탄생했다. 그리고 1929년 브라질의 공식 카니발이 시작되었다.

카니발 기간 동안에는 대중적으로 잘 알려진 리우 카니발뿐만 아니라 각 지역에서 특색을 살린 독특한 카니발이 개최되기도 한다. 한 예로 헤시피Recife 지역에서는 제 페레이라Zé Pereira라는 거대한 인형들이 등장하는 축제가 열린다. 또한 인근의 올링다Olinda에서는 프레부frevo라는 우산을 쥔 채 빠른 템포로 춤을 추는 축제가 있다. 다음으로 우리나라 대중가수인 싸이가 참가해 공연을 펼치기도 했던 사우바도르Salvador 카니발 축제가 있다. 트리우 일레트리쿠trio elétrico라고도 불리며, 트럭에 무대장치를 설치해 유명 가수들이 그 위에서 공연하고 축제의 흥을 돋우는 역할을 한다. 이 예들처럼 카니발이라고 해서 항상 대규모의 가장무도 행렬을 동반하는 것은 아니다. 혹자는 브라질 카니발의 원조를 북동부에서 찾아볼 수 있다고 주장한다. 이미 상업화의 극단을 달리는 리우 카니발을, 브라질의 본모습이 스며 있는 대표적 카니발이라고 얘기하기 어렵다는 이유에서다.

숫자로 본 카니발　카니발이 대략 어떤 축제인지는 숫자와 통계로 유추해볼 수 있다. 2013년 리우 카니발 기간 동안 연방 도로상에서 3,200건의 교통사고가 발생했는데, 155명이 사망하고 406명이 음주운전으로 구속되었다. 맥주는 1,000만 리터 넘게 소비되었으며, 이동

그림 17-4 브라질 북동부의 축제 프레부

식 화장실은 1,200개가 설치되는 등 축제가 한바탕 왁자지껄한 분위기였음을 알 수 있다.

그러나 2012년의 한 통계를 보면 카니발 당시 브라질 국민 중 21퍼센트만이 카니발에 참여해 즐겼다고 한 반면, 17퍼센트는 'fugiu para montanha', 즉 "산으로 도망쳤다"고 답했다. 다시 말해 그들은 시끄러운 분위기를 벗어나 조용한 곳에 가 있었고, 나머지 62퍼센트는 집에 머물렀다고 응답했다. 이 데이터는 카니발 동안 브라질의 모든 사람이 너나 할 것 없이 축제에 참가하는 것이 아니라, 마치 우리나라의 추석 명절처럼 축제 기간을 보낸다는 것을 보여준다. 브라질 각지에서 온 근로자들이 모인 리우데자네이루나 상파울루에선 약 1주일의 휴무 기간 동안 귀성길에 오르는 사람들의 모습을 심심찮게 볼 수 있다.

카니발의 광란이 고스란히 느껴지는 데이터는 얼마든지 있다. 예를 들면 2013년 카니발 기간 동안 범죄사고 신고는 1만 8,000건에 달했으며, 1만 3,000건의 경찰 긴급 출동과 5만 2,000건의 앰뷸런스 출동이 있었다. 이어서 994건의 살인, 512건의 음주 후 의식 상실, 그리고 353건의 노상방뇨가 신고되기도 했다. 이쯤 되면 '브라질 카니발은 공인된 난장판'이라는 말이 왜 나왔는지 알 법하다. 그러나 이 무질서해 보이는 축제에서도 우리는 브라질의 사회와 문화, 그리고 국민성을 충분히 읽어낼 수 있다.

브라질 사회에서 카니발의 의미

먼저 카니발은 빈부에 관계없이 남녀노소, 지위고하를 막론하고 모든 사람이 함께 참여하는 축제의 공간이다. 러시아의 문학비평가인 바흐친Mikhail Bakhtin이 자신의 핵심 문화이론인 대화론을 통해 카니발은 상생과 공존, 소통의 원리가 작동하는 공간이라고 하지 않았던가.

현실과 환상의 중간 단계는 카니발이 보여주는 또 다른 속성이기도 하다. 브라질의 작가 파울루 코엘류Paulo Coelho는 1999년 「뉴욕타임스」와의 기자회견에서 "브라질에서는 현실과 환상의 구분이 크지 않다"고 대답했다. 이것은 곧 카니발의 특성이기도 하다. 본인의 성격이나 직업, 현실에서 받는 대우나 옷차림이 어떠하든 카니발 기간 동안에는 누구도 서로 간섭하지 않고 축제를 즐긴다. 즉 카니발 축제에서는 자신의 판타지를 실제 공간에 연출해도 전혀 문제가 되지 않는다는 뜻이다. 환상과 현실을 공존하게 만드는 시·공간이 바로 카니발이며, 곧 브라질이라는 의미이다.

또한 카니발은 축구에서처럼 극과 극의 공존, 신성과 이단이 공존하는 곳이다. 2012년 기준으로 크리스천이 86.8퍼센트에 이르고, 신성이 매우 중요시되는 사회에서 카니발에 등장하는 각종 우상들은 꽤장히 이질적으로 보이기도 한다. 동물 우상부터 옛날 이집트의 우상들, 유대교의 우상들까지 갖가지 우상들이 축제의 한 자리를 꿰차고 있다.

카니발은 가톨릭이 추구하는 방향과 정반대의 노선을 타는 세속적인 축제이기도 하다. 인간의 구원에 초점을 둔 가톨릭과 달리 카니발에서 목격할 수 있는 인간 군상은 그야말로 타락에 가깝다. 아울러 가톨릭이 계율을 중시한다면 카니발은 무질서의 향연이라고 볼 수 있다. 또 한 가지, 가톨릭이 추구하는 영생이 무색해질 정도로 카니발을 지배하는 것은 성욕으로 대표되는 일시적인 쾌락이다. 실제로 축제 기간 동안에는 남성 피임기구가 1,000만 개가량 제공되기도 한다.

한편 카니발은 다인종·다문화 사회에서 살아가는 브라질 국민들에게 공동체 의식을 고양시키는 순기능을 한다. 다른 역사와 문화, 전통과 언어를 가지고 살아온 민족들이 모여 사는 브라질에서 그들의 구심점 역할을 하는 것이 바로 카니발이다. 카니발은 다 같이 참여해 끼어들고, 놀고, 먹고, 즐김으로써 서로의 피부색이나 역사와 조상이 달라

그림 17-5 리우 카니발의 한 참가자 모습

도 자신 역시 브라질 국민의 일원이라는 것을 자각하게 해준다.

그리고 카니발에선 축구와 유사하게 수직적·수평적 자리바꿈이 이루어지기도 한다. 부유층이든 빈민이든, 또 흑인이나 혼혈처럼 사회 중심에서 벗어나 바깥에 위치한 인종들도 카니발 기간 동안만큼은 전국적으로, 그리고 세계적으로 관심을 받는다. 재산으로 상대를 구분하지 않고 모두 한 번씩 자리를 바꾸며, 특수한 몇몇 사람을 제외하고는 다 카니발에서 본인의 자리를 양보한다. 이 과정을 통해 나머지 하층민들과 소외계층이 중심 자리에 자연스레 들어오고 곧 계층 간, 인종 간, 민족 간 교류가 크게 활성화된다. 전 사회 구성원을 하나로 묶는 거대한 놀이마당을 형성하는 것이 바로 카니발이다.

브라질 국민 특유의 낙천성도 카니발에서 엿볼 수 있다. 축제에서 기쁨에 겨워 우는 사람들을 종종 볼 수 있지만, 분노하거나 슬픔에 휩싸여 우는 사람은 없다. 또한 카니발의 화려하고 기상천외한 가장무도에는 다양한 아이디어와 창의성이 녹아들어 있다. 그리고 카니발에 참가한 사람들에게서는 어떤 경계심이나 긴장도 찾아보기 어렵다. 느슨함과 개방성이 카니발을 점유하고 있고, 어느 누가 축제 한복판에 뛰어들어도 즐겁게 받아들이고 다 함께 즐긴다.

마지막으로는 카니발의 이중성에 대해 고찰해볼 필요가 있다. 과연 카니발이 앞에서 언급한 것처럼 브라질 사회에 긍정적인 면만을 남기고 있느냐는 질문에서 출발한다. 화려한 카니발의 그림자에 가려진 것들 중 대표적인 것이 브라질의 빈부격차이다. 지표상으로 아직도 우리나라보다 빈부격차가 훨씬 극심함에도 불구하고, 제3자 입장에서는 리우에서 중계되는 카니발을 보면 마치 브라질은 인종차별이 없고, 빈부격차를 떠나 모든 사람이 어울려 조화를 이루며 살아가는 인종 민주주의 국가라는 착각을 하게 된다. 그러나 실상은 전혀 그렇지 않다. 실제로 카니발을 통해 벌어들인 막대한 수익금이 열심히 움직이는 혼혈인과 흑인들에게 돌아가지 않고 삼바스쿨을 장악하고 있는 백인들에게 돌아가는 일이 만연하다. 역으로 카니발이 브라질 사회와 문화가 안고 있는 모순에 가림막을 씌우고, 이를 정치적인 의도로 이용하려는 백인 집단들과 일부 상위계층의 지배 이데올로기에 이용되고 있는 것은 아닌지 진지하게 성찰해봐야 한다.

권장 서지

류정아(2013), 『축제 이론』, 커뮤니케이션북스.

미하일 바흐찐(2001), 『프랑수아 라블레의 작품과 중세 및 르네상스의 민중
　　　문화』(이덕형, 최건영 옮김), 아카넷.

보리스 파우스투(2012), 『브라질의 역사: 식민화에서 민주화까지, 커피의 땅
　　　브라질의 역사를 읽는다』(최해성 옮김), 그린비.

이성형 편(2010), 『브라질: 역사, 정치, 문화』, 까치글방.

조나단 윌슨(2015), 『축구철학의 역사: 위대한 전술과 인물들』(하승연 옮김),
　　　리북.

주경철(2005), 『문화로 읽는 세계사』, 사계절.

마약, 폭력, 공포의 오디세이

멕시코 마약산업의 역사

안타깝게도 우리에게 21세기 멕시코는 마약과 폭력의 나라로 각인되어 있다. 하지만 이 불편한 현실을 외면하기보다는 왜 이러한 비극적인 상황에 이르게 되었는가에 대해 이해하려는 노력을 해야 한다. 마약은 영어로 'drug'이며, 스페인어로는 'droga'이다. 그런데 멕시코를 비롯한 라틴아메리카에서는 'droga'라는 명칭보다 '나르코narco'라는 용어를 사용한다. 나르코는 원래 'narcotic'에서 유래한다. 이는 '마약류 및 향정신성 환각제'를 의미하는데, 멕시코에서는 단순히 마약 그 자체만을 뜻하는 것이 아니라 마약산업에 종사하는 사람들과 조직, 그리고 이를 둘러싼 제반 정치적·사회적 상황을 통칭하는 용어가 되었다. 이렇게 나르코라는 말이 멕시코 사회에서 폭넓은 의미와 특정한 뉘앙스를 담고 있다는 사실은 오늘날의 멕시코를 이해하는 데 핵심적이다.

멕시코에서 마약이 처음 재배된 것은 19세기 말로, 중국에서 건너온 이민자들이 동부 태평양 지역에서 마약을 소규모로 재배했던 것에서 시작되었다고 전해진다. 그러다 20세기에 들어와 미국과의 관계 속에서 멕시코는 마약을 재배하는 것뿐 아니라 수출하는 역할까지 맡게 된다. 특히 제2차 세계대전 중 모르핀과 같은 치료 목적 마약에 대한 수요가 높아졌는데, 미국은 당시 자국 영토 안에서 재배·유통되는 마약에 대해 매우 강력한 법적 제재를 취하고 있었으므로 인접 국가인 멕시코에 마약을 생산하도록 유도한다. 이후 멕시코에는 마약을 재배하고 이를 미국으로 운반하는 마약산업이 형성되었다.

그런데 1990년대를 기점으로 마약산업이 폭발적으로 성장했고, 그 결과 멕시코와 미국의 국경지대에 폭력이 만연하게 되었다. 전문가들은 그 이유를 국내적인 요인과 국제적인 요인, 두 가지로 설명한다. 국제적인 요인으로는 콜롬비아의 마약산업의 쇠퇴를 들 수 있다. 1980년대까지는 콜롬비아가 코카인 등의 마약산업에서 국제적으로 가장 중요한 역할을 담당했다. 미국 정부와 콜롬비아 정부는 마약 조직을 일망타진하기 위해 이른바 '콜롬비아 계획Plan Colombia'을 선포하면서 콜롬비아를 유사 내전의 상태로 몰고 갔다. 결국 마약산업의 본거지로서의 위치가 약화되었지만, '풍선효과'로 다른 쪽에서 마약 비즈니스가 성행하게 되었다. 바로 미국과 인접한 멕시코에서였다. 다른 한편으로는 국내적 원인이 있다. 멕시

그림 18-1 마약산업의 폭발적 성장으로 인해 전쟁터로 변해가는 멕시코

마약, 폭력, 공포의 오디세이 **339**

코는 1990년대 이후 정부 개입을 최소화하는 신자유주의 경제 정책을 가속화한다. 특히 북미자유무역협정을 통해 시장개방 정책을 취하게 되었는데, 그 결과 멕시코의 농촌 경제가 무너졌고 실업과 빈부격차가 확대되면서 미국으로의 이주행렬이 거세어졌다. 1990년대 중반부터 2000년대 중반까지 멕시코는 연 60만~70만 명의 사람들이 멕시코를 떠나 미국으로 합법 혹은 불법 이민에 나섰다. 공식 경제가 무너지자 비공식적인 일자리에 사람들이 몰리게 된다. 특히, 남성들의 경우 위험한 비즈니스이기는 하지만 많은 돈을 쉽게 벌 수 있는 기회인 마약 산업으로 상당한 인구가 유입되었다.

그림 18-2 멕시코 마약 카르텔 분포 지도.
멕시코 내에서는 다양한 마약 조직이 주요 거점을 지니고 영역 확장을 위한 분쟁을 지속하고 있다.

유입된 인구로 인해 마약 조직의 수가 폭증했고, 이들 사이에 주도권을 둘러싼 경쟁이 격렬해졌다. 그러자 2006년에 당선된 펠리페 칼데론Felipe Calderón 대통령은 재임하자마자 이 문제를 해결하기 위해서 마약과의 전쟁을 선포한다. 마약 조직의 주요 거점 및 마약의 운송 루트가 된 지역에 경찰뿐 아니라 연방군대를 파견했는데, 이 조치는 오히려 더 비극적인 결과를 가져오고 말았다. 2007년 이후 마약 사건 관련 사망자가 2만 8,228명으로 폭증한다. 실제로는 정부가 상당수의 마약 조직과 연루되어 있었고, 이런 부패한 정부가 일부 조직만을 소탕하려는 작전을 벌이게 된 것이다. 따라서 그 이전에는 마약 카르텔 사이의 갈등이 주된 문제였다면, 이제는 무장한 마약 조직 간의 경쟁뿐 아니라 마약 조직과 정부 사이의 유혈사태로 확대되었다. 그러면서 멕시코 전체가 일상적인 폭력에 노출되는 결과를 가져왔다.

나르코 문화와 헤수스 말베르데

마약과 관련된 이슈가 카르텔 간의 경쟁을 넘어 전 사회를 공포에 몰아넣은 주요한 쟁점이 되면서 과연 이들은 어떤 사람들인가에 대한 관심이 생겨나기 시작했다. 대부분의 주류 미디어에서 묘사하는 나르코의 이미지는 매우 단선적이다. 그들은 불법적인 범죄 조직에 연루된 테러리스트로 그려진다. 또한 마약으로 사회를 병들게 만드는 반도덕적 주범이라는 비난을 받아왔다. 그러나 시간이 지나면서 이들의 상황을 사회적·경제적 측면에서 접근하게 된다. 마약산업 종사자들은 법체계 밖에 있거나 법에 쫓기는 사람들이다. 이러한 상황 속에서 이들만의 특정한 언어습관, 사고방식 및 행동양식이 형성된다. 다른 한편으로는 여타의 사회적 집단과 구별하기 위해 자신들만의 스타일을 만들게 된다. 이렇게 이들 사이에 공유되는 독특한 흐름을 가리켜 '나르코 문화'라고 부르기 시작했다.

나르코 문화의 예를 들어보자. 가난하고 못 배운 이들로 무시되고 경멸당하는 시선을 보상받기 위해 이른바 성공한 마약상들은 명품을 비롯하여 유명 브랜드 로고가 크게 프린트된 비싼 옷들로 치장을 하고 다닌다. 또한 수영장이 딸린 2층 혹은 2층짜리 맨션을 짓고 살면서 고급차를 운전하고 여러 여자를 정부로 삼기도 한다. 하지만 전형적인 물신주의적 태도를 보여주는 이러한 경향을 완전히 자본주의적 행태로만 읽을 수는 없다. 왜냐하면 이들은 획득한 이윤을 통해 미래의 자본을 축적하는 경제 논리를 따르지 않기 때문이다. 오히려 지출과 과소비가 이들의 미덕 아닌 미덕으로 알려져 있다. 이는 정부나 경찰에 언제 잡혀갈지 알 수 없으며, 최악의 경우 마약을 운반하는 도중에 죽을지도 모르는 위험 속에 노출되어 하루하루를 살아가기 때문이다. 10년, 20년 이후의 미래를 위해 저축을 하거나 돈을 모아야 할 이유를 느끼지 못한다. 당장의 현재를 살아가는 것이 더 중요한 가치일 수 있다. 이런 측면에서 이 사람들이 갖는 삶의 태도는 죽음과 밀접하게 연결되어 있다. 삶과 죽음이 자연의 법칙에 따르기보다는 어느 순간 폭력적 죽음이 갑자기 닥쳐오는 상황이 발생하며, 그것이 삶의 일상적인 상태가 되어버린 것이다.

따라서 나르코들은 말할 것도 없고, 멕시코인들 모두 불안한 삶을 살아갈 수밖에 없다. 그렇다고 부패한 정부나 법체계에 기댈 수도 없기 때문에 이들은 더욱 종교에 의지하게 된다. 가톨릭이 주요한 종교인 멕시코에는 기독교와 토착 민간신앙이 결합해 전해 내려온 오랜 전통이 있으며, 기독교 역사의 성인聖人 외에도 다양한 민간 성인이 존재했다. 사람들은 신에게 기도하지만, 자신들과 가까이에 있는 민간 성인들에게도 자신의 안녕과 번영을 기원한다.

현재 멕시코에서 가장 유명한 성인 중 하나는 바로 헤수스 말베르데 *Jesús Malverde*이다. 그는 놀랍게도 나르코들의 성인이자, 멕시코 마약의 역사에서 가장 오랜 전통을 가진 태평양 시날로아주州의 수호 성

그림 18-3 나르코들의 성인 헤수스 말베르데상

인이기도 하다. 헤수스 말베르데에 관한 전설은 19세기 말에서 20세기 초에 유래되었다. 멕시코 혁명이 일어나기 직전 어려서 부모를 여의고 철도 노동자로 일하다 산으로 도망쳐 도적떼에 합류한 그는 지역의 지주들에게서 돈을 빼앗아 가난한 사람들에게 나누어주던 멕시코의 의적 로빈후드였다. 그러다 동료의 밀고로 주정부에 붙잡혀 결국 참수를 당했는데, 이후 이 의적은 민간 성인이 되었다. 이 지역 사람들은 단순히 가톨릭 신앙에 따라 예수님과 성모 마리아에게 기도하는 것을 넘어 헤수스 말베르데에게 자신의 걱정과 고민을 털어놓고 도움의 손길을 구한다.

그런데 1980, 1990년대에 들어오면서 헤수스 말베르데를 모신 사당에 나르코들이 빈번하게 찾아왔다. 정부나 경찰뿐 아니라 가톨릭교회에서조차 환영받지 못하는 이들이 헤수스 말베르데를 찾는 것이다. 그들은 사업을 시작하기 전에, 혹은 미국으로 마약을 운반하기 위해 국경을 넘기 전에 항상 헤수스 말베르데에게 자신을 지켜달라고 기도한다. 헤수스 말베르데와 마약 중개상에게는 공통점이 있다. 둘 다 법 체계와 공식 질서에서 벗어나 쫓기는 위치에 있는 사회적 주변인이다. 로빈후드와 같이 의로운 인물이지만 남의 것을 훔쳤다는 점에서 말베르데는 마약 중개상과 마찬가지로 법 밖의 인물이었기 때문이다. 따라서 말베르데가 나르코들의 추앙을 받는다는 것은 이해할 수 있다. 하지만 멕시코의 가톨릭교회는 말베르데를 인정하지 않는다. 신앙과 마약 중개상들의 연관성을 받아들일 수 없기 때문이다. 이처럼 나르코 문화는 멕시코 사회에서 현실로 나타나고 있지만, 그 영향력을 둘러싸고 상당한 논란이 벌어지고 있다.

나르코코리도 음악

　　　　　　　　나르코 문화가 현실로 깊숙이 뿌리를 내리면
서 이들의 삶을 다루는 예술작품이 등장하고 심지어 유행되기도 한다.
나르코들이 즐겨 부르는 음악, 이들이 어떤 문제 속에서 어떻게 살아
가고 있는지를 다루는 문학, 이들이 조연 혹은 주연으로 등장하는 영
화와 TV 드라마에 이르기까지 다양한 문화 장르에서 주요한 사건 혹
은 시대적 배경을 드러내는 소재로 쓰이고 있다. 최근에는 이러한 유
행이 미국으로까지 건너가 〈시카리오: 암살자들의 도시Sicario〉
(2015)라는 영화나 〈나르코스Narcos〉(2015~) 라는 넷플릭스 시리즈가
만들어지는 등 국제적인 문화현상이 되었다.

　그렇지만 나르코 문화를 대표하는 것은 무엇보다 나르코코리도
narcocorrido라는 음악 장르이다. 1990년대 이후 미국과 멕시코 국경
지역에서 폭발적으로 유행한 나르코코리도는 현재까지 그 인기를 구가
하고 있다. 미국에 살사, 메렝게 등 열대 음악이 널리 퍼져 있지만 상업
적으로 가장 성공한 라틴음악 장르는 사실 나르코코리도이다. 이 음악
은 멕시코의 전통 민요에서 유래한다. 19세기 말부터 시작해 멕시코의
혁명, 사회 상황, 영웅에서부터 사소한 일상생활, 사랑에 대해 노래하
는 멕시코 가요를 일컬어 코리도라고 한다. 그러나 20세기 중반에 이
르러 멕시코가 산업사회화되고 도시화가 가속화되면서 사라지다가
1980년대에 들어오면서 멕시코 북부의 국경지역을 중심으로 코리도가
다시 등장한다. 노랫말 위주의 멜로디 라인은 과거와 유사하지만, 이야
기의 소재는 주로 나르코에 대한 것이었다. 과거에는 주로 기타 선율
하나에 맞추어 노래를 불렀다면, 여기에 아코디언, 베이스, 콘트라베

이스, 드럼 등이 추가되면서 보다 경쾌하고 활발한 느낌을 자아내게 되었다. 그래서 이 현대 코리도를 나르코코리도라고 부르게 되었다.

대부분의 언론은 주류 사회의 입장에서 마약 중개상을 부정적으로 묘사해왔다. 반면에 나르코코리도는 이들의 입장에서 자신들이 겪는 불안한 삶, 위험에 빠지게 된 상황, 주변 사람들의 현실과 모험담 혹은 죽음을 노래한다. 이런 측면에서 나르코코리도는 일종의 대안 언론의 역할을 하게 되었다. 또한 힙합 음악이나 갱스터랩과 마찬가지로 사회 주변부의 시각을 보여주는 하위문화 장르의 한 부분이 될 수도 있다. 나르코코리도는 처음에 미국-멕시코의 국경지역을 중심으로 인기를 얻었지만, 최근에는 멕시코 전역에서 사랑받는 음악이 되었다.

로스 티그레스 델 노르테Los tigres del norte가 바로 이 장르의 인기를 견인한 그룹이다. 우리말로 '북쪽의 호랑이들'을 의미하는 이 그룹은 최초 5인조로 결성되었으며, 시날로아주에서 성장하다가 청소년기에 음악적 성공을 목표로 미국으로 이주해 캘리포니아주를 중심으로 활동했다. 이들은 1970년대 멕시코에서 미국으로 가는 마약 운반에 가담하게 된 두 남녀

그림 18-4 _ 나르코코리도 장르의 대표 그룹,
로스 티그레스 델 노르테

가 벌이는 사랑과 죽음의 이야기를 다룬 〈밀수와 배신Contrabando Y Traición〉이라는 노래가 대히트를 치면서 국민적인 인기를 얻게 된다. 이와 같이 초기에는 주로 나르코 전반에 관한 노래를 하다가 점점 소재가 확장된다. 특히 불법 이민자들의 애환, 미국 이민 1세대와 2세대 간의 갈등, 부패한 멕시코 정부에 대한 비판과 문제점 등을 꼬집는 노래를 선보이면서 나르코코리도의 대표적 그룹이자 멕시코의 국민 가수로 성장했다. 또 미국에서도 엄청난 성공을 거두었다. 이들은 그래미상이 선정한 라틴음악상을 여러 번 수상했고, 몇 해 전에는 엠티비MTV에서 주최한 로스앤젤레스 콘서트 라이브 실황을 담은 기념 앨범을 발매하기도 했다.

끝나지 않는 논쟁

마약이 음지에서 일어나는 차원을 넘어 멕시코를 뒤흔드는 전 사회적인 문제가 됨으로써 그 영향으로 형성된 나르코 문화는 현재까지도 격렬한 찬반의 논란을 불러일으키고 있다. 여기에 가해지는 가장 큰 비판은 나르코를 다루는 영화, 소설, 음악이 폭력과 부패를 미화시킬 위험성이 있다는 것이다. 나르코는 살인과 폭력을 아무렇지도 않게 저지르는 범죄자일 뿐인데, 이들의 처지와 관점을 보여주는 작품이 만들어지면서 영웅시되는 경향이 존재한다는 것이다. 또한 이 작품들은 나르코에 흥미를 가지고 있는 이들의 호기심을 자극하면서 예술을 상업화한다는 비판을 받고 있다. 이는 도덕적으로 문제가 있는 사회적 이슈를 예술작품에서 다룬다는 것 자체가 문화의 가치와 품격을 떨어뜨리고 타락시킬 수 있다는 시각이다.

반대로 나르코 문화가 보여주는 가치와 가능성을 인정하는 측도 있다. 사실 문화라는 것이 삶의 한 양식이라는 관점에서 볼 때 좋은 문화, 깨끗한 문화, 숭고한 문화, 아름다운 문화만 존재하는 것은 아니다. 불편하고 보여주기 싫은 어두운 문화, 더러운 문화, 폭력적인 문화도 엄연히 존재하는 것이 현실이기 때문에, 그 현실을 반영하고 재현하는 행위 또한 하나의 문화라고 볼 수 있다. 그러므로 나르코 문화를 다루는 작품은 하나의 하위문화로서, 이 불편하고 위험한 현실을 간접적으로 체험하고 성찰할 수 있는 기회를 제공한다는 사실을 인정해야한다. 특히 1990년대 이후 멕시코가 세계화의 물결 속에서 신자유주의적으로 재편되면서 발생하는 부작용과 치부, 다시 말해 불평등과 새롭게 형성되는 빈곤층의 문제들을 고발한다는 점에서 나르코를 다루는 문화 생산물을 정당화해야 한다.

사실상 예술이나 문화 분야에서 공식 경제의 밖에 사는 사람들, 법체계의 밖에 존재하는 마약상들을 중요하게 다루지 않았었다. 혹은 상업적이고 자극적인 방식으로만 이들을 묘사하곤 했다. 현재의 나르코 문화에도 이 같은 경향이 여전히 존재한다. 그렇지만 변화하는 현실 속에서 여기에 적응하고 혹은 생존하기 위해 살아가는 이들의 모습을 보여준다는 측면에서 의미가 있다. 또한 이들의 삶에서 나타나는 죽음의 문화를 해석함으로써 현대사회의 한 단면을 바라보게 하며, 21세기 라틴아메리카의 현실을 성찰하게 해주는 역할을 한다.

📖 권장 서지

김은중(2012), 「박애주의자의 얼굴을 한 식인귀: 멕시코의 마약 전쟁」, 서울대학교 라틴아메리카연구소 편, 『2012 라틴아메리카: 정치안정과 경제회복』, 이숲, 47~72쪽.

이성형(2009), 『대홍수: 라틴아메리카, 신자유주의 20년의 경험』, 그린비.

Grillo, Ioan(2011), *El Narco; Inside Mexico's Criminal Insurgency*, New York: Bloomsbury Press.

Park, Jungwon and Gerardo Gómez Michel(2014), "The Cult of Jesús Malverde: Crime and Sanctity as Elements of a Heterogeneous Modernity," *Latin American Perspectives 41*, 202-214.

Wald, Elijah(2002), *Narcocorrido; A Journey into the Music of Drugs, Guns, and Guerrillas*, New York: Harper Collins Publishers.

미국의 패닉panic, 히스패닉his-panic

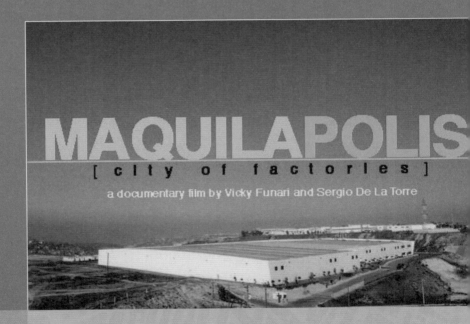

미국-멕시코 국경지대의 국가통치 기능 공동화와 경제적 난맥상

공존의 그늘과 그늘의 발달　　미국-멕시코 국경지대가 수상하다. 개방과 규제 완화에 등을 기댄 '경계노믹스'의 30년 성적표 또한 초라하다 못해 참담할 지경이다. '경계 이쪽'으로 기술과 번영이 이전되거나 이식될 가능성은 원천적으로 차단된 듯하다. '경계활성화 정책'은 실업률, 엥겔지수, 양극화, 불안정·비공식 노동 비중을 큰 폭으로 동반 성장시켰다. 또한 중소기업의 고사, 국내 제조업의 수출 비중 격감, 구조화된 저성장 기조, 소득 및 지역 불균형, 내수경기 침체, 5,330만 명의 대규모 빈곤층(2012년 기준으로 전체 인구의 거의 절반), 최저임금의 구매력 반감 등의 문제를 직간접적으로 견인했다.

　사정이 이러할진대, 2013년 멕시코의 대미 수출 물량이 1995년(710억 달러) 대비 네 배 가까이 증가한 2,805억 달러라는 사실을 두고 '성장' 운운하며 호들갑을 떨 일은 아니다. 경제 규모의 양적 팽창은 외국 자본과 일부 우량 수출 대기업의 '파이'만 키웠을 뿐, 그 일방적 성장의 과실은 가계로 녹아들지 않고 있다. 실제 경제 상황과 지표의 괴리는 갈수록 확대되는 추세이다. 특히 고용불안과 바닥경제 상황은 외부 변수에 따라 속수무책으로 악화되고 있다. 예컨대 노동인구의 40~60퍼센트가 길거리 비공식 산업(마약, 매춘, 밀수, 노점상, 불법 복제 등)에 편입된 상태이다. 도시 비공식 산업 및 지하경제의 이러한 기형적 성장은 다국적 자본의 범죄적 풍요와 더불어 '경계'에 뿌리를 내린 듯하다. 2014년 기준으로 46만 8,000명(멕시코의 산업별 고용 규모면에서 다섯 번째에 해당하는 수치)의 '직간접적인 고용창출 효과'를 자랑하는 마약 산업은 경계의 이쪽과 저쪽을 연계하는 '신성장산업'으로 자리매김한 상태다. 이러한 마약산업은 원유 수출, 해외 송금액, 관광소득과 함께 멕시코의 4대 외화 수입원으로 등극한 지 이미 오래다. 청부살인업자들을 포함해서 말단 조직원들의 호주머니로 흘러들어가는 '푼돈'만 연간 17억 4,000만 달러에 이른다고 하니, 이 '황금거위를 낳는 거위'와 연루된 '검은 돈'의 규모와 이권은 상상 그 이상일 터, 페멕스PEMEX(멕시코 석유공사)를 능가하고도 남을 법하다.

치안 상황은 더 말할 것도 없다. 2012년을 기점으로 상황이 좀 나아졌다고는 하지만, 여전히 죽음의 광기와 말세적 징후가 국경지대를 장악하고 있다. 특히 미국으로 흘러들어가는 마약과 미국에서 흘러나오는 불법 총포류로 국경을 생활수단이나 터전으로 삼고 살아가는 '경계인들' 전부가 살생부에 자신의 이름을 올린 처지다. 모두가 호출을 기다리는, 혹은 호출이 한시적으로 유예된 파르마코스pharmakos 신세로 전락했다. '나프타 난민'의 경우가 그랬듯 살기 위해서 목숨을 걸고 경계를 탈출하는 '마약 난민'도 부지기수다. 최근에는 급기야 '마약 내

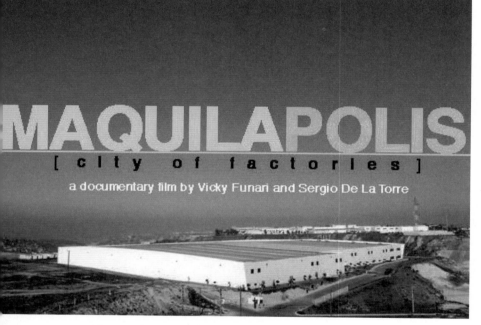

그림 19–1 다큐멘터리 〈마킬라폴리스Maquilápolis〉(2006)의 포스터.
제3회 서울환경영화제의 경쟁부문에 참여한 작품으로, 저임금 여성 노동자
들의 고달픈 삶과 싸움을 통해 미국–멕시코 국경지대의 실상과 허상을 들춰
낸다. 희망을 분양받지 못한 채 가난과 해고(직장폐쇄)와 환경오염을 식솔처
럼 거느리고 사는 '마킬라 여성'들의 '경계적 삶'을 때로는 차갑게, 그러나 시
종일관 차분하게 훑는다.

전'에 의한 멕시코의 돌발 붕괴 가능성까지 제기되는 상황이다. 2014년 4월에는 국경에 인접한 타마울리파스에서 벌어진 군경과 마약범죄 조직 간의 총격전으로 현지의 초·중·고 학생 70퍼센트가 결석하는 초유의 사태가 벌어지기도 했다. 특별 관리구역으로 선포된 이 타마울리파스에서만, 국경의 여느 도시들과 별반 다를 바 없이 한 달에 대략 15~20명이 납치되는 것으로 '추정'되고 있다. 8만 명의 목숨을 앗아간 마약과의 전쟁은 히드라의 머리만 건드렸을 뿐이었고 결과적으로 마약과 관련된 무차별적인 살인과 폭력의 남하(미초아칸, 아카풀코, 오아하카 등지)를 유도했을 뿐, 영 신통찮다. 이쯤 되면 국경은 '일상 그 자체가 비상사태'라고 해도 결코 과장이 아닐 것이다. 한때는 영토 국가의 틀을 허물면서 일상적으로 경계를 넘나드는 '초이주자transmigrants'의 경제적·문화적 거처이자 새로운 국가성이 실험되는 무정형의 공간으로 사유되었던 그 경계지대가 당면한 가장 다급한 과제 중의 하나가 국가 통치 기능의 '공동화'를 극복, 무정부 상태에서 벗어나는 것이라는 사실은 참으로 끔찍한 세계화의 아이러니가 아닐 수 없다.

세계화의 아이러니: 국경 장벽

티후아나와 샌디에이고 사이에 설치된 국경 장벽에는 관棺들이 매달려 있다. 이 국경지대를 통해 미국으로 넘어가려다 목숨을 잃은 사망자muertes 수와 해당 연도가 관 뚜껑에 비문처럼 적혀 있다. 저 죽음의 벽이 1996년에 87명, 1997년에 149명, 1998년에 329명, 1999년에 358명, 2000년에 436명, 그리

고 2007년에서 2009년까지 해마다 평균 최소 400여 명의 생목숨을
거뒀다. 통계에도 잡히지 않는 죽음이 없을 리 없을 터, 「라 호르나다
La Jornada」지는 "2008년에만 728명이 사선死線을 넘지 못하고 목숨
을 잃었을 것"이라는 '보다 더 신뢰할 만한 수치'를 내놓기도 했다. 한
낮 최고 기온이 무려 45~49도를 넘나드는 애리조나 사막의 뱀, 전갈,
타란툴라, 퓨마, 곰, 열사熱砂 등을 피해 미국으로 밀입국하려 숨진
사망자의 수만도 6년(2004~2009)간 1,086명에 달할 정도다. 북미자유
무역협정이 발효된 해인 1994년 10월 1일부터 2013년까지 낮춰 잡아
도 최소 7,500여 명이 탈국경 시대에 "국가의 안도 바깥도 아닌 동시
에 안이면서 바깥인 국경 위"에서 생을 마감했다. 최근에는 미국의 경
제 상황이 여의치 않아서 멕시코로의 역이민이 증가하고, 2010년에

그림 19-2 미국-멕시코 국경지대는 1년 365일이 '망자의 날'이다.

국경지대에서 체포된 밀입국자의 수치도 2006년에 비해 대략 37.5퍼센트 격감했다. 그러나 미국으로의 '역송금'과 미국-멕시코 국경지대에서의 살인과 강도·강간·사기, 유괴와 인신매매(2009년 1/4분기에만 1만 명가량이 납치되어 몸값으로 약 2,500만 달러를 범죄 조직에 지불한 것으로 추정된다)는 여전하다. 밀입국 브로커coyote 사업에도 관여하는 마약범죄 조직의 국경지대 장악력이나 고급 두뇌들의 탈멕시코 행렬은 수그러들지 않고 있다. 더군다나 갈수록 첨단화·군사화의 길을 걷고 있는 국경 경비와 강력한 이민통제 정책 탓으로 밀입국자들이 한결 더 위험한 루트(밀입국 경비도 4,000~1만 2,000달러로 치솟았다)를 선택하는 데다 월경을 시도하는 여성들과 미성년자들(2007~2008년에만 미국의 국경지대에서 체포되어 멕시코로 송환된 어린아이들이 각각 3만 5,000명과 3만 2,150명가량 된다)의 비중(전체의 대략 30퍼센트)이 늘어남에 따라 전체 사망자 수는 좀체 줄어들지 않고 있다. 일례로 멕시코 제도혁명당PRI이 발표한 자료에 따르면, 2011년에만 767명(멕시코인은 575명)이 '국민국가의 장벽'을 넘지 못하고 목숨을 잃었으며, 전체 사망자의 62퍼센트에 해당하는 무려 476명이 여성인 것으로 조사되었다. 과테말라, 엘살바도르, 온두라스, 파나마 등지의 아동들을 포함한 전체 미성년 '나홀로' 밀입국자들의 수치 또한 2013년 10월에서 2014년 6월까지 월평균 6,000여 명에 달하는 것으로 추산되었다. 속칭 '토르티야 벽el muro de la tortilla'으로 통하는 이 '치욕의 장벽el muro de la vergüenza'은 팔레스타인 서안지구 전체를 에워싸고 있는 분리장벽보다 더하면 더했지 결코 덜하지 않는 죽음과 통곡의 벽이다.

일상 그 자체가 비상사태

날로 악화되는 국경의 현실과 비례해서 멕시코 국경도시들의 사정도 복잡하다. 예를 들어 한때 가르시아 칸클리니에 의해 '세계화'와 '포스트모더니즘의 메이저 실험실'로 각광받았던 티후아나의 경우, 상황은 더없이 참담하다. 1920~1930년대(티후아나가 금주법의 해방구, 섹스 관광, 카지노를 비롯한 유흥 위락시설, 밀수와 마약의 천국으로 통하던 시대)를 능가하는 흑색전설leyenda negra의 '산실'이 되고 있기 때문이다. 낮은 실질임금과 높은 물가, 고용과 해고가 용이한 비정규직 노동의 확산, 친기업적 환경 정책과 이민 문제, 어처구니없는 체감부패지수CPI, 기형적인 관광 및 향락 산업, 미성년자들의 음주·마약 등으로 골머리를 앓고 있다.

또한 각종 강력범죄와 대기오염의 주범인 번호판이 없거나 가짜인 낡은 미등록 차량 6만여 대가 활개를 치고 있다. 버려진 폐타이어(미국에서 바하캘리포니아로만 해마다 100만 개 이상의 중고 타이어가 유입되고 있으며, 바하캘리포니아에서만 발암물질 덩어리인 폐타이어 400만 개 정도가 불법적으로 버려지고 소각된다)와 폐배터리 천국이 된 지도 이미 오래다. 특히 무기 밀매, 악명 높은 살인사건 발생률, 복수와 경고의 메시지로 통하는 엽기적인 시신 훼손과 전시展示, 표적 살인과 고문 및 '납치 비즈니스', 실질적으로 도시를 장악한 마약 카르텔의 준동 등으로 그야말로 악명을 떨치고 있다. 수출 먹거리로 채택한 마킬라도라 산업 역시 국내 및 지역 산업에의 낙수효과를 거의 상실한 채 티후아나를 단순 생산거점으로 전락시켰다. 신자유주의적 '세계화'와 '포스트모더니즘'의 결탁으로 인해 이 퓨전 도시는, 그러므로, 해방적·유토피아적·대안적 공간이 아니라 국경에 결박된 대안 없는 디스토피아적인 공간으로 변모하고 있다.

2013년 기준으로 티후아나는 바하캘리포니아주州 전체 인구의 거의 절반인 167만여 명을 거느린 국경 최대의 메트로폴리스로 거듭났지만, 매일 배출되는 1,163톤(2013년 기준)의 도시 폐기물로 몸살을 앓는다. 게다가 사람이 살지 않는 빈집을 11만 1,500여 채나 보유한 멕시코 최대의 유령도시라는 불명예도 떠안았다. 불과 5년 사이에 거의 60퍼센트 증가한 수치다. 이는 주택 10채당 2채 정도가 버려진 폐가이거나 장기간 방치된 빈집이라는 얘기다. 그리고 그런 '흉가'의 대략 11.5퍼센트는 이미 마약, 인신매매, 살인 및 시신 훼손, 매춘이나 윤간 등과 같은 '티후아나형' 범죄의 아지트로 용도가 변경되었다. 이민법이 오히려 강화된 오바마 정부 출범과 함께 티후아나는 미국으로부터 '추방된 자들의 연옥el purgatorio de los deportados'이기도 하다. 2010년에는 하루 평균 366명이 미국에서 티후아나로 추방되었고(티후아나의 외형적 성장의 한 요인으로 지목되기도 한다), 2013년에는 그 숫자가 줄어들기는 했으나 여전히 하루 평균 160여 명이 추방당했다. 탈국경과 무국적적 혼종성의 실험실이라는 말이 무색해졌다.

특히 최근에는 마킬라도라 산업의 존재 때문이 아니라 치안 부재 덕분에 전례 없는 유명세를 타고 있다. 덩달아 민간 보안업체들이 불황을 모르는 장기 호황을 누리고 있다. 도시에 주둔한 군대와 경찰이 오히려 범죄(강간, 살인, 고문, 공권력 남용과 인권유린)와 불안 및 불만을 증폭시키는 가운데, 마치 공포와 폭력의 한계가 어디까지 이를 수 있는지를 실험 중인 듯하다. 실제로 '살인 시즌'으로 통했던 2008~2010년 사이에는 한 해 평균 최소 750명이 살인을 '레저'처럼 즐기는 마약 관련 범죄 조직(살인 스타일리스트)에 의해 잔혹하게 살해당했다. 멕시코 주재 미국 영사관 직원과 가족을 포함해 2010년 한 해 동안 멕시코에서 살해된 111명의 미국인 중 5분의 1가량이 이곳에서 목숨을 잃었다. 국경의 볼모로 변한 티후아나는 한때 '멕시코 국가 정체성의 그라운드 제로'로 통하며 미국과 가장 닮은 도시로 간주되면서 부러움과 눈총을 한몸에 받기도 했으나, 이런저런 이유로 말미암아 이 오명의 도시는 이제 '미국과 가장 거리가 먼 도시'가 되었다. 이제는 죽음의 벽을 품고 있는 공포의 도시로 자리 잡았으며, 온갖 참상이 동시다발적으로 진행되는 폐허의 도시로 변모했다.

티후아나화tijuanización에 가속도가 붙은 또 다른 국경 도시는 시우닫후아레스Ciudad Juárez다. 여성 연쇄살인feminicidios을 고발한 영화 〈보더타운Bordertown〉(2007)의 실제 무대가 되었던 바로 그곳, 소설가 로베르토 볼라뇨Roberto Bolaño가 그의 필생의 대작인 〈2666〉에서 디스토피아적인 공간으로 차용했을 정도로 '통치 불가능성'의 위기에 직면한 마약과 죽음과 범죄의 온상이기도 하다. 마킬라도라 산업의 심장부인 이 시우닫후아레스의 묵시론적 상황은 확실히 티후아나와 1980년대의 콜롬비아를 무색케 할 정도다. 1980년대에 코카인루트가 플로리다에서 멕시코로 변경된 후 시우닫후아레스는 '트래픽'이 가장 심한 마약 허브로 변신했다. 마주 보고 있는 엘파소(엘패소)가 포트 블리스 군사기지의 확장, 시우닫후아레스를 비롯한 멕시코로부터의 이민 행렬, 그리고 강화된 단속을 피해 몰려든 미등록 이주노동자들에 힘입어 80만 명을 거느린, 미국에서 가장 안전한 도시들 중 하나로 성장한 것과는 대조적으로 시우닫후아레스는 번호판 없는 차들과 마약범죄 조직 간의 영역 다툼의 온상이 되고 있다. 1990년에서 2010년까지 불과 20년 만에 도시 인구는 두 배로 늘어났지만, 일상적인 폭력과 공포를 견디다 못해 최근 3년 동안에만 20~30만 명이 시우닫후아레스를 '탈출'한 것으로 추정된다. 도시 인구는 2010년 기준 133만 2,000여 명으로 131만 3,000여 명이던 2005년과 거의 비슷한 수준이다. 티후아나와 마찬가지로 전기, 상하수도, 가스, 도로(포장) 등 네트워크 산업과 보건의료, 교육, 보육, 주거, 교통, 문화 및 편의시설

그림 19-3 _ 길거리 항의 시위를 하고 있는 시우닫후아레스의 여성 연쇄살인 피해자들의 유족

등 핵심 공공서비스는 열악하기 짝이 없다. 물가는 50야드 떨어진 엘파소(엘패소)의 85~90퍼센트에 육박하는 실정인데, 시우닫후아레스의 주민 평균 소득은 엘파소(엘패소)의 10~20퍼센트에 불과한 형편이다. '살인의 수도'라는 명성에 걸맞게 2009년 8월과 2010년 10월에는 하루 평균 각각 10.5명과 12.9명이 살해되었고, 마약 관련 폭력 범죄에 의해 2010년에만 3,111명가량이 시우닫후아레스에서 목숨을 잃었다. 식겁할 일은 '살인의 도시Murder City'에서 10월 한 달에만 119명이 잔혹하게 살해당했음에도 이 10월이 2011년 들어 살인사건이 가장 적게 발생한 예외적인 기간으로 기록되었다는 사실이다. 이라크와 아프가니스탄을 방불케 하는 '킬링필드'로 자리 잡아가고 있는 시우닫후아레스는 산페드로수라(온두라스), 산살바도르(엘살바도르), 카라카스(베네수엘라) 등과 함께 이미 세계에서 가장 위험한 도시의 대열에 합류했다.

여성들이 가장 두려워하는 도시도 시우닫후아레스다. 1993년 이래 조직적이고 무차별적으로 자행되고 있는 강간, 고문, 살인, 시신 훼손, 암매장의 희생양이 된 시우닫후아레스 거주 피해 여성의 수는 상상을 초월한다. 대부분이 마킬라도라의 '워킹푸어'들인 이들 여성혐오 범죄의 피해자 수는 2009~2012년에만 673명에 달한다. 여기에 실종자까지 더하면 그 수는 믿기 힘들 정도다. 1993년에서 1995년까지 어림잡아 30여 구의 처참하게 훼손된 여성 변사체가 거의 같은 장소에서 발견되는 엽기적인 치안 부재의 상황을 연출하기도 했다.

강고한 침묵의 카르텔을 형성하는 현지의 군인, 경찰, 마약조직, 다국적 기업주, 부패한 관료, 가부장적 사고와 시스템, 황색 저널리즘

(2000년에서 2014년 4월까지 범죄조직에 의해 피살된 언론인은 102명으로 집계되었다) 등이 조직적으로 공모·방조한 탓에 이 '살인의 추억'은 풍토병에 가까운 집단 트라우마를 낳고 있다. 그뿐만이 아니다. 멕시코 정부의 '2010년 센서스' 주택·가구 부문 발표 자료에 따르면, 시우닫후아레스 전체 가옥의 4분의 1에 해당하는 11만 1,000여 채가 사람이 살지 않는 도시 속 거대한 공동空洞을 형성하는 것으로 드러났다. 도시 전체가 썩은 사과에 비유될 정도로 폐허와 세기말적 이미지를 축적하고 있다.

한마디로 출구를 잃어버린 '경계'가 몰락의 기로에 서 있는 형국이다. 환란에 준하는 사태를 맞고 있는 이들 '하이브리드 시티hybrid city'는 제1세계로의 편입이라는 꿈이 디스토피아적인 악몽으로 변해버린, 그래서 어쩌면 가장 '제3세계적인' 글로벌 주변부 도시ciudad global periférica로 고착되고 있다. 사실상 점이지대가 주는 이점을 거의 상실하고 치안과 통치의 사각지대로, 노동권과 (여성)인권 및 환경권의 불모지대로 전락하고 있다. 또한 구조적인 실업과 저임금을 보장하는 노동에 적대적인 정책, 강력 범죄와 연루된 높은 청년 실업률, 중산층의 몰락을 동반하는 양극화의 심화와 빈곤층의 성장, 국가의 공공 정책 무력화에 따른 사회안전망과 복지체계의 붕괴 등 신자유주의에 편입된 지역의 끔찍한 민낯을 생생하게 드러내고 있다. 사정이 이러한데 신자유주의가 국경 문제의 핵심이라고 하면 지나친 단순화일까. 북미자유무역협정과 마약범죄가 서로 공생관계에 있다고 하면 지나친 억측일까. 비대해진 마약 관련 범죄 조직이 탈농민화, 저임금, 높은 청년 실업률, 노동의 유연성 강화, 미국에서 추방된 노동이민자, 제도화된 가난 등의 문제와 결코 무관하지 않은데도 말이다. 청부살인과 마약 운반을 비롯한 각종 마약 관련 범죄가 '생계형 범죄'로 둔갑하는 지경에까지 이르렀고, 보조금 혜택을 받는 미국 농산물의 대규모 유입으로 인해 경쟁력을 상실한 나머지 많게는 경작지의 30퍼센트 정도에서 부분적으로나 전적으로 마리화나와 양귀비가 재배되는 실정인데 말이다.

끝으로, 에두아르도 갈레아노Eduardo Galeano가 『후아레스: 우리들 미래의 실험실*Juárez: The Laboratory of Our Future*』에서 적실하게 짚어내고 있듯이, 엘파소(엘패소)와 시우닫후아레스 사이의 극단적인 불균등과 비대칭적인 발전은 미국-라틴아메리카 관계의 메타포로 읽힐 소지 또한 다분하다. 경계의 기형적 발전이 종속의 연장선상에 있는 듯 보이기 때문이다.

📓 권장 서지

김수행 외(2006), 『제3의 길과 신자유주의: 영국 · 독일 · 프랑스를 중심으로』, 서울대학교출판부.

리처드 세넷(2002), 『신자유주의와 인간성의 파괴』(조용 옮김), 문예출판사.

박수경 엮음(2016), 『멕시코: 민주주의를 다시 묻다』, 한울아카데미.

복도훈(2010), 『눈먼 자의 초상』, 문학동네.

이성형(2009), 『대홍수: 라틴아메리카, 신자유주의 20년의 경험』, 그린비.

후안 곤살레스(2014), 『미국 라티노의 역사』(이은아, 최해성, 서은희 옮김), 그린비.

안데스 공동체의 행복론

Agricultura Campesina Andina, Crianza en Ayllu de la Diversidad en la Chacra, que convienc a la vida dulce del Campo

Enero　Febrero　Marzo　Avril　Mayo　Junio　Julio　Agosto　Setiembre　Octubre　Noviembre　Diciembre

근대 문명의 위기와 수막 카우사이 / 수마 카마냐

인류 문명이
위기에 처해 있다는 사실에 많은 사람이 공감하고 있는 듯하다. 그런
데 위기에 한걸음 더 다가가보면 위기의 본질이 역설적이다. 위기의
상태가 응급처방을 요할 만큼 급박한데도 문제를 해결하기 위해서 장
기적인 계획이 제시되어야 하기 때문이다. 다시 말해, 전 세계적으로
확산되고 있는 사회적 불의와 생태 환경의 파괴는 지금 당장 행동을

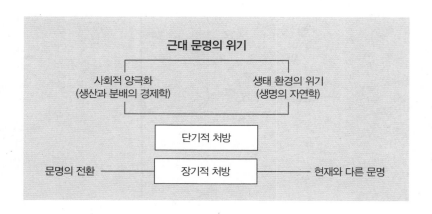

취하지 않으면 안 될 만큼 급박한 상황이지만, 문제를 해결하기 위한 처방은 매우 복잡하고 광범위한 변화를 통해서만 가능하다. 위기를 해결하기 위해서는 정치권력을 잡는 것만으로 충분하지 않으며, 정치권력을 변화시키고, 사회를 변화시켜야 한다. 오늘날 위기에 처한 인류에게 필요한 것은 단기적인 처방이 아니라, 지금 우리가 살고 있는 문명과는 다른 문명으로의 전환이다.

"당신은 행복하십니까?"라고 묻는 것은 역설적으로 우리가 행복하지 못하다는 사실을 확인하는 일이다. 그 물음 자체가 행복하지 않다는 사실을 염두에 둔 것이라면, 실상 "당신은 행복하십니까?"라는 물음은 "어떻게 하면 행복해질 수 있나요?"라고 묻고 있는 것이다. 인생의 궁극적인 목적은 행복이다. 인간은 행복해지기 위해 산다. 그러나 문제는 행복이 무엇인지 규정하는 것이 어렵다는 데 있다. 행복이 언표로서 고정시킬 수 있는 어떤 것이 아니고 활동하는 그 자체라면, '행복'이 무슨 뜻인지 묻는 대신에 '행복하다'가 무슨 뜻인지 물어야 한다. '행복하다'는 '잘 산다'는 뜻이고, '잘 산다'는 '잘 한다'는 뜻이다.

남미 안데스 지역에 자리 잡은 에콰도르와 볼리비아는 2008년과 2009년 헌법을 개정했다. 그들은 새로운 헌법의 규합 개념organizing concept으로 '잘 살기'를 제시했다. '잘 살기'는 볼리비아 아이마라 원주민어로는 '수마 카마냐Suma Qamaña'라고 하고, 스페인어로는 '비비르 비엔Vivir Bien'으로 번역된다. 에콰도르 케추아 원주민어로는 '수막

행복하다 = 잘 산다 = 잘 한다

카우사이Sumak Kawsay'라고 읽으며, 스페인어로는 '부엔 비비르Buen Vivir'로 옮긴다. '행복하다', '잘 산다'는 것을 한마디로 규정하기 어려운 것처럼 새로운 헌법의 규합 개념으로 명시된 수마 카마냐와 수막 카우사이에 대한 해석도 다양하다. 그러나 대체적으로 합의된 바에 따르면 '충만한 삶', '조화로운 삶', '더불어 잘 살기'쯤으로 이해될 수 있다.

조상 대대로 내려온 원주민의 세계관을 담고 있는 수마 카마냐와 수막 카우사이를 새로운 헌법에 명시할 수 있게 된 것은 지난 500년 동안 억압과 수탈의 대상이었던 원주민들이 정치적·사회적 주체로 등장했다는 점에서 대단히 중요한 역사적 사건이었다(이하 수막 카우사이로 지칭한다). 그러나 더 중요한 것은 그들이 말하는 '잘 살기'가 서양적 의미와는 다르다는 데 있다. 서양적 의미의 '잘 산다Live Well'가 '더 잘산다Live Better'를 의미한다면, '잘 산다'는 '더 잘산다'와 다르기 때문이다. '잘 산다'와 '더 잘산다'는 각기 다른 세계관을 배경으로 하며, 그 때문에 사는 방식도 다르다. 수막 카우사이는 '잘 사는 것'이다. 그것은 우리의 이웃이 승자가 되지 못하면 아무도 승자가 되지 못하는 공동체의 개념이다. 그러나 자본주의는 정반대이다. 내가 승자가 되기 위해서는 나머지 사람들은 패자가 되어야 한다. 패자가 없으면 승자도 없다. 한 사람은 이기고 한 사람은 지는 법정과 같다. 단도직입적으로 말하면, '더 잘산다'는 '남보다 더 잘산다'를 의미한다. '남보다 더 잘산

충만한 삶, 조화로운 삶, 더불어 잘 살기
잘 산다 Live Well ≠ 더 잘산다 Live Better

다'는 개인적인 차원으로 국한되지 않고 사회적 차원·사회구조와 관련되고, 더 나아가 자본주의 체제와 직접적으로 관련된다. 토마 피케티Thomas Piketty는 『21세기 자본*Le capital au XXIe siecle*』에서 지난 200년간의 자본주의 구조 분석을 통해 우리나라의 어느 청년이 쓴 '안녕들 하십니까?'라는 대자보에서 던진 질문에 대한 답변을 제시했다. 피케티가 찾아낸 답변은 '소수의 사람happy few'이 더 잘살기 위해서 '수많은' 사람이 '더 못살게 된' 자본주의의 구조적 모순이었다. 그러나 경제적 재분배의 문제는 '잘 산다'는 것을 설명하기에 필요하지만 충분한 대답은 아니다.

'잘 산다'가 '더 잘산다'를 의미하는 것이 아니라면 '잘 산다'가 의미하는 것은 무엇일까? 원주민의 세계관을 회복하려는 수막 카우사이는 이상화된 과거로 돌아가는 것이 아니다. 수막 카우사이는 원주민의 삶의 방식 속에서 오늘날 근대 문명이 부딪힌 위기의 해답을 찾으려고 한다. 그들은 역사에 뒤처진 것이 아니라 역사에 앞서 있다. 수막 카우사이가 제시하는 원주민의 세계관은 다음과 같이 요약할 수 있다.

첫째, 수막 카우사이의 세계관은 무엇보다도 대지에 뿌리를 둔 생명 공동체이다. 그들이 '파차마마Pachamama'라고 부르는 대지의 어머니 Mother Earth는 물리법칙에 따라 움직이는 기계가 아니다. 모든 것은 생명을 가지며 생기 없는 물질이 아니다. 파차마마는 전체적holistic 코스몰로지이다.

둘째, 수막 카우사이는 공생coexist이다. '잘 산다'는 '함께 잘 산다'는 것이며, '함께 잘 산다'는 것은 '공동체를 이루며 산다'는 것이다. 개체성은 공동체 안에서 완성되고, 개체가 공동체 위에 존재하지 않는다. '잘 산다'가 개인보다 공동체의 가치를 우선시한다면, '더 잘산다'는 공동체보다 개인을 우선시한다. 파차마마의 생명 공동체에서 모두(인간)는 모든 것(비인간)과 공동체를 이루며 산다. 수막 카우사이는 인간 사회Human-society보다 생명사회Bio-society를 중심에 둔다.

셋째, 수막 카우사이는 상보성complementarity이며 연대성solidarity이다. 생명사회의 모든 것은 서로 의존적이고, 서로 연관되어 있다. 생명은 음양의 상보성과 연대성의 원리로 움직인다. '잘 산다'는 것은 차이를 인정하고, 차이를 통해 비상대주의적non-relativistic 연대를 모색하는 것이다.

넷째, 수막 카우사이는 생명의 총체성integrality이다. 물질적 삶은 생명의 총체성의 일부분일 뿐이다. 생명의 총체성은 물질의 축적으로 환원될 수 없고, 교환가치는 사용가치보다 우선할 수 없다. '잘 산다'는 것은 먹고, 나누고, 춤추고, 놀이하고, 공동체에 봉사할 줄 아는 것이며, 어른을 돌보고, 자연을 보살필 줄 아는 것이다. 정신적 삶과 물질적 삶은 분리될 수 없다.

다섯째, 수막 카우사이는 균형equilibrium과 조화harmony이다. '잘 산다'는 것은 모두가 모든 것과 균형과 조화를 유지하는 것이다. 균형과 조화는 성장이나 발전이 아니다. '잘 산다'가 균형과 조화를 목표로 한다면, '더 잘산다'는 성장과 발전을 목표로 삼는다.

오늘날 인류 문명이 처한 위기의 근원은 자본주의의 구조적 문제를 넘어 근대 문명의 패러다임 그 자체이며, 근대 문명의 패러다임의 핵심은 발전 담론이다. 볼프강 작스Wolfgang Sachs가 지적한 것처럼, 더 나은 미래를 기대하는 사람들(나라들)은 성장이 곧 발전이라고 믿는다. 발전 담론은 시간정치학과 지리정치학을 모두 함축한다. 시간정치학의 차원에서 보면 모든 나라가 갈수록 좁아지는 길 위를 갈수록 빨리 달려가는 것이고, 지리정치학의 차원에서 보면 모든 다양한 나라가 소득수준으로 등수가 매겨진다. 이런 식으로 세계 질서를 구성하는 것은 매우 위험하다. 작스의 말처럼, 이제 발전의 시대에 추도사를 써야 할 때가 되었다. 그렇다면 어떻게 해야 할까? 잘 살기 위해서 어떻게 해야 할까?

앞에서 언급한 것처럼, '행복하다'는 것은 '잘 산다'는 것이고, '잘 산다'는 것은 '잘 한다'는 것이다. 생명 공동체 안에서의 공생, 공생의 원리로서의 상보성, 연대성, 총체성이 수막 카우사이의 세계관이고 철학이라면, 균형과 조화를 유지하는 것은 잘 살기 위한 구체적 실천이다.

수막 카우사이와 중용

수막 카우사이에서 '잘 한다'는 것은 균형과 조화를 유지하는 것이라는 점에서 중도의 실천과 유사하다. 그러나 수막 카우사이에서 '잘 한다'는 것은 개인의 품성과 지성의 탁월함을 의미하는 것이 아니다. 수막 카우사이의 중도는 총체적인 생명 공동체의 균형과 조화를 의미한다. 이런 맥락에서 수막 카우사이의 중도는 아리스토텔레스의 중도보다 동아시아의 『중용中庸』의 중(中, 균형), 화(和, 조화)에 가깝다. 『중용』 1장에서 말하는 것처럼, "중이라는 것은 천하의 큰 근본이요, 화라는 것은 천하 사람들이 달성해야만 할 길이다. 중과 화를 지극한 경지에까지 밀고 나가면 천과 지가 바르게 자리

를 잡을 수 있고, 그 사이의 만물이 잘 자라나게 된다(中也者, 天下之大
本也. 和也者, 天下之達道也. 致中和, 天地位焉, 萬物育焉)."

행복하다는 것은 잘 산다는 것이고, 잘 산다는 것은 잘 한다는 것이
다. 그리고 잘 한다는 것은 하늘과 땅이 바르게 자리를 잡아 그 사이의
만물이 잘 자라나게 하는 것이다. 따라서 천하 사람이 달성해야 할 길
은 하늘과 땅이 바르게 자리를 잡을 수 있도록 중, 화를 실천하는 것이
며, 그것이 곧 행복이다. 인간이 행복하지 못한 것은 천하(天下, human
society)의 중, 화가 실천되지 못하기 때문이며, 천지(天地, bio-society)
의 중, 화가 실천되지 못하기 때문이다. 천하의 중, 화는 종국적으로
천지의 중, 화가 실천되어야만 가능하다.

응급처치를 필요로 하는 인류 문명의 급박한 위기 상황을 해결하기
위해서 문명의 전환이라는 장기적인 처방과 결단이 필요한 것은 이 때
문이다. 그렇다면 천하의 중, 화와 천지의 중, 화가 실천되지 못하는

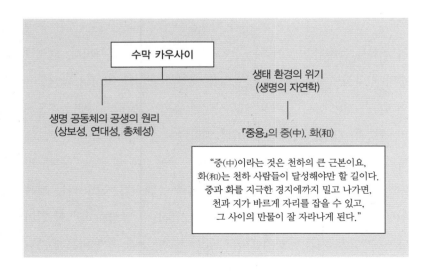

이유는 무엇일까?『중용』에 따르면, 천하 사람들이 길을 잃고 근본을 상실했기 때문이다. 길을 잃고 근본을 상실했기 때문에 잘 하지 못하고, 잘 하지 못하기 때문에 잘 살지 못하며, 잘 살지 못하기 때문에 행복하지 못한 것이다. 길을 찾고 근본을 회복하기 위해서는 어떻게 해야 하는가? 그것은 자연을 회복하는 것이다.

근대인은 자연을 잃어버리면서 인(간)성도 잃어버렸다. 'nature'는 '자연'과 '본성'을 동시에 의미하기 때문이다. 다시『중용』1장을 인용하면 "천이 명한 것, 그것을 일컬어 성이라고 하고, 성을 따르는 것, 그것을 일컬어 도라고 한다(天命之謂性, 率性之謂道)"고 했다. 여기서 말하는 성性은 인간의 본성이면서 자연이다. 근대에 들어서면서 인간은 생각의 주체res cogitans가 되었고, 자연은 기하학적 연장res extensa으로 전락했다. 그 결과 자연과 사회(문화)는 분리되었고, 인간은 자연으로부터 길을 잃어버렸을 때 자기 자신으로부터도 멀어지게 되었다. 데이비드 하비David Harvey의 말을 빌리면, 이러한 상황은 소외alienation라는 한 단어로 축약될 수 있다. 근대인의 삶은 인간으로서의 본성과 외부세계의 본성(자연) 양자 모두로부터 소외된다.

안데스의 세계관과 원주민 공동체

수막 카우사이는 안데스 세계관과 공동체적 삶의 양식에서 잘 드러난다. 안데스의 파차마마Pachamama는 원주민들의 고유한 세계이다. 마마mamá는 스페인어이고 파차pacha는 원주민 언어이다. 파차마마는 근대적 의미의 코스

모스cosmos, 즉 무한한 우주가 아니라 유한한 우주이다. 원주민들이 인식할 수 있고, 느낄 수 있고, 같이 공존하는 우주이다. 동아시아 사람들의 우주와 비교한다면 파차마마는 천지이다. 천지는 하늘의 기와 땅의 기가 합쳐져 이루어지는 동아시아 고유의 우주이다. 파차는 파pa 와 차cha가 합쳐진 말인데, 파는 두 개double라는 뜻이고, 차는 영적 에너지spirtual energy를 말한다. 따라서 차는 동아시아의 기氣라는 개념과 매우 유사하다.

천지가 동아시아 사람들에게 고유한 세계라면 파차마마는 안데스 원주민들의 고유한 세계라고 말할 수 있다. 무한하지 않고 유한한 생명의 공동체로 이루어져 있는 것이 파차마마이다. 천지와 파차마마의 시간과 공간은 무한하지 않고 유한하며, 이 때문에 근대 과학의 무한한 우주와 다르다. 김용옥 교수가 설명하는 것처럼, "우주와 천지는 다르다. 근대 과학은 우주를 천지로부터 해방시켰다. 다시 말해서 천지로부터 우주 자체의 인식을 끊임없이 확충해온 과정이 뉴턴 이후 물리학의 큰 흐름이었다. 그러나 이것은 오로지 물리학이 전제하는 물질의 운동을 설명하기 위한 세계의 구조 속에서만 정당성을 지닌다. 뉴턴이 말하는 '힘'은 꽃망울이 탁 터지는 '힘'을 설명할 수 없다. F=ma는 살아 있는 풀 한 포기를 설명할 수 없다. 아인슈타인의 통일장 이론도 살아 있는 장미꽃 한 송이의 아름다움을 설명하는 데 직접적으로 유용하지 않다. 여기에 '천지'라는 매우 소박한 동아시아 고대인의 우주관이 '현실적 과학'으로서 살아남을 수 있는 소지가 있다." 이런 맥락에서 파차마마는 생명 공동체로서의 자연의 회복을 의미한다. 안데스 원주민들이 '파차마마'라는 원주민 용어를 사용하는 것은 파차마마가 근대적 의미의 자연과 다르기 때문이다. 유럽인들에게 정복되면서 그들의 세계관은 미개하고 야만적인 것으로 무시되었고, 파차마마의 우주도 사라졌다. 동아시아의 고유한 우주론이었던 '천지'가 맥락을 상실하고 일반명사가 되어버린 것처럼 파차마마도 맥락을 상실하고 알아들을 수 없는 말이 되었다.

원주민 공동체는 '아이유ayllu'이다. 에콰도르의 헌법에 명시된 수막 카우사이, 볼리비아의 헌법에 명시된 수마 카마냐라는 개념이 구체적으로 실천되는 것이 아이유 공동체이다. 아이유는 라틴아메리카 발견과 정복 이전부터 이어져 내려오는 원주민 공동체를 가리키는 고유명사이다. 기본적으로 아이유는 친족 공동체이다. 아이유는 가장 작은 친족공동체로부터 시작해 마을, 마을에서 더 넓은 세계로 확장된다. 아이유에서 인격체person라는 개념은 단지 공동체의 인간에게만 주어지지 않고 존재하는 모든 것으로 확장된다. 즉 친족이라는 용어는 인간이 기르고 가꾸는 것으로부터 인간을 기르고 가꾸는 것까지 모두 포함한다. 인간은 공동체를 가꾸고, 인간도 그 공동체 안에서 길러진다. 아이유라는 공동체의 모든 존재는 서로 연결되어 있는inter-connected 친족이라고 말할 수 있다. 자유주의, 개인주의 사회에서 개인은 individual이다. individual은 in-dividual, 즉 '분할 불가능하다'는 의미이다. 이와 반대로 아이유에 있는 개체 구성원은 나누어질 수 있는 dividual 존재이다. 개체들이 모여 있는 집합체라는 의미에서 multi-dividual이라고 할 수 있다. multi-dividual은 한자어로 쓰면 중생衆生이다. 무리지어 사는 존재인 중생을 뜻한다. 아이유는 친족 공동체로부터 파차마마를 포괄하는 공동체이다.

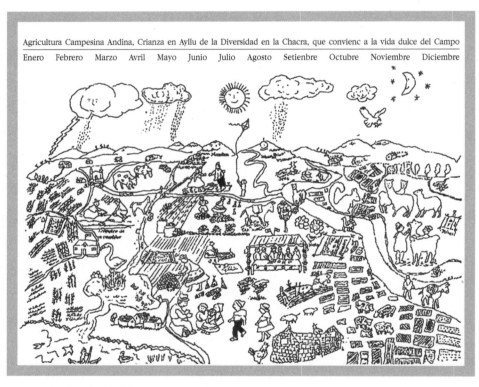

Agricultura Campesina Andina, Crianza en Ayllu de la Diversidad en la Chacra, que convienc a la vida dulce del Campo

Enero　Febrero　Marzo　Avril　Mayo　Junio　Julio　Agosto　Setienbre　Octubre　Noviembre　Diciembre

그림 20-1 _ 아이유

[그림 20-1]을 보자. 아이들이 그린 것과 같은 순진하고, 조금 유치해 보이기도 하는 그림이다. 밑에 아이가 걸어가고 있고, 위에는 해도 떠 있고, 구름도 있고, 비도 오고. 위에 보면 달력이 있는데 1월, 2월…… 1년의 캘린더가 쭉 표시되어 있다. 그리고 그 위에는 안데스 농부들의 1년 농사 달력이 한꺼번에 그림으로 표시되어 있다. 마을 공동체charca는 경작을 하는 농장을 중심으로 표현되어 있다. 공동체 안에서는 많은 것이 길러진다. 인간은 공동체에서 생명을 기르고, 인간도 공동체 안에서 길러지는 것이다. 한마디로 이 그림은 조화롭고 이상적인 공존의 삶을 표현한다. 위에는 해님, 달님, 별님들이 있고, 아래에는 인간의 마을이 펼쳐져 있으며, 보이지 않는 지하의 세계까지 포함되어 있다.

안데스 세계에 초자연적 존재는 없다. 그리고 안데스 세계에서 신성한 것은 인간과 거리를 두지 않는다. 가족과 친족은 좁은 뜻의 '인간적인 것'을 뛰어넘기 때문에 인간은 자신의 실존을 홀로 던져져 있는 것으로 느끼지 않고 가족관계를 이루는 것으로 느낀다. 안데스 세계에서는 가족으로부터 멀리 떨어져 있는 초자연적 존재도 없고, 단지 사물로 객관적인 어떤 객체로 존재하는 것도 없다. 모든 것은 가족관계를 형성한다. 안데스 원주민의 공동체적인 삶은 건설해야 할 미래의 추상적인 어떤 것이 아니라 그들의 공동체적 삶 속에서 구체적인 실천을 통해 이루어지는 삶, 즉 '아이유-속에서-살기vivir-en-ayllu'이다. 안데스 원주민의 공동체적 삶은 개인주의가 팽배한 근대인의 삶과는 다른 삶의 양식을 보여준다.

수막 카우사이와 코뮌주의

수막 카우사이는 인간의 길을 찾고 생명 공동체를 회복하려는 시도이다. 그리고 이러한 목적을 위한 구체적인 실천 방법은 아메리카 정복 이전부터 현재까지 존재해왔지만 끊임없이 억압되고 은폐되었던 원주민 공동체를 활성화하는 것이다. 원주민 공동체는 파차마마를 통해 인간과 비인간의 상호의존성을 유지하고, 아이유를 통해 인간과 인간의 상호의존성을 유지해왔다. 원주민 공동체는, 한편으로는 공통의 문화·언어·영토적 공간을 바탕으로 유지되는 문화적 동질성이며, 다른 한편으로는 정치적·경제적 체계이다. 지난 500년 동안 원주민의 문화와 언어, 영토는 끊임없이 침탈되었고, 정치적·경제적 체계 또한 자유주의와 자본주의에 의해 본래의 맥락을 잃어가고 있다. 그러나 이러한 침탈과 억압 속에서도 그들의 공동체의 체계는 사라지지 않았다.

모든 공동체는 핵심과 환경으로 이루어진다. 공동체의 핵심은 정치적·경제적 조직이다. 반면에 환경은 상징적이고 문화적인 측면, 예를 들어 언어, 영토적인 공간, 종교, 제례 등이다. 혹은 축제도 환경에 포함된다. 환경은 다른 환경과의 접촉 속에서 변화한다. 그러나 공동체를 유지해나가는 핵심적인 부분은 본래의 모습을 유지한다. 공동체의 생명은 핵심이며, 이것이 변하면 공동체가 사멸될 수도 있다. 따라서 환경이 변하더라도 사회가 재생산될 수 있도록 보호하는 것이 핵심의 역할이다. 모든 공동체는 자신의 환경을 포기할 수도 있고, 다른 환경을 받아들일 수도 있다. 하나의 공동체가 사멸하는 것은 환경이 바뀔 때가 아니라, 핵심을 상실하고 재생산할 수 있는 능력을 상실할 때이다. 근대 문명의 위기를 이야기하는 것도 바로 이런 핵심적인 문제, 즉 자본주의의 문제와 직결되어 있다. 자본주의적인 이윤 생산의 방식이 인류의 공동체인 지구(천지, 파차마마)를 인간의 삶을 위해 착취하고 있기 때문이다.

수막 카우사이의 코뮌주의적 핵심 체계는 경제적 체계와 정치적 체계로 구성된다. 아이유로 불리는 경제적 코뮌 체계의 두 가지 축은 자원의 소유 형태와 노동의 전유 형태이며, 정치적 코뮌 체계의 두 가지 축은 의사결정 방식과 정치적 대표자의 선출 방식이다. 수막 카우사이의 코뮌주의는 존재론적 상호의존성을 바탕으로 정치적 권력과 경제적 이윤을 재분배한다.

아이유의 경제적인 핵심은 생산수단으로서 자원의 소유 방식과 노동의 전유 방식이다. 안데스 공동체는 자원의 집단적인 소유와 노동을 통해서 자원으로부터 얻는 생산물을 사적으로 이용한다. 아이유의 경제에서 생산력은 자본주의의 생산성이나 효율성과는 다르다. 생산력이라는 것은 대지에 뿌리를 둔 생명 공동체라는 측면에서 생각해야 되고, 어느 하나가 죽으면 다른 것들의 생명도 위태로워지는 상황을 의미한다. 따라서 생산성이나 효율성과는 다르다. 자본주의가 잉여이득을 중시한다면, 아이유 경제는 순환의 이득을 중시한다. 생산력은 끊임없는 순환을 통해서 공동체의 건강한 생명을 유지하는 것이다. 그것이 순환의 이득이다. 생명의 지속을 외부에 의존할 수밖에 없는 한 생명이라는 과정 내지 활동은 서로가 물고 물리는 순환적인 관계 속에서 상호의존적으로 진행된다. 공동체란 어떤 이득을 생산하는 순환계이며, 그 이득은 상이한 개체들이 순환계를 구성하는 순간 발생하는 이득으로 '순환의 이득'이라고 부를 수 있다. 순환의 이득은 의도 없이 주고받는 선물의 다른 이름이다. 바꾸어 말하면 공동체란 이런 선물의 순환계라고 말할 수 있다.

칼 폴라니Karl Polanyi가 『거대한 전환The Great Transformation』에서 지적한 것처럼, 근대인의 기괴한 업적 두 가지는 토지를 자연으로부터 떼어내어 시장에서 매매할 수 있게 한 것과, 노동을 인간의 다른 활동으로부터 떼어내어 시장법칙에 종속시킨 것이다. 원주민의 공동체에서 노동 수단과 자연자원은 공동 소유이다. 공동체의 구성원들은 토지를 포함한 영토 내의 모든 생산 수단을 공동으로 소유하며 사적으로 노동한다. 또한 구성원들은 공동체로부터 토지를 분할받아 경작하고 여기서 나온 생산물로 가족의 생계를 꾸려가지만, 토지와 자원은 공동체의 소유이다. 추수가 끝난 토지는 목초지의 형태로 공동체가 관리하게 된다. 가축을 기르는 목초지도 마찬가지이다. 공동체의 구성원들은 노동의 사적 소유의 대가로 공동체의 공동 작업에 참여할 권리와 의무가 있다. 이러한 경제적 코뮌 체계는 사유재산과 노동소외를

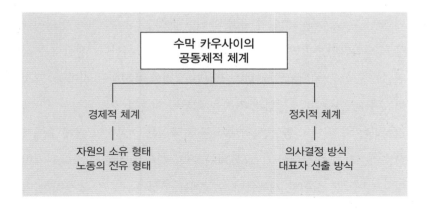

특징으로 하는 자유주의적 자본주의 모델과 다르며, 국가에 의해 경제가 관리되는 사회주의와도 다르다.

아이유의 정치적인 핵심은 의사결정 방식과 대표자 선출 방식이다. 아이유 정치의 의사결정 방식은 개인이나 소수의 사람에게 집중되지 않는다. 자유주의적 대의민주주의와 달리 공동체의 의사결정은 집단적인 토론을 통해서 이루어진다. 아이유 정치에서 사회적 주권은 위임되지 않고 직접적으로 행사된다. '복종하면서 명령한다mandar obedeciendo'라는 사파티스타의 모토는 아이유의 정치적 의사결정 방식을 단적으로 보여준다. 지도자는 명령만 하는 것이 아니라, 복종하면서 명령한다는 것이다. 우리 사회에서 논쟁이 되고 있는 갑과 을의 관계와는 다르다. 아이유 정치에서 대표자가 되는 것은 자발적 의지가 아니라 의무이자 봉사이다. 대표자 선출 방식의 핵심은 의무와 윤번제이다. 의무는 꼭 해야 된다는 것이고, 윤번제는 돌아가면서 한다는 것이다. 이 때문에 자유주의 사회에서처럼 권력은 엘리트에게 집중되지 않는다. 따라서 아이유 정치에서는 권력을 점유하되 소유하지 않는다.

수막 카우사이의 코뮌주의는 낭만적이고 시대착오적이라는 비판도 존재한다. 경제적 체계는 과거의 농경사회에 적절한 것일 뿐 도시화된 생활 형태에는 적용되지 않으며, 정치적 체계도 근대 국민국가의 규모에 들어맞지 않는다는 것이다. 이 때문에 수막 카우사이의 코뮌은 '도래할 공동체'가 아니라 '불가능한 공동체'로 무시된다. 수막 카우사이의 공동체는 보편적 공동체를 주장하지 않는다. 안데스 지역의 (원)주민들은 그들의 역사적 삶을 배경으로 정치경제적이고 사회문화적 맥락에서 자신들의 해답을 찾고 있다. 중요한 것은 수막 카우사이의 코

근대 문명과 수막 카우사이

뮌주의가 인간 사이의 관계를 구성하는 구체적이고 실천적인 방식이며, 나아가 인간과 자연의 관계를 구성하는 오래된 존재론적 방식이라는 것이다. 근대 이후 인간의 문명은 계몽의 기치 아래 자연으로부터 분리되어 멀어져왔다. 수막 카우사이는 인간 사이의 관계, 인간과 비인간의 관계를 새롭게 설정하려는 심층생태학deep ecology이며, 물신과 소외에 맞서 '사회를 보호해야 한다'는 안데스 원주민들의 사상운동이다.

📖 권장 서지

김용옥(1992), 『기철학산조』, 통나무.

김용옥(2000), 『기철학산조』, 통나무.

김용옥(2011), 『중용한글역주』, 통나무.

서울대학교 라틴아메리카연구소 엮음(2012), 『오늘의 라틴아메리카: 제3기 라틴아메리카 심화과정 10강』, 두솔.

서울대학교 라틴아메리카연구소 엮음(2015), 『포스트–신자유주의 시대의 라틴아메리카 사회적 시민권: 2015 라틴아메리카 심화과정 8강』, 이숲.

엔리케 두셀(2011), 『1492년, 타자의 은폐: '근대성 신화'의 기원을 찾아서』(박병규 옮김), 그린비.

월터 미뇰로(2010), 『라틴아메리카, 만들어진 대륙: 식민적 상처와 탈식민적 전환』(김은중 옮김), 그린비.

근대문명과 수막 카우사이

자료 출처

Code 1.　메소아메리카

http://lacoyuntura.com.mx/wp-content/uploads/2016/10/IMG_3318.jpg

http://pueblosoriginarios.com/meso/valle/azteca/codices/mendoza/mendoza.html

http://www.skyscrapercity.com/showthread.php?t=1278209

http://www.theyucatantimes.com/2016/03/what-is-the-real-perception-on-safety-for-ex-
pats-living-abroad/

https://www.taringa.net/posts/ciencia-educacion/19342208/Conoce-a-el-Teocintle-el-an-
tepasado-del-maiz.html

https://i.pinimg.com/564x/74/0e/d6/740ed62e5f7a6f7cc1fd3bd97e5b30eb—mexica-yearn-
ing.jpg

https://upload.wikimedia.org/wikipedia/commons/thumb/6/6a/Mesoam%C3 %A9rica_
relief_map_with_continental_scale.png/1200px-Mesoam%C3% A9rica_relief_map_
with_continental_scale.png

Code 2.　잉카의 번영과 멸망

https://commons.wikimedia.org/wiki/File:Inca-expansion.png

https://es.wikipedia.org/wiki/Red_caminera_del_Tahuantinsuyo#/media/File:Inca_
roads-es.svg

Code 3.　아메리카 제국의 정복과 식민화

https://upload.wikimedia.org/wikipedia/commons/0/06/Retrato_de_Hern%C3%A1n_
Cort%C3%A9s.jpg

https://upload.wikimedia.org/wikipedia/commons/a/a5/Florentinoviruela.JPG

https://upload.wikimedia.org/wikipedia/commons/thumb/0/03/LastDaysofTenochtit-
lanB.jpg/1280px-LastDaysofTenochtitlanB.jpg

https://upload.wikimedia.org/wikipedia/commons/thumb/c/c4/Ruta_de_
Cort%C3%A9s.svg/931px-Ruta_de_Cort%C3%A9s.svg.png

https://upload.wikimedia.org/wikipedia/commons/thumb/d/db/DelasCasasParraDF.
JPG/800px-DelasCasasParraDF.JPG

https://www.amazon.com/Conquistadores-Men-at-Arms-Terence-Wise/
dp/0850453577/ref=sr_1_14?ie=UTF8&qid=1512175545&sr=8-14&keywords=
conquistadores#reader_0850453577

Code 4.　독립과 국가 발전

https://img.webme.com/pic/c/cuarquinens/regimen%20colonial%20001.jpg

https://upload.wikimedia.org/wikipedia/commons/2/2e/Latin_American_indepen-
dence_countries.png

https://upload.wikimedia.org/wikipedia/commons/a/ae/Pampas_Range.png

https://upload.wikimedia.org/wikipedia/commons/thumb/5/5d/Juan_Manuel_de_
Rosas.jpg/464px-Juan_Manuel_de_Rosas.jpg

https://upload.wikimedia.org/wikipedia/commons/6/6f/Porfirio_Diaz_in_uniform.jpg

Code 5.　멕시코 혁명과 라틴아메리카의 인종 정책

https://commons.wikimedia.org/wiki/File:Emiliano_Zapata-Libreria_del_Congreso.jpg
(http://memory.loc.gov/service/pnp/ggbain/ 14900/14906v.jpg)

https://commons.wikimedia.org/wiki/File:Francisco_Madero.jpg (http://www.ruizhealyt-
imes.com/un-dia-como-hoy/de-1911-francisco-i-madero-asume-la-presidencia-del-pais)

https://commons.wikimedia.org/wiki/File:General_L%C3%A1zaro_
C%C3%A1rdenas_del_R%C3%ADo.jpg

https://commons.wikimedia.org/wiki/File: Mexican_Revolution_(14).jpg

https://upload.wikimedia.org/wikipedia/commons/9/93/Francisco_ %22Pancho%22_
Villa_%28restorated%29.jpg

Code 6.　포퓰리즘과 민주주의

https://commons.wikimedia.org/wiki/Carlos_Menem#/media/File:Carlos_menem.jpg

https://commons.wikimedia.org/wiki/Category:Eva_Per%C3%B3n

https://commons.wikimedia.org/wiki/Category:Hugo_Ch%C3% A1vez#/media/
File:Unasul_CASA_8.jpg

https://commons.wikimedia.org/wiki/File:Juan_Peron_con_banda_de_presidente.
jpg?uselang=ko

Code 7.　쿠바 혁명의 어제와 오늘

https://es.wikipedia.org/wiki/Archivo:Cuba-map-labels_(4).png

Cardoso and Helwege, La Economía Latinoamericana, 1992, pp. 232-233.

https://es.wikipedia.org/wiki/Archivo:Memorial_marti_havana.jpg

https://es.wikipedia.org/wiki/Revoluci%C3%B3n_cubana#/media/
File:LaCaballeriaCorrales.JPG

https://es.wikipedia.org/wiki/Archivo:Betancourt_-_JFK.jpg

https://es.wikipedia.org/wiki/Archivo:A_bike_taxi_and_large_bus_street_scene_in_
    Cuba.jpg

Code 8. 라틴아메리카의 사회운동
----
https://en.wikipedia.org/wiki/Comandanta_Ramona#/media/File: Comandanta_
    Ramonac_by_bastian.jpg

https://en.wikipedia.org/wiki/Evo_Morales#/media/File:Exo_morales_2_year_bolivia_
    Joel_Alvarez.jpg

https://es.wikipedia.org/wiki/Cacerolazo

https://es.wikipedia.org/wiki/Movimiento_YoSoy132#/media/File:Marcha_Yosoy132_-
    _4.jpg

Code 9. 브라질이라는 나라
----
https://commons.wikimedia.org/wiki/File:Brazilwoodriobotanicgarden.jpg

https://commons.wikimedia.org/wiki/File:Cobra_Mansa_roda.jpg

https://commons.wikimedia.org/wiki/File:Independence_of_Brazil_1888.jpg

https://commons.wikimedia.org/wiki/File:Lula_-_foto_oficial05012007.jpg

https://commons.wikimedia.org/wiki/File:Regi%C3%B5es_do_Brasil_1945.svg

https://upload.wikimedia.org/wikipedia/commons/b/bc/Brasil-map.png

Code 10. 미국 라티노의 역사
----
https://commons.wikimedia.org/wiki/File:Bracero_Workers.jpg

https://commons.wikimedia.org/wiki/File:MexicaliBraceros,1954.jpg

https://commons.wikimedia.org/wiki/File:United-states-territorial-acquistions-midcentu-
    ry.png

https://commons.wikimedia.org/wiki/File:Victor_Cruz_And_Frankie_Cutlass_PR_
    Parade.jpg

https://en.wikipedia.org/wiki/Reconquista_(Mexico)#/media/File: Hispanic_population_
    in_the_United_States_and_the_former_Mexican-American_border.png

https://www.flickr.com/photos/23912576@N05/2883665318

https://www.flickr.com/photos/southbeachcars/26097833853

Code 11.　혼종의 땅, 라틴아메리카

https://commons.wikimedia.org/wiki/File:Casta_painting_all.jpg

https://commons.wikimedia.org/wiki/File:Flickr_-_USCapitol_-_Landing_of_
　Columbus_(1).jpg?uselang=ko

https://ep01.epimg.net/especiales/2014/resumen-anual/img/portadas-tema/
　m-marquez.jpg

https://upload.wikimedia.org/wikipedia/commons/8/8e/Capitulo-CIX.jpg

https://upload.wikimedia.org/wikipedia/commons/f/fe/Cortez_%26_La_Malinche.jpg

Code 12.　유럽과 라틴아메리카

지식채널e, 진실의 순간, http://www.ebs.co.kr/tv/show?prodId=352&lectId=1177915

카를로스 푸엔테스(1997), 『라틴아메리카의 역사』(서성철 옮김), 까치글방.

호르헤 루이스 보르헤스(1996), 『알렙』(황병하 옮김), 민음사.

https://commons.wikimedia.org/wiki/File:El_Baktun_en_la_Cuenta_Larga.jpg

https://commons.wikimedia.org/wiki/File:Matador.JPG

https://es.wikipedia.org/wiki/Coatlicue#/media/File:20041229-Coatlicue_(Museo_
　Nacional_de_Antropolog%C3%ADa)_MQ-3.jpg

https://es.wikipedia.org/wiki/Cultura_maya#/media/File:Chichen_Itza_3.jpg

Code 13.　커피라는 작물이 미친 영향

https://commons.wikimedia.org/wiki/File:Porto_de_Santos,_1870.jpg.

https://es.wikipedia.org/wiki/Alegor%C3%ADa_del_caf%C3%A9_y_el_banano#/
　media/File:Alegor%C3%ADa_al_caf%C3%A9_y_al_banano._Teatro_Nacional_
　de_Costa_Rica.JPG

Code 14.　베네수엘라의 사회주의 실험

https://commons.wikimedia.org/wiki/File:%22Political_South_America%22_CIA_
　World_Factbook.svg(https://www.cia.gov/library/publications/the-world-factbook/docs/
　refmaps.html)

https://commons.wikimedia.org/wiki/File:Hugo_Ch%C3%A1vez_-_Sim%C3%B3n_
　Bol%C3%ADvar.jpg(https://www.flickr.com/photos/96781889@N04/28602284524/in/
　dateposted/)

https://commons.wikimedia.org/wiki/File:Latin_America_(orthographic_projection).svg

https://commons.wikimedia.org/wiki/File:Nicolas_Maduro_February_2017.

png(https://www.youtube.com/watch?v=sXJ3qXny5Aw)

https://en.wikipedia.org/wiki/2017_Venezuelan_protests#/media/File:We_Are_
Millions_march_Venezuela.jpg(http://www.voanoticias.com/a/3863494.html)

Code 15. 음악의 섬 쿠바

https://commons.wikimedia.org/wiki/File:Ibrahim_ferrer.jpg

http://pxhst.co/avaxhome/2007-08-03/recto_392.jpg

https://upload.wikimedia.org/wikipedia/commons/0/0b/Buena_Vista_Social_Club_
ZMF_2015_IMGP9114.jpg

Code 16. 아르헨티나 근대화의 뒤안길

부에노스아이레스의 〈생각하는 사람〉 (사진: 라우라 리나레스Laura Linares)

https://commons.wikimedia.org/wiki/File:Colon-interior-escenario-TM.jpg

https://commons.wikimedia.org/wiki/File:Funeral_de_Evita.jpg

https://commons.wikimedia.org/wiki/File:Tango-Show-Buenos-Aires-01.jpg

https://es.wikipedia.org/wiki/Jorge_Luis_Borges

Code 17. 브라질의 사회와 문화

https://commons.wikimedia.org/wiki/File:2016_-_Simpatia_%C3%A9_Quase_
Amor_-_997166-24714344995_3e79864fb2_k.jpg#

https://commons.wikimedia.org/wiki/File:Mangueira_2013_130211.jpg

https://commons.wikimedia.org/wiki/File:Maracan%C3%A3_2014_e.jpg

https://commons.wikimedia.org/wiki/File:Passistas_de_Frevo.jpg

https://commons.wikimedia.org/wiki/File:Ronaldinho061115-03.jpg

Code 18. 멕시코와 나르코 문화

https://mediaserver-cont-ch1-1-v4v6.pandora.com/images/public/int/1/7/2/1/006025
37771271_1080W_1080H.jpg

https://salcedochristo509.files.wordpress.com/2014/10/mexican-drug-cartels-map-lg.
jpg

https://upload.wikimedia.org/wikipedia/commons/7/71/Jesus_Malverde_figures.jpg

http://www.losangelespress.org/mexico-territorio-del-narco/

Code 19. 유나이티드 스테이트 오브 히스패닉 아메리카

https://es.wikipedia.org/wiki/Feminicidio#/media/File:Cruces_Lomas_del_Poleo.jpg

https://es.wikipedia.org/wiki/Nuestras_Hijas_de_Regreso_a_Casa#/media/
File:Familiares_de_mujeres_asesinada.jpg

Code 20. 근대 문명과 수막 카우사이

김용옥(2000), 『기철학산조』, 통나무

https://sites.google.com/site/culturasprehispanicas/Ayllu3.JPG

찾아보기

서울대 라틴아메리카연구소

서울대 라틴아메리카연구소(서라연, SNUILAS)는 1989년 스페인중남미연구소로 발족하여 2008년 확대 재편된 국내 라틴아메리카 연구의 산실이다. 라틴아메리카의 33개 독립국과 1개 준독립국, 인구 약 5억 5천만 명의 광대한 지역을 연구대상으로 하고 있는 이 연구소는 다양한 학제적 연구를 통해 지식의 식민성 극복과 학문의 대중적 소통이라는 목표를 지향하고 있다.

 http://snuilas.snu.ac.kr

집필자

김은중 서울대학교 라틴아메리카연구소 HK교수
장재준 서울대학교 라틴아메리카연구소 연구원
우석균 서울대학교 라틴아메리카연구소 HK교수
김기현 선문대학교 스페인어중남미학과 교수
김원중 서울대학교 외래교수
림수진 멕시코 콜리마대학교 정치사회과학대학 교수
박구병 아주대학교 사학과 교수
박수경 서울대학교 라틴아메리카연구소 HK연구교수
박원복 단국대학교 포르투갈(브라질)어과 교수
박정원 경희대학교 스페인어학과 교수
이성훈 서울대학교 라틴아메리카연구소 HK교수
이은아 서울대학교 라틴아메리카연구소 HK교수
임태균 서울대학교 라틴아메리카연구소 HK교수
조영현 부산외국어대학교 중남미지역원 HK교수